Le Figaro du 1er Février 1896 (42e année, 3e série — n. 2)

Sur le Revenu

Le projet d'impôt sur le revenu, qui sera déposé aujourd'hui sur le bureau de la Chambre par le cabinet radical, inquiète et menace tous les Français non seulement dans leurs biens, mais encore dans le secret de leur fortune et dans l'inviolabilité de leur domicile.

Pour répondre aux préoccupations de tout ordre que cette persécution fiscale soulève à juste titre dans le pays, nous avons demandé à M. Jules Roche, l'ancien ministre dont on sait la compétence en ces difficiles matières, d'exposer ici, dans une série d'articles, les dangers du système cher à MM. Doumer, Bourgeois et Cavaignac.

Voici le premier article de M. Jules Roche.

***

Il y avait une fois un roi affligé d'un grand besoin d'argent. Les seigneurs de son royaume, descendants d'une race conquérante qui s'était jadis emparée du sol et en avait asservi les habitants, levaient, chacun à son gré sur les sujets de son fief, une foule de tributs, parmi lesquels le plus odieux, le plus intolérable s'appelait la *Taille* ou la *Maltôte*.

Le mécanisme en était fort simple. Le seigneur évaluait à son gré l'ensemble des ressources de chaque contribuable et fixait, suivant ses désirs, le vingtième, le dixième, le quart de ce revenu total de chacun, qu'il avait déterminé lui-même.

Malgré la douceur de ces temps lointains, ce système avait soulevé les populations. D'affreuses guerres avaient éclaté entre elles et leurs seigneurs, et avaient duré pendant deux à trois cents ans. La *Taille* avait succombé sur certains points; telles et telles communes, particulièrement heureuses, en avaient obtenu la suppression, d'autres l' en définitive, l'exécrable et pôt avait subsisté, malgré tant de tant de sang, restant, parmi les brables exactions dont souffraient les hommes, le plus injuste et le cruel « instrument d'oppression », vant le mot de la charte de 1060 citée par Guérard.

Aussi, le bon roi n'hésita point.

Il se dit : « Je vais prendre pour moi seul cette *Taille*, jusqu'ici levée quelquefois, çà et là, par mes prédécesseurs, mais d'une façon permanente par mes amés et féaux sires, comtes et barons, pour leur propre bénéfice. Et ainsi, mon profit sera plus assuré et plus étendu. »

Et le bon roi Charles VII, surnommé le *Victorieux* grâce à la vierge guerrière qui lui avait rendu ses Etats et qu'il laissa tranquillement brûler, le fit comme il l'avait dit, par la fameuse Ordonnance rendue le 2 novembre 1439, aux Etats d'Orléans, après avis et délibération des seigneurs de son sang, de plusieurs prélats et autres seigneurs notables, nobles et gens de bonnes villes.

Aux termes des articles 41 à 44 de cette Ordonnance, le droit de percevoir la *Taille* était retiré à tous les seigneurs et réservé au Roi seul.

L' « impôt général sur le revenu » était établi !

Où Philippe le Bel avait échoué, malgré sa vigueur, sa subtilité, quelque cent cinquante ans auparavant, après ses édits de 1294 et de 1295 sur le « centième » et sur le « cinquantième », Charles VII avait triomphalement réussi, par une mesure plus générale et plus audacieuse.

Et alors commença entre le Roi et le Peuple une bataille qui dura plus de trois cents ans, à travers les épreuves les plus dures pour les infortunés contribuables. Certes, le régime fiscal de l'ancienne mo-

...quer par l'impôt vénal/général ; les aides, la gabelle, la [taille] ont laissé le plus fâcheux renom dans la mémoire populaire : nulle taxe ne fut plus détestée et plus détestable que la *Taille*, qui resta, devenue « royale », ce qu'elle était « seigneuriale » : le type de l'impôt arbitraire, tyrannique et ruineux.

On pourrait dire, sans paradoxe, que raconter l'histoire de ce système financier, ce serait raconter toute l'histoire de la France jusqu'à la Révolution de 1789.

Compulsez le recueil des Ordonnances, fouillez les archives, les mémoires, les correspondances : celle de Colbert avec les gouverneurs des provinces ou avec les intendants ; celle des contrôleurs généraux des finances, de Claude Le Pelletier, de Louis Phélypeaux de Pontchartrain, de Michel Chamillart, de Nicolas Desmarets, etc..., avec les intendants des provinces ; interrogez les remontrances des Parlements au sujet des édits de 1710, de 1725, de 1771, de 1778, relatifs à diverses formes de l'impôt sur le revenu, aux dixièmes, aux cinquantièmes, aux vingtièmes : vous y retrouverez toutes vivantes, toutes frémissantes encore de colère, d'indignation, de douleur, les plaintes, les réclamations, les résistances, les révoltes de la nation française entière, bourgeois, marchands, artisans, cultivateurs, de toutes conditions, de toutes provinces.

À elle seule, cette question de la *Taille* — ou, mieux, de l'impôt sur le revenu, pour l'appeler de son nom contemporain — tient plus de place dans les affaires publiques, dans les préoccupations des rois et les travaux de leurs ministres, de leurs conseils, que toute autre affaire ou entreprise quelle qu'elle soit.

C'est qu'elle touche à la vie de chacun, chaque jour, sous mille formes. A chaque instant, on voit le gouvernement obligé d'envoyer des troupes pour assurer la levée de l'abominable impôt, et souvent les troupes échouent. Ici, en

1687, par exemple, ce sont les paysans de la Saintonge qui battent les soldats du Roi, venus pour leur faire payer la taille. L'année suivante, ce sont les sabotiers de la Sologne qui se soulèvent en masse, refusant de rien donner. Et ainsi de toutes parts. Si bien que les arriérés s'entassent, s'accumulent, grossissant d'année en année, et qu'il faut bien, après avoir opprimé, violenté les populations, après avoir pillé, détruit les maisons, enlevé les meubles, saisi les récoltes en nature, emporté les blés ou les vins, se résigner, en fin de compte, à passer par profits et pertes les millions amoncelés mais irrécouvrables, — sauf à recommencer ensuite !

« Cette année, le bas peuple de Rouen se révolta à cause des exactions appelées *maltôtes* dont il était accablé ; les séditieux, détruisant la maison du collecteur, semèrent par les places les deniers du fisc et assiégèrent dans le château de la ville les maîtres de l'échiquier. Le soulèvement ayant été apaisé par le maire et les plus riches hommes de la ville, la plupart des mutins furent pendus et beaucoup furent enfermés dans les prisons du roi de France. »

Ce récit de Guillaume de Nangis sur un épisode de l'histoire de la Taille peut se répéter chaque année, tantôt sur un point, tantôt sur un autre, souvent sur un grand nombre simultanément, pendant plus de trois siècles.

Et quand ce n'est pas la violence, ce sont les procès, les poursuites, les procédures interminables et ruineuses, les emprisonnements.

Que de fois Colbert, en particulier, se plaint, donne des instructions pour réformer les abus scandaleux dans l'établissement ou la perception de la Taille, pour adoucir le poids du terrible impôt !

« A l'égard des fusiliers, écrit-il à Pellot, intendant à Limoges, le 22 juillet 1681, examinez avec soin tous les moyens possibles pour ôter cette manière de lever la taille, *qui est assurément fort à*

charge vos peuples, et tâches de remettre
en usage les contraintes des huissiers et
sergents de taille... » Et le 12 août 1683,
à Poncet : « Vous devez empêcher les
collecteurs de Tonnay-Charente d'envoyer quérir des soldats à Brouage pour
le payement de la taille... » Vains efforts.
On ne guérit pas les effets du mal quand
on en conserve la cause. Et le mal —
mal incurable — de l'impôt sur le revenu est en lui-même, dans son propre
principe.

Et pourquoi?

Pour cent raisons, tirées de la nature
des choses, du cœur et de l'esprit des
hommes, et qui, en définitive, se résu-
ment en quatre mots : — C'est que l'impôt sur le revenu, c'est l'impôt établi
arbitrairement par le fonctionnaire sur
chaque contribuable individuellement
considéré, au lieu d'être l'impôt établi
par la loi, envers tout le monde indis-
tinctement.

Et alors c'est la fantaisie, la haine, la
vengeance, la faveur, d'homme à homme,
de partis à partis, — au lieu de la règle
uniforme, impartiale parce que impersonnelle comme une formule algébri-
que; — c'est l'agent du fisc, c'est un
homme, quel qu'il soit, qui détermine la
somme à payer, prend chaque citoyen à
parti, face à face, et lui dit : « Toi, j'es-
» time que tu possèdes *tant* de revenu,
» sous diverses formes, et par consé-
» quent tu payeras l'impôt de *tant* pour
» cent sur ce total de tes revenus ! »

Qui n'aperçoit l'arbitraire absolu, irrémédiable, invincible de ce système? En
vain a-t-on cherché, en vain cherchera-
t-on des combinaisons, des palliatifs, des
contrôles; on n'en peut trouver. C'est
impossible. Il faudrait changer l'homme
en ange, — et nous ne paraissons guère
y travailler !

En tout pays, en tout temps, sous tous
les régimes, l'impôt sur le revenu, quelque nom qu'il ait porté, a produit ses
inévitables et fatales conséquences. Per-

sonne n'en a souffert plus que la [...]
parce qu'aucun peuple ne l'a sup[porté]
aussi longtemps. Aussi l'explosion de
fureur populaire fut-elle terrible autant
que soudaine, ainsi qu'il arrive toujours
après une longue compression.

J'ai parlé de Colbert, des contrôleurs
généraux, des intendants; n'oublions
point le bon et sage Vauban. Quelle condamnation de l'impôt personnel sur le
revenu dans cette admirable *Dîme*
royale, si généreuse, si forte dans la partie descriptive et critique, quoique chimérique dans les voies et moyens proposés!

Lisez son récit de « ce qui s'est passé
dans la banlieue de Rouen », rien, dit-il,
« n'étant plus capable de faire concevoir
» plus vivement *combien sont grands les*
» *maux de la Taille personnelle* ! »

Il y avait là trente-six paroisses, entou-
rant la ville, qui avaient à payer ensemble 25,000 livres de taille. Elles obtin-
rent, par un arrangement avec la ville,
de remplacer la Taille par des droits de
consommation, et ces droits s'élevèrent
à 45,000 livres, — presque le double de
la Taille. Ces trente-six paroisses furent
dans la joie la plus vive et devinrent un
objet d'envie pour toutes les autres communes de la contrée !

De même à Honfleur : les habitants
qui devaient 27,000 livres de taille, avaient
pu racheter leur impôt moyennant pareille somme, qu'ils payaient autrement
et avaient consenti, en plus, à y ajouter
une somme de 100,000 livres, « tant [les]
» désordres causés par l'imposition et la
» levée des Tailles leur ont paru insup-
» portables ! »

Et voilà pourquoi Vauban proposa,
vain d'ailleurs, de supprimer la Taille.

Aussi, quelle ivresse lorsque sonna
l'heure d'affranchissement et que l'Assemblée nationale, sur le rapport de [la]
Rochefoucauld, le 11 octobre 1790, décré[ta]
que désormais l'impôt serait *réel*, c'[est]-
à-dire sur les choses, et non personnel[le]

et qu'on ne verrait plus ces systèmes
détestés transformant « la fixation de la
» cote de chaque contribuable en un pro-
» cès entre lui et le percepteur ».

Or, cette institution abominable, fille
de la conquête, instrument d'oppression
du vainqueur envers le conquis, cette
Taille odieuse contre laquelle les Français luttèrent si longuement, si doulou-
reusement, dont ils ne purent se débarrasser que grâce à la Révolution, voici
qu'on nous propose aujourd'hui de la
rétablir, — car le projet préparé n'est
pas autre chose, sous le nom d'impôt
sur le revenu, que la copie pure et simple, mot pour mot, formalités pour formalités, des anciens édits sur la Taille !

Que dis-je ? C'est la Taille aggravée,
puisqu'on veut la rendre progressive !
Toute la lyre à la fois !... Quinze cent
mille contribuables « seulement », nous
dit le projet, seraient chargés de payer
le nouvel impôt, suivant une échelle
progressive, en attendant qu'ils fussent
chargés de tout payer, et seraient taxés
à plaisir, *ad misericordiam*, suivant le
mot du vieux temps, par les bons Comités locaux, qui, eux, ne payeraient rien !

Et cela sous prétexte de progrès, de
réforme, de liberté, d'égalité, de justice,
de « vieil esprit républicain » !...

Ah ! la belle bataille à livrer, pour préserver la France de cette entreprise de
ruine — et de féodalité démagogique !

Jules Roche.

Le Figaro du 10 février 1896 (42e année — 3e série — n° 41)

CONTRE L'IMPÔT

Sur le Revenu (1)

L'IMPÔT PROGRESSIF

(DEUXIÈME ARTICLE)

Vous savez que l'impôt sur le revenu proposé dans le budget par le gouvernement est en même temps un impôt progressif.

Avant d'examiner ce projet dans ses détails, dans ses résultats, dans ses périls, il est nécessaire d'en bien faire comprendre la portée politique, la signification sociale, et, pour cela, rien n'est plus utile que d'en déterminer exactement les origines.

Il y a en effet des « questions de race et d'hérédité » pour les institutions, comme pour les peuples et les individus, et leur importance philosophique n'est pas moindre dans le premier cas que dans les autres.

A ce titre, l'impôt progressif ne se recommande guère à notre confiance. Sa genèse est tragique et sanglante. Il apparaît dans notre histoire au milieu des premières convulsions de la Terreur, entre la loi sur le tribunal révolutionnaire et la loi sur le *maximum* : la férocité et la bêtise.

Précisons.

Dans sa première période, dans ces jours magnifiques où la Révolution française, inspirée par la justice et la liberté, guidée par la raison, représentait le plus noble effort qui ait jamais été accompli par aucun peuple vers l'idéal, elle s'était bien gardée même de tenir pour digne d'examen l'impôt progressif.

Elle avait au contraire proclamé dans la fameuse nuit du 4 août l'égalité de tous les citoyens devant l'impôt, comme un des principes essentiels du droit public nouveau.

Quatre ans plus tard, les choses étaient bien changées.

Les mauvais jours étaient venus. Les passions s'étaient déchaînées. La guerre hurlait aux frontières. On se trouvait même, vers février 1793, en proie aux anxiétés d'une crise économique redoutable. Travail ralenti, cherté des vivres et de tous objets grandissante, salaires cependant restés au même taux, inquiétudes nationales les plus pressantes, misère générale, tout remuait et troublait les esprits. La faim, toujours, fut mauvaise conseillère !

Le soir, dans les sections, la foule assemblée, au récit des souffrances de chacun, des femmes, des enfants, s'exaltait, s'exaspérait, tour à tour dupe et victime de ses ignorances, de ses illusions, d'incontestables intrigues étrangères.

Elle s'imagina, on lui persuada peut-être, que le remède à ses maux serait la fixation d'un *maximum* au prix des denrées — comme si une telle mesure n'avait pas pour résultat inévitable l'effet contraire à celui qu'on veut obtenir !

Aux Jacobins, les hommes instruits le comprirent bien. Aussi, Robespierre — qui devait bientôt se rallier au *maximum*, par courtisanerie démagogique — chercha d'abord à le combattre, à prouver ses dangers. Réussissant mal, il imagina de chercher une diversion et s'efforça d'aiguiller les esprits sur « la taxe sur les riches ».

La foule adopta l'invention, mais le *maximum*. Deux « réformes » au lieu d'une : quelle aubaine ! Et le programme court les rues !...

Le 8 mars 1793, grande réunion des sections qui le consacrent solennellement en y ajoutant l'établissement d'un tribunal révolutionnaire.

...aire de Paris, Pache,
...Convention, au nom de la
...réclamer la taxe sur les ri-
...tribunal révolutionnaire. Silence,
...maximum. La Commune, comme
...bins, en voyait trop bien les con-
...ces funestes.

...les sections, à leur tour, défilent
...diquent, dans sa plénitude, leur
...sacramentelle. La Convention
...en partie et proclame le principe de
...taxe extraordinaire sur les riches.
...en est fait : le signal est donné. Et
...intenant voici la course à l'abîme!

...17 mars, à la Convention, Barrère
...pose d'établir, non plus seulement une
...extraordinaire de guerre sur les ri-
...mais « l'impôt progressif » — et
...mande que le rapport de la Commis-
...des finances pour l'organiser soit
...« dans les trois jours ».

...rois jours ! Pourquoi attendre ? Des
...dérés, des ralliés seuls peuvent avoir
...oin d'un si long temps pour une œu-
...i juste et si simple! *Aux voix! Aux*
...tout de suite, le principe! »

...le principe est ainsi voté d'enthou-
...me, sur la proposition suivante de
...el-Nogaret : « Il sera établi un im-
...gradué et progressif sur le luxe et
...richesses tant foncière que mobi-
...re. »

...fut le décret du 17 mars 1793 —qui,
...urs, ne put jamais aller plus loin
...n organisation et son développe-

...lendemain, c'était le décret ordon-
...t un mode d'instruction criminelle
...volutionnaire »; — et le 15 avril, c'était
...décret autorisant l'accusateur public
...faire arrêter et juger tout citoyen sur
...dénonciation du premier venu.

...Quant au *maximum*, il était décrété le
...al sur les grains, en attendant que,
...tôt, il fût étendu à tous les objets,
...duisait aussitôt les conséquences
...reuses que les esprits clairvoyants
...avaient que trop devinées.

Vous voyez maintenant dans quelles conditions de sang-froid, de réflexion, d'études sérieuses, d'équilibre mental, l'impôt progressif, conçu dans le délire, vint au monde!

Mais ce n'est pas tout. Si le décret du 17 mars 1793 fut un décret mort-né, il ne faudrait pas croire que le dogme de la progression en soit resté là. Ne pouvant l'appliquer dans un système rationnel d'impôt, on essaya, du moins, de l'appliquer dans l'emprunt — et on en va voir les admirables conséquences.

Trois tentatives « d'emprunt forcé progressif » furent faites: la première en 1793, la deuxième en l'an IV, la troisième en l'an VII.

Elles valent la peine d'être rappelées, car elles portent avec elles l'invincible démonstration des faits.

***

La Convention avait bien proclamé le principe de la taxe extraordinaire sur les riches et de la progression, les 9 et 17 mars, mais après cette manifestation naissaient les embarras.

Aussi le temps s'écoulait... Rien ne venait.

L'impatience du peuple s'irrite, grandit. « On se moque de nous! On nous trompe! On nous trahit! » Les bons journaux soufflent le feu. La colère de la foule monte, monte, enfin déborde. Le 1er mai 1793, une députation immense, arrive à la Convention, et « l'orateur » qui la conduit, le nommé Muzine, commissaire de police, auparavant tapissier, s'exprime ainsi, au nom du peuple souverain :

Les trois sections du faubourg Saint-Antoine réunies ont arrêté et veulent que vous décrétiez :

Que dans chaque département il soit formé une caisse des sommes prélevées sur les ri-ches, suivant le mode ci-après :

Tous les propriétaires ayant un revenu de plus de 2,000 livres, et pas d'enfants, seront tenus de verser la moitié du surplus ; —

s'ils ont des enfants, il leur sera alloué 500 livres de plus par enfant. Les communes seront chargées de la perception.

..... Mandataires, voilà nos moyens de sauver la chose publique!... Si vous ne les adoptez pas, nous vous déclarons que nous sommes en état d'*insurrection*; dix mille hommes sont à la porte de la salle... »

Ici, la Convention pourtant se révolta! Des clameurs s'élèvent de toutes parts, interrompant « l'orateur »; une scène des plus violentes se déchaîne, Marat et ses amis appuyant la foule, menaçant la Convention, surtout les Girondins. Des propositions diverses se succèdent, se combattent, dans une inexprimable et furieuse confusion, pendant plusieurs heures. Enfin la séance est levée sans qu'on ait pris de résolution.

Quinze jours se passent. Les meneurs des sections, la foule égarée ne perdent pas leur chimère. Enfin, le 16 mai, la Commune convoque en assemblée extraordinaire, à l'Evêché, toutes les sections de Paris, pour délibérer « sur les moyens les plus prompts, les plus sûrs et les plus uniformes à prendre pour la levée de l'emprunt forcé, et pour que cet emprunt ne porte que sur les riches ».

La mise en demeure était nette. La Commune se joignait à « l'orateur » Muzine. L'insurrection promise s'avançait.

La Convention comprit et obéit. Le 20 mai, Ramel-Nogaret, au nom de la Commission des finances, apportait le décret organisant l'emprunt forcé *progressif* sur les riches.

Exemption jusqu'à 1,000 liv. ou 1,500 liv. de revenu, suivant la famille. Puis, emprunt progressif, partant de 100 liv. sur 1,000 livres pour s'élever à 4,500 liv. sur 9,000 liv. de revenu. Au delà de 9,000 liv. de revenu, l'emprunt confisque tout l'excédent.

A la bonne heure! voilà de la progression logique.

Vainement Barbaroux, Lanjuinais, Mallarmé, Buzot combattent le projet, en montrant les dangers politiques et économiques.

— « Je demande, gronde Marat, qu'on établisse sur tous les riches l'emprunt progressif. »

Et la Convention vote le projet, en fixant à un milliard le chiffre de l'emprunt.

Tel est le décret des 20-25 mai 1793.

Avant la huitaine écoulée, on le complétait par la journée du 31 mai, la proscription et l'assassinat des Girondins.

L'impôt progressif avait reçu son baptême rouge.

Ce qu'il produisit, on l'imagine aisément. Ce fut ce qu'il devait produire : rien! Les volontés, les fureurs même des hommes se broient toujours contre la nature des choses.

Malgré tous les efforts, toutes les violences, l'emprunt progressif échoua complètement. Jamais il n'en fut rendu compte à la Convention.

Le Coulteux-Canteleu se borna, le 12 frimaire an IV (3 décembre 1795), aux Anciens, à constater son lamentable décès...

***

Chose étrange! Ce même Lecoulteux-Canteleu — ancien maire de Rouen, fameux par sa guerre au clergé, par ses affectations de puritanisme, et qui devint sénateur, comte de l'Empire, régent de la Banque, puis mourut pair de France nommé par Louis XVIII — soutint néanmoins énergiquement un second projet d'emprunt forcé *progressif* présenté par le Directoire, le 19 frimaire an IV (10 décembre 1795).

En vain Dupont de Nemours démontra que ce prétendu emprunt, étant forcé sans intérêt, et remboursable seulement au bout de dix ans, était un véritable impôt progressif — et par conséquent contraire à la Constitution; en vain ajouta contre le projet — déjà adopté aux Cinq-Cents — les raisons les plus fortes, les plus décisives. Lecoulteux

... et d'autres l'emporte-

...prunt, — de 600 millions, valeur
... ne portera que ... ux million
... citoyens, avait dit le message du
... Par là, il se trouvera que l'im-
... ité des citoyens, qui ne partici-
... l'emprunt, lui applaudira...

... nier à son tour, aux Anciens :

...ques, citoyens représentants, que
... ne peut atteindre la classe indi-
... même ceux qui ne jouissent que de
... nécessaire. Il n'est dirigé que contre
... ches et contre les citoyens aisés, ce
... ne peut trop apprécier parmi d répu-
...ins.

Hélas ! les malheureux oubliaient les
... de l'histoire, d'une récente expé-
..., et le mot si profond de Buzot, en
... « Le malheur est que, en voulant
... le riche, on tue le pauvre ! »
...is quoi ! Buzot ? Un réactionnaire !
... l'avait condamné et forcé de mourir,
... lui apprendre l'économie politique !
... la loi ordonnant l'emprunt forcé
...sif de 600 millions fut votée le 10
...bre.

... les précautions étaient prises
...surer le succès. Tout prévu. Tout
...onné. Les 600 millions, valeur métal-
...que — car il fallait alors 200 francs en
...nats pour un franc en argent ou en
...vre — devaient être versés intégra-
...t dans les caisses du « Trésor »
... (rondes des mots !), dans les
...mois de la promulgation de la loi,
...-dire le 10 février 1796.

... le 26 pluviôse an IV (15 février
... il fallut voter une nouvelle loi pour
...nter le taux de la progression : —
...rentrait pas un sou !

... avait ordonné des poursuites (12
...r 1796). On en ordonna de nou-
..., On multiplia les efforts, les pri-
... les menaces, les promesses. Tou-
...rien...

...en que le 1er germinal an V —
...rs 1797 — c'est-à-dire non pas

2 mois, comme avait voulu la loi, mais
15 mois après la promulgation de l'emprunt forcé *progressif*, il n'était rentré
au Trésor que 11,330,444 livres en valeur
monétaire métallique et 1,325,470 livres
en *matières* d'or et d'argent, en tout
12,664,914 livres au bout de presque un
an et demi, au lieu de 600 millions en deux
mois !

Encore une fois, les choses avaient
vaincu la sottise des hommes.

****

Croiriez-vous que la leçon ne servit
pas ?...

Le Directoire proposa un troisième emprunt forcé *progressif*, de 100 millions
seulement cette fois, en messidor an VII.
Le grand soleil de Messidor lui-même ne
saurait éclairer des aveugles !

Cet emprunt progressif fut décidé et organisé par les lois des 10 messidor an VII
(28 juin 1799) et 19 messidor (6 août).

La progression commençait à 3/10 des
cotes foncières, à partir des cotes de
... francs en principal et s'élevait jusqu'aux 3/4 du revenu annuel, estimé par
le jury, pour les contribuables dont la
cote dépassait 4,000 francs.

« Un jury par arrondissement évaluait
en son âme et conscience... »

Point par point, on revit ce qu'on avait
vu : les capitaux effrayés, le commerce
et l'industrie arrêtés, les prix augmentant, les salaires baissant, la ruine, la
crainte se répandant de toutes parts, les
impôts ordinaires, eux-mêmes, ne rentrant plus, le « Trésor » de plus en plus
tari.

Il faudrait vraiment pouvoir reproduire les plaintes, les récriminations de
cette époque. Je ne connais rien de plus
saisissant, de plus cruellement vivant.

Vainement, de nouveau, on menace,
on poursuit, on frappe ; vainement, on
excite la foule, par des affiches, à dénoncer les citoyens obligés de prêter et ne
prêtant pas !

Tout ce qui existe de capitaux s'enfouit ou passe à l'étranger. (Bonnaire, aux Cinq-Cents.)

Au bout de près de deux mois, le Directoire est forcé d'avouer qu'il n'est rentré que 428,443 francs, — sur 100 millions !...

Les semaines s'écoulent, le mal empirant à mesure. La situation devient si menaçante, la crise si aiguë, la misère publique si intense, qu'on songe à transformer l'emprunt progressif en un autre système. Destrem le propose aux Cinq-Cents. Carré, député du Rhône, appuie la motion, en faisant le plus navrant tableau des maux déchaînés par l'emprunt progressif, par le fonctionnement de ces jurys devant évaluer en leur âme et conscience, et n'ayant guère établi leur taxe que « *sur l'opinion politique du prêteur* ».

La loi a produit, dit-il, des maux incalculables; elle a anéanti les ressources de l'Etat, arrêté toutes les opérations commerciales... Le numéraire s'est enfui et partout les bras sont demeurés oisifs... Le change a subi une augmentation effrayante, et de nombreuses faillites ont signalé les désastres produits par cette loi financière...

Hâtons-nous de réparer le mal, s'il en est temps encore !...

Pourtant, les visionnaires du système progressif s'entêtent, s'obstinent contre la plus éclatante et la plus triste évidence.

On renvoie la suite de la discussion au lendemain, sextidi.

Elle reprend donc le lendemain. Soulhié, notamment, député du Lot, prononce l'apologie de la loi si justement attaquée.

Jacqueminot, député de la Meurthe, lui répond avec une grande force et termine en ces mots :

... Je pense que le Corps législatif ne peut trop se hâter de déclarer que jamais il ne souffrira de progression ni d'arbitraire dans l'assiette de l'impôt, parce qu'un seul exemple d'un tel système est une *calamité publique* !...

Les amis sincères de la République, avait déjà dit J. Bosc, député de l'A... — *profondément affligés de l'espèce de dissolution politique à laquelle nous touchons,* sentent bien que ce n'est point par de vaines déclamations, en réveillant les passions hideuses qui ont déshonoré la Révolution et en ranimant la fureur des partis que l'on sauvera notre malheureuse patrie...

Toute la séance se continue en débats passionnés sur la nécessité et l'urgence d'abroger la détestable et funeste loi de l'emprunt progressif, contre laquelle se soulève l'opinion publique.

La raison, l'éloquence ne furent pas plus heureuses qu'auparavant.

Ce jour-là encore, on ne put triompher de la résistance acharnée, de l'obstruction des fanatiques défenseurs du système progressif, qui font de nouveau renvoyer la discussion au lendemain, septidi.

... fut la ...

Jules Roche

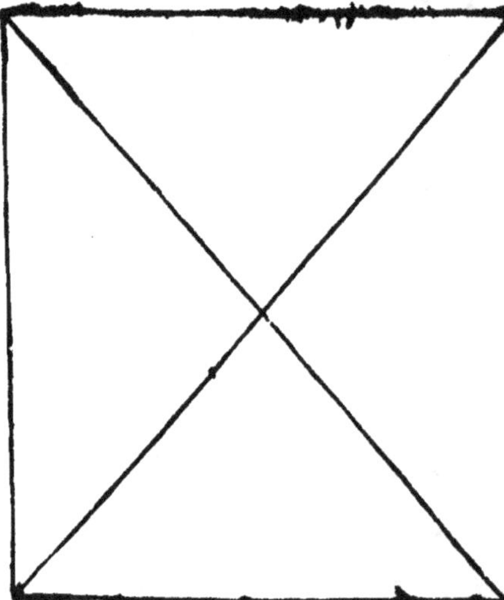

La *Lotus bleu* du 27 janvier 1896 — sixième année — n° 11 (1)

Bien cher Monsieur,

Prenons aujourd'hui votre lettre du 8 septembre.

«. . . . . Je ne comprends pas, me dites-vous, mais comment comprendre une doctrine et se convaincre de sa vérité, lorsque, tout en vous disant : « Ne croyez pas sur parole, faites-vous une certitude par vous-même, elle réserve ses preuves aux seuls initiés. »

L'Adepte n'est pas la production d'une tierce personne, il s'est fait lui-même ; c'est aussi nécessaire que juste. Croire sur la parole d'un autre est une formule qui n'a pas de place dans l'entrainement occulte ; le disciple sait que son Instructeur possède la vérité, — Vérité dont la luminosité, varie avec le degré d'évolution de cet instructeur, — mais la foi aveugle ne donne pas la *Foi de la certitude*, et c'est cette dernière qui fait l'objet de tous les efforts du disciple. Cette Foi, — le *Savoir*, — ne s'acquiert que par le travail ; car ce travail seul développe les *véhicules* des facultés qu'on désire. Il en est ainsi sur tous les plans ; partout il faut un entrainement.

On ne donne, à proprement parler, aucune preuve aux initiés ; ils ont acquis les preuves pendant leur noviciat. Un élève en gymnastique ne développerait jamais la vigueur musculaire nécessaire à la maîtrise dans ces exercices, si le professeur poussait sans cesse son corps et employait sa force pour lui faire exécuter les tours.

Un étudiant de l'occulte est aidé, un maître lui montre le chemin, mais personne ne marche pour lui ; on le préserve des précipices de la route, quand cela est nécessaire, mais on ne déploie point pour lui l'énergie à dépenser dans l'ascension de la grande Montagne.

Résoudre les problèmes pour l'élève, c'est laisser ses facultés dans la passivité ; on peut bien, ainsi, agrandir un peu son champ *intellectuel*, mais son mental, insuffisamment exercé, faiblira au premier choc lorsque le maître ne sera plus là pour l'éclairer.

De plus, nul avancement ne peut se faire sur les plans spirituels sans une action vigoureuse et persistante de l'aspirant ; il faut qu'il crée le « Charriot du Saint-Esprit », le véhicule sublime qui fait un pont entre l'Esprit et le Mental, car, au degré actuel de l'évolution humaine, ce pont manque, et il ne sera construit que dans des siècles, — dans les rondes futures.

Un grand Maître pourrait-il construire ce pont pour le disciple ? C'est probable, quoique je l'ignore, mais la Loi karmique le défend et pour bien des raisons, et d'ailleurs ce pont ne se maintiendrait que par une action constante de ce Maître.

Il est évident que des preuves sont placées entre les mains de l'aspirant, il est certain que ces preuves sont de plus en plus importantes au fur et à mesure de ses progrès occultes ; mais ces

(1) Voir *Vaquet Varia* - t. XV p. 4 la lettre à laquelle celle-ci répond.

preuves ne sont que des germes, des potentialités de preuves; il
faut les évoluer et les pénétrer, — ce qui n'est possible qu'avec le
développement progressif des pouvoirs latents du candidat. Si ce
développement n'est pas opéré, ces preuves se confinent à des connaissances d'ordre *intellectuel*, se bornent aux plans inférieurs de
la nature et sont des instruments dangereux placés entre les
mains d'un enfant sans expérience.

Avec le temps, ces preuves s'illuminent davantage, pour le disciple qui monte; au contraire, pour celui qui stationne, elles
restent inertes et opaques. Il faut le véhicule, le *sens* particulier de
la Vérité pour apercevoir cette dernière; les animaux qui n'ont
pas d'appareil visuel physique sont privés de la perception de la
lumière physique; l'homme qui n'a pas développé les sens qui
transmettent la Lumière mentale et la Lumière spirituelle, est un
être inintelligent et in-intuitif; l'Intuition est le mode par lequel
la Vérité s'imprime en nous; cette Intuition s'accroît avec le
temps, et il faut expérimenter soi-même son *modus operandi* pour
en comprendre la force et l'infaillibilité; elle n'a rien de commun
avec les rêveries de l'imagination cérébrale, ni avec certaines impressions intérieures familières aux psychiques. La Vérité inonde
l'Univers, mais l'homme n'a pas créé encore l'organe qui doit la
transmettre en lui.

Il faut le temps pour effectuer ce développement véhiculaire;
le corps humain n'est pas construit en un jour, bien que la Nature,
à chaque reconstruction de ce corps, puisse en opérer la formation un peu plus rapidement qu'à la formation précédente (surtout pour les étapes préliminaires, où cette rapidité est extrême);
de même, la construction du Corps spirituel est un labeur lent, au
stage évolutif actuel surtout. Commencez quand même, car il
n'est jamais trop tard pour se mettre en route, et, selon vos potentialités (votre *Karma*), vous verrez ce corps pousser plus ou
moins vite. Quand il poussera, vous le sentirez à l'arrivée progressive de l'Intuition; vous en aurez alors la preuve vous-même, et
d'ailleurs, nul autre ne pourrait vous la donner.

Que faire, direz-vous, pour cela?

Vouloir créer ce pont; le vouloir souvent, profondément. Les
détails de l'entraînement, vous les trouverez vous-même; chacun
a son « sentier ». Les périodes d'action pourtant sont suivies de
réactions *proportionnelles*: aussi les premiers efforts doivent être
modérés, il faut se tâter, et voir venir. Mais tout ceci me paraît,
peut être, prématuré; je n'en dis un mot que pour éclairer certaines
questions que vous ne manqueriez pas de vous poser sans cela.

..

« Je veux bien que nos actes engendrent des effets, que nos pensées même, — quoique ceci me paraisse plus douteux, — en
déterminent; je me soumets à cette loi ici-bas, là où sûrement je la
constate. »

L'action karmique est impossible à analyser dans ses détails, — pour les humains ordinaires comme nous, du moins, — mais elle est basée sur une loi d'une rigidité mathématique : l'égalité de l'action et de la réaction. Pour apprécier la valeur d'un genre quelconque de Karma, sur un plan donné, il n'y a donc qu'à juger de l'énergie de l'action qui l'y produit. Prenons un exemple.

Un homme devient assassin ; il plonge un poignard dans le corps d'un autre homme. Considérons la nature des forces mises en mouvement *sur le plan physique* : un effort qui fait pénétrer un instrument tranchant dans un agrégat moléculaire, rien de plus. Un coup de hâche porté sur un tronc d'arbre, un coup de massue sur un pieu planté en terre produisent une action physique semblable. Que sera la réaction, le Karma de ces divers actes *physiques ?* Le choc en retour d'une vibration physique, la réception d'une série d'ondulations aériennes qui reviennent au point de départ, ou qui frappent tout d'abord au moment où elles se portent en dehors de ce point de départ.

Les considérations morales n'interviennent directement en rien sur le plan physique. L'âge, l'utilité, l'état mental de la victime et de l'assassin n'exercent, à ce moment, aucune action matérielle.

Supposons que le crime ait été commis sans vibration concomitante des plans psychique (*Kama*) et mental de la victime ou de l'agresseur, le Karma de ce dernier sera une quantité physique négligeable : c'est ce qui se passe lorsque, en marchant, nous écrasons, *sans le savoir*, des êtres qui n'ont pas un développement psychique ou mental suffisant pour vibrer sur ces plans au moment où ils sont écrasés.

Mais quand l'homme commet un crime, d'autres éléments sont en jeu ; le coup de poignard n'est que la matérialisation d'une série d'états vibratoires des plans intérieurs. Avant de frapper, l'assassin a ressenti les forces de la colère, de la haine, de la jalousie ; des Élémentals kamiques ont été mis en action, ils ont fait vibrer le plan astral ; l'ondulation passionnelle s'est répercutée rapidement sur toutes les parties de la sphère fluidique terrestre (symbolisée par le serpent satanique), elle a fait vibrer à l'unisson tous les Élémentals passionnels accordés avec elle et, comme le *Kama* des humains n'est qu'une collectivité d'Élémentals, elle a sollicité tous les hommes à la répétition de l'action qui lui a donné naissance.

Bien plus, ces forces kamiques ont été, — nous le supposons ici, du moins, mais c'est le cas ordinaire, — animées, dirigées, renforcées, par la pensée du meurtrier qui a réfléchi, prémédité ; elles font tressaillir le plan mental, et la tentation provoquée par les vagues astrales, en reçoit une force centuplée. La vibration se transmet partout, au-dehors et au-dedans ; elle tend à se matérialiser, à provoquer la répétition de nouveaux meurtres ; elle s'imprime, en même temps, de plan à plan, jusque sur la substance akasique (1) ; elle y reste comme un « germe » qui revivra dans

(1) Celle qui condense le mouvement à l'état potentiel (latent).

un autre moment de la vie actuelle du meurtrier, ou au cours d'une de ses existences futures : chacun de nous possède en soi ce plan akasique, qui est notre racine, notre fondation, et qui a été nommé le « Livre du Jugement » parce qu'il conserve la potentialité de tous nos actes, de toutes nos impulsions, de toutes nos pensées.

Mais il y a plus encore. Ces passions mentalisées ne meurent point aussitôt après les actes qu'elles ont provoqués ; elles vivent avec le meurtrier, car elles font partie de son corps kamique, et lui survivent au-delà de la tombe comme *Larves*. L'un de leurs effets immédiats et permanents, c'est une tentation perpétuelle pendant la vie, si l'homme ne se ressaisit point et n'enchaîne pas la bête ; plus tard, après la mort, elles sont détruites dans leurs corps, mais non dans leur essence, et elles demeurent attachées à l'aura humaine supérieure comme *Skandas* (germes qui, dans leur ensemble, reproduiront la personnalité future de cet homme). *Tout l'homme est dans le mental, car il est le Penseur ; voilà pourquoi le Karma le plus énergique qu'il puisse produire est celui que génèrent ses pensées.* L'action involontaire et inconsciente n'a que des résultats physiques, sans importance durable pour celui qui en est la cause ; la victime subit une expiation karmique, mais si celui qui la tue n'en sait rien (la chose peut se présenter dans bien des cas), il n'en est pas plus responsable que ne l'est le rocher qui, dans sa chute, écrase un passant. La loi humaine a raison de faire grand cas de la préméditation.

Un Théosophe.

(*A suivre*).

Le Figaro du 24 février 1896 (42ème année — 3ème série — n°55)

CONTRE L'IMPOT
Sur le Revenu (1)

(3e ARTICLE)

Examinons aujourd'hui dans ses grandes lignes le projet d'impôt général progressif sur le revenu déposé par le gouvernement.

En voici l'économie générale, non point seulement d'après les explications four-nies par le ministre des finances, qui ne dit pas tout, mais d'après le langage des faits eux-mêmes beaucoup plus complet et par conséquent plus sincères.

Par ce projet, tous les contribuables habitant en France deviennent les humbles sujets de l'administration présentée par ses préfets, ses sous-préfets, ses contrôleurs des contributions directes, et par des Commissions locales inférieures ou supérieures, qui sont clef de voûte du système.

Chaque année, tout contribuable sera ou pourra être soumis à dresser son bilan complet devant les susdits fonctionnaires et devant les susdites Commissions.

Dans chaque ville, dans chaque vil-

(1) Voir le *Figaro* des 1er et 10 février.

...mes à Saint-Ouen, à Saint-Denis, ...ux, à Roubaix, même dans les ...mes où le pouvoir municipal est ...es mains de conseils et de maires ...ant ouvertement les plus pures ...nes communistes, collectivistes ou ...listes, ayant pour programme la ...tion et la suppression du capi-...la propriété, tout industriel, tout ...ant, tout propriétaire, tout rentier, ...nquier, tout cultivateur, tout au-...; tout cafetier, tout épicier, tout ...and de nouveautés, tout citoyen ...onque, homme ou femme, vieux ...ne, marié, célibataire, veuf, tout ...vivant enfin, portant visage hu-..., pourra être CONTRAINT de compa-...devant une « Commission commu-...composée :

...maire président ;

...deux membres *nommés par le ...municipal*,

...percepteur et du contrôleur des ...utions directes.

...i l'ordonne l'article 34 du projet. ...Commission aura le droit de re-...her par tous les moyens à sa dis-...on quelle est la situation de cha-...contribuable, ce qu'il gagne ici, ce ...gagne là, quelles sont ses dettes, ...sont ses hypothèques ; à quel ...il achète, à quel prix il revend ; ...sont ses bénéfices bruts, ses frais ...ux, ses dépenses d'entretien, ses ...d'assurance ; ses frais de se-...de culture, de fumier, de mois-...vendange, de coupe de bois, de ...on, de nourriture de chevaux, de ...x, de vaches, de veaux, de chèvres ; ...il récolte de litres de lait, com-...fabrique de beurre, de fromage, de ...cidre ; quel prix il paye à ses ou-..., journaliers, bergers, manœuvres ; ...bien il a vendu ses fruits, ses cerises, ...petits pois, ses raisins, ses pommes, ...lives, son vin, ses produits de toute ...ure.

...ué, notaire, médecin, pharmacien, ...journaliste, auteur dramatique, poète, peintre, sculpteur, ténor, chanteuse d'opéra, d'opérette ou de café-concert, musicien, modiste, tailleur, couturière, marchand de vin en gros ou en détail, grand seigneur de Bercy ou mastroquet du coin, maçon, entrepreneur, architecte, dessinateur, quiconque fait quoi que ce soit de ses dix doigts, quiconque mange, boit, marche, respire — quiconque vit enfin sous le beau ciel de France, dans l'air libre de ce pays qui passa jusqu'ici pour le plus doux, le plus humain, le plus civilisé du globe — devient « la chose » d'un nouveau tyran, d'un Denys de Syracuse moderne, fabriqué de toutes pièces, sous le nom de Commission locale, dans chacune des 36,000 communes de France, par une loi « réformatrice », au nom des immortels principes de 1789 et de la *Déclaration des Droits de l'homme.*

Et ne croyez pas que j'exagère.

Cela est écrit, directement ou par voie de conséquence ; mais incontestablement, dans les articles 6, 7, 8, 9, 10, 11, etc... et 21, 22, 24, 25,... 32, 33, 34, pages 146, 147, 151, 152, de cet immortel projet de loi, la plus noble pensée du règne radical, déposé le 1ᵉʳ février 1896 sur la tribune de l'Assemblée qui a l'honneur de représenter la nation se vantant d'être la plus spirituelle du monde !

Et en effet, quel est tout le mécanisme du nouvel impôt ?

C'est que :

1° Les revenus *inférieurs* à 2,500 francs par an sont exempts de l'impôt ;

2° Les revenus de 2,500 fr. à 5,000 fr. payent 1 0/0 ;

3° Les revenus de 5,001 fr. à 10,000 fr. payent 2 0/0.

4° Les revenus de 10,001 fr. à 20,000 fr. payent 3 0/0.

5° Les revenus de 20,001 fr. à 50,000 fr. payent 4 0/0 ;

6° Les revenus *au-dessus* de 50,000 fr. payent 5 0/0 ;

D'autre part, certaines déductions sont admises par la loi pour le calcul du revenu imposable, ou à raison de certaines charges de famille.

D'autre part encore, les contribuables jouissant d'un revenu supérieur à 10,000 francs sont tenus (art. 24) de faire spontanément une déclaration détaillée de toutes leurs sources de revenus et de tous les détails de leur bilan ; — tandis que les contribuables de la catégorie inférieure ne sont pas astreints à cette déclaration et à cette comptabilité, et sont *taxés directement* — à vue de nez, comme dit le proverbe en usage à l'Académie française — par la fameuse « Commission locale ».

Mais qu'est-ce à dire ?

Pour partager les citoyens en catégories précises d'après leurs revenus, il faut connaître ces revenus.

Pour les connaître il faut les rechercher.

Pour savoir si un tel a *plus* ou *moins* de 2,500 francs de revenus provenant de son travail, de ses immeubles, de ses valeurs, de son commerce, de ses opérations de tous genres, il faut se livrer à des investigations, l'interroger, contrôler ses déclarations.

Comment donc les choses se passeront-elles ?

La Commission communale dressera d'abord à sa fantaisie la liste des condamnés, elle y inscrira qui elle voudra.

Elle jugera *a priori*, en son âme et conscience, l'excellente, l'impartiale, la divine, la sacro-sainte Commission communale, elle jugera que Paul et Pierre, Jean et Jacques ont *plus* de 2,500 francs de revenu, et, comme tels, doivent être soumis à l'impôt.

Certes, je ne m'occupe point de ce qu'elle fera à l'égard d'un patron scélérat, comme l'infâme Rességuier, d'un grand propriétaire, du marchand assez malheureux pour être regardé comme le plus riche du village : ces gens-là ne m'inspirent aucune pitié, ne sont dignes d'aucun ménagement, de la protection d'aucune loi. C'est entendu ! Qu'on les frappe, qu'on les gourme, qu'on les pille, qu'on les écorche, qu'on les tue au besoin : c'est le progrès, c'est « la réforme » ! *Vive la Commune !*

Mais Paul, mais Pierre, mais Jean, mais Jacques Bonhomme, dont j'ai parlé plus haut ; l'un boucher, l'autre boulanger, l'autre épicier, l'autre propriétaire cultivateur ou fermier, se trouvant, par hasard, les ennemis particuliers, les concurrents directs de Marius et de Scévola, conseillers municipaux, et de Vindex, maire, tous trois membres de la redoutable Commission locale, où ils ont la majorité : — les voilà, les quatre malheureux, taxés comme ayant gagné l'année passée 3,500 francs, et par conséquent imposés d'office !

En réalité, ils ont tout juste joint les deux bouts. Mais ils se gardent bien de le laisser savoir, de peur de perdre leur crédit. Et on les impose comme riches de 3,500 fr. de revenu !... Ils se récrient, ils se révoltent ; ils protestent.

« — Fort bien, répondent les trois anabaptistes de la Commission locale ! Mais venez devant nous ; apportez vos livres, vos comptes, vos factures, vos quittances, et *prouvez-nous* que vous n'avez pas gagné 3,500 francs !

— Mais je n'ai pas de livres et sais à peine écrire, réplique Jacques le cultivateur.

— Mais nous nous garderions bien de vous montrer nos livres : vous êtes nos concurrents les plus acharnés ! — répliquent en chœur Pierre, Paul et Jean.

— Alors, tant pis pour vous ! répond l'oracle. J'ai le droit d'appréciation. Je l'exerce. Je vous ai mis sur ma liste des otages. Vous y êtes : restez-y ! »

Et voilà le projet de loi !

Et voilà l'évangile de paix, de justice, de concorde, d'amour, qu'on nous apporte !

Ainsi, qu'on ne s'y trompe point ! Qu'on ne soit pas dupe des mots, des apparences, des textes officiels. Il faut voir ce qu'ils disent, mais aussi ce qu'ils ne disent pas, ce qu'ils dissimulent même soigneusement derrière les artifices des formules et les jongleries oratoires, mais ce qui est pourtant, et ce qui est d'autant plus dangereux qu'on l'aperçoit moins et qu'on ne s'en défie pas !

Eh bien, la loi, le projet, c'est ce que je viens d'exposer.

C'est là le fond des choses; c'est là la réalité, la menace odieuse, le serpent caché sous les fleurs.

Ça, une loi de dégrèvement? Ça, une loi républicaine, une loi juste? Mais c'est le plus abominable instrument d'oppression, de persécution, de guerre civile universelle qu'on puisse imaginer !

Tout le monde est menacé ; tout le monde est en péril ; car chacun est le riche de quelqu'un, excepté les vagabonds qui couchent sous les ponts.

Personne n'est sûr d'échapper à la loi, parmi ces privilégiés qu'on veut séduire en proclamant qu'ils en seront affranchis. Voilà ce qu'il faut bien comprendre et faire comprendre au suffrage universel qu'on trompe et qu'on égare.

Qu'il s'agisse de prouver qu'on ne possède que tant de revenus, ou bien de prouver qu'on a le droit d'être exempté *parce qu'on ne possède pas* le minimum au-dessous duquel on est dispensé, il faudra toujours prouver, au gré des 36,144 commissions de tyranneaux de village.

Dans tous les chefs-lieux de canton, dans toutes les communes, les partis se précipiteront avec fureur sur les armes que vous leur préparez, afin de s'en emparer à leur profit et d'en frapper leurs adversaires, leurs rivaux, leurs concurrents.

Comment ! vous trouvez que la France n'est pas assez divisée, assez déchirée par les passions politiques, par les haines et les rancunes que laisse après elle une longue lutte des partis, par les doctrines de guerre sociale qu'on prêche à

tous les carrefours et, chaque matin,
dans peut-être un million de journaux !

Il faut encore que vous jetiez parmi
les combattants, à la disposition des plus
violents, des plus furieux, la plus redoutable machine de destruction et de guerre
intestine qui soit connue dans l'histoire
des discordes civiles et de la décadence
des peuples !

En vérité, quel esprit de vertige vous
entraîne et quel dessein poursuivez-vous
donc ?...

Voilà le premier aspect, la physionomie générale de la loi nouvelle. Nous la
regarderons de plus près : — elle ne
vous en paraîtra que plus laide !

Jules Roche.

Le Figaro du 2 mars 1896 (42ᵐᵉ année — 3ᵉ série — n° 62)

CONTRE L'IMPOT

sur le Revenu

(1)

(M. Méline)

[...] l'exposé des motifs du projet de
[...] relatif à l'impôt général progres-
[...] le Revenu ; écoutez le langage de
[...] défenseurs : « C'est une réforme
[...] ; c'est l'évangile nouveau des-
[...] faire descendre le paradis sur
[...] ; c'est, notamment, le dégrèvement de tous les petits contribuables ;
c'est le fardeau de leurs impôts rejeté
[...] les riches !

» Qui paye, aujourd'hui ? Le pauvre !
» Qui payera demain ? Le riche !
» Donc, tous ceux qui combattent l'impôt sur le revenu défendent les privilè-
ges des riches et sont les ennemis des

humbles, des petits, des souffrants !
» Et qui profitera surtout du [...]
système ? L'agriculture !
» Oui ! ce sera là renaissance, [...]
[...], la fortune de l'[...]
Et les adversaires du projet [...]
sont les plus cruels ennemis de l'[...]
culture ! » — (Même M. Méline !)

Telle est la thèse.

Elle court les couloirs de la Chamb[re],
elle s'étale dans les journaux minisé-
riels, dans les journaux collectivi[stes]
qu'on ne s'attendait guère à voir si [...]
pour l'agriculture et pour les propr[ié]-
taires.

Cette apologie n'a qu'un défaut : [...]
l'être radicalement fausse, fausse [...]
bout à l'autre ; sur tous les point[s le]
contraire même de la vérité.

Assurément, le projet a pour but, [...]
intention de frapper les riches ; —
il les manquerait.

Au contraire, il frapperait les con[tri]-
buables modestes, ceux des cam[pagnes]
surtout, en pleine poitrine, d'un [coup]
mortel.

(1) Voir le *Figaro* des 1ᵉʳ, 10 et 24 février.

[...] étais vous le prouve par A+B.

De patience, je vous prie, et [...] la peine de lire les quel[...] [...] — Je suis [...] en donner. Mais je les [...] [...]moins possible.

D'abord, examinons le projet de loi [...] plénitude, c'est-à-dire lorsqu'il [...] les engagements nécessaires [...] l'exposé des motifs et dans l'ar[...] [...]lorsqu'il aura *supprimé les cen[...]* [...]*tionnels* de la contribution [...]nelle et mobilière et des portes et [...]res maintenus seulement à titre pro[...] [...] pour 1897.

[...] est en effet le seul moyen de juger [...]ment le projet, qui ne présente, [...] 1897, qu'une partie de ses consé[...].

[...]et, donc le projet tout entier, dans [...]ficence : — la contribution per[...]elle et mobilière est supprimée dans [...] *principal* qui représente 67 millions, [...] dans tous ses *centimes additionnels*, [...] le produit, destiné presque exclusi[...]ment (comme celui de tous les cen[...] additionnels) aux budgets locaux [...] communes et des départements, [...]ève à près de 100 millions.

Il supprime également la contribution [...]nelle *et mobilière* tout entière, [...] son *principal*, qui produit 44 mil[...] — et dans ses *centimes addition-*[...] qui produisent 45 millions.

[...]oi, par conséquent, 67 millions [...] + 44 + 45, en tout et en chiffre [...]56 millions disparus, dont 111 ve[...]du *principal*, et 145 venant des cen[...] *additionnels*.

[...] Parfait !

[...] le dégrèvement !

[...] une parenthèse. Les chiffres que [...]ne sont pas tout à fait ceux du [...]de loi, parce que ce projet prend [...]chiffres *actuels*, tandis que je prends

[...] l'année 1894, d'après les tableaux [...] à l'état du montant des rôles [...]) — mais cela ne change que [...] peu dans les détails, et *rien* au fond [...] choses et du raisonnement.)

Mais ni l'Etat, ni les communes, ni les départements ne peuvent se passer de l'argent qu'ils leur procuraient.

L'Etat a déjà pris ses précautions ; il remplace, pour son compte, en 1897, les ressources supprimées par le produit du nouvel impôt sur le revenu.

Ce sera le même système d'impôt sur le revenu qui devra fournir, en 1898, les 145 millions (au moins) qui ont été produits en 1894 par les *centimes addition-nels* de la mobilière et des portes et fenêtres.

Mais alors, — première observation : — les *taux* de l'impôt nouveau indiqués dans le projet ne suffiront plus ! Cet impôt bénin, bénin, bénin, léger et détersif, dont le maximum ne saurait dépasser 5 0/0, n'a été calculé que pour remplacer le principal ; — mais puisqu'il devra remplacer aussi les centimes additionnels, voici que, tout à coup, il va bondir comme un ballon qui s'échappe.

Au *minimum*, ce ne sera plus 1 0/0, mais 2 0/0 ; — au *maximum*, ce ne sera plus 5 0/0, mais 10 0/0.

Or, les valeurs mobilières au porteur, par exemple, supportent déjà 12 0/0 ; ajoutez 10 0/0, dans les cas éventuels, sera 22 0/0.

Les propriétés supportent 10/0, 15, 20 0/0 ; ajoutez 10 0/0, ce sera 22, 25, 30 0/0.

Admirable protection de l'agriculture !...

Mais p[...]

[...] c'est entendu ! On portera l'impôt 10 0/0 [...] le midi [...] se superposant aux impôts existants. Voyons ce qui va arriver.

Cherchons notamment !

1° Qui va profiter de la suppression de ces impôts disparus ? [...] le pau-

... va... Non, ce sera... ... Serons-nous riches? — Non! ce sera le payeur.

Et je le prouve.

Les impôts ne sont pas tous également répartis entre les différentes communes; certaines pèsent surtout sur les villes; d'autres, surtout sur les campagnes.

Ainsi, partageons en deux groupes les 36,159 communes de France. Premier groupe: les communes *ne dépassant pas* 5,000 habitants. — Il y en a 35,631, et elles comptent 26,025,548 habitants, sur la population totale de 38,349,107 habitants (recensement de 1891).

Deuxième groupe: les communes *au-dessus* de 5,000 habitants. Il y en a 528, comptant 12,317,649 habitants.

Or, les 26 millions de contribuables des petites communes, qui vivent essentiellement de l'agriculture, payent beaucoup moins — et c'est tout naturel — sur la contribution personnelle et mobilière et sur les portes et fenêtres (impôts à supprimer), que les 12 millions d'habitants des grosses communes supérieures à 5,000 habitants et des grandes villes, où l'industrie et le commerce jouent le principal rôle.

Ainsi, pour n'examiner que le produit des *centimes additionnels* — ce qui est le côté le plus intéressant du problème — sur les 100 millions qu'ils produisent (à la *personnelle et mobilière*), les petites communes ne fournissent que 43 millions, tandis que les grandes en fournissent 57; — et sur les 45 millions provenant des centimes additionnels des *portes et fenêtres*, les petites communes payent 21 millions et les grandes 24.

Et, dans les campagnes, qui donc paye surtout la contribution mobilière et les portes et fenêtres? — Le riche, le contribuable aisé.

Par conséquent, le dégrèvement des centimes profitera surtout aux 528 grandes communes, qui seront déchargées de 81 millions; — et, dans les petites communes, qui ne seront déchargées que de 64 millions, il profitera presque que uniquement aux contribuables les plus riches et les mieux logés.

Que diable le pauvre et l'agriculteur « penché sur le sillon » peuvent-ils bien gagner là dedans?

Rien!...

Continuons...

Mais s'ils ne gagnent rien, au moins vont-ils ne rien perdre?

Pas du tout! C'est eux qui vont porter tout le fardeau! Voyez plutôt.

Il s'agit, toujours, du remplacement par les communes et par les départements, du produit des centimes additionnels supprimés. On les demandera à l'impôt sur le revenu: parfait!

Mais le contribuable riche ou aisé ayant château, ferme, villa, maison, à la campagne, habite surtout la ville. C'est là qu'est son principal domicile. Aujourd'hui il paye la contribution mobilière partout où il possède une habitation meublée à sa disposition; il paye à Paris, il paye au bord de la mer, il paye à la montagne, il paye à la vallée — et il paye plus que les autres, sans se plaindre.

De même pour les portes et fenêtres: le riche, l'homme aisé, paye cet impôt, principal et centimes, partout où il possède une maison. Son château, souvent, fournit un gros morceau du produit local des portes et fenêtres.

Mais dans le système nouveau, tout cela s'évanouit.

Unité de domicile, unité nécessaire, exclusive, pour tout contribuable, même pour le marquis de Carabas, en vertu du principe même de l'impôt « global » sur le revenu! A plus forte raison si l'impôt est progressif!

L'unité absolue de domicile est de l'essence du projet!

Et alors, dans les 35,631 petites communes, à qui, à quoi s'adresser?

Disparu, l'impôt! Évanoui! Disparu

[...] ! Il paye à Pa- [...] à Lyon, à Bordeaux, à [...] la « grand' ville » où il [...] ; mais plus un sou à la [...] — sinon l'impôt foncier sur la [...] bâtie et sur la non-bâtie.

[...] vont donc faire les 35,691 petites [...]munes et les départements pour [...]placer les millions produits par les [...]mes des impôts supprimés et in[...]nsables à leurs budgets, dont ils [...] parfois plus du quart, puisqu'il [...] pas moyen de les demander aux [...], ayant un autre domicile où ils [...]ront exclusivement l'impôt sur le [...]nu ?

[...]rchez des cultivateurs, des paysans, [...] artisans, des petits commerçants de [...]pagne pour leur demander l'impôt [...] revenu — sur un revenu *net* su[...]r à 2,500 francs !... Dans 30,000 [...]munes peut-être, il n'y en aura pas [...]

[...] frapper de l'impôt sur le revenu [...] ne mènera pas loin.

[...] Alors, que reste-t-il ?... Car enfin il [...] de l'argent !

[...] centimes sur les patentes ? Sur les [...]tiers, les bouchers, les boulan[...], les cabaretiers, les marchands, les [...]leurs, les épiciers, etc., qui crient déjà [...] des aigles ?

[...]yez donc de le conseiller, ô dépu[...]oux d'être réélus !

[...] ? Alors ? Alors ?... Eh ! parbleu [...] il ne reste plus que l'impôt fon[...] éternel impôt foncier, la bête solide [...] tout. Il reste la Terre, la Terre [...] et muette.

[...] la malheureuse, elle paye déjà, [...] les 35,691 petites communes, 23[...] (principal et centimes), sur le [...]llions, produit total de l'impôt [...] Sur cet impôt, les [...] millions [...] de ces petites communes [...], en moyenne, presque [...]

[...] par tête, tandis que les [...] autres millions d'habitants des grandes communes ne payent que 12 millions de francs, soit 1 franc par tête !

Il faudra donc, en définitive, dans les 35,000 petites communes de France, rejeter presque entièrement sur la terre, sur l'agriculture, sur les paysans, sur les modestes et les petits propriétaires travaillant le sol à la sueur de leur front, les 145 millions de *centimes additionnels*, aujourd'hui payés en grande partie par les contribuables riches et aisés !

Eh bien, la voilà encore, la « réforme », la « grande réforme » !

Le voilà, le cadeau fait aux humbles, aux petits, aux « classes rurales » ! Une formidable augmentation d'impôt sur l'agriculture !

Ah ! Jacques Bonhomme, Jacques Bonhomme — et vous, « travailleurs » de l'atelier et de l'usine, quand donc verrez-vous combien les fabricants brevetés de « réformes » se moquent de vous ?

Vos vrais défenseurs, comprenez donc, ce sont les [...] de la liberté, source unique de tout progrès, de toute richesse ; ce sont les adversaires de ces doctrines sauvages et stupides, destructives de toute justice et de toute civilisation !

Jules Roche.

Le Figaro du treize mars 1896 (42ᵉ année – 3ᵉ série – nᵒ 73)

CONTRE L'IMPOT
Sur le Revenu

(1)

(5ᵉ ARTICLE)

Il ne suffit pas de montrer les dangers de l'impôt sur le revenu, il faut aussi, chemin faisant, dissiper les grossières erreurs systématiquement répandues au sujet de notre régime d'impôts, tel qu'il s'est établi, par dispositions successives, depuis la Révolution française.

Certes, je ne prétends pas qu'il soit sans défaut ! Il serait aisé, cependant, de prouver qu'il est, en définitive, le meilleur ou le moins mauvais de tous ceux qui sont pratiqués en Europe : constatation qui ne s'oppose aucunement aux améliorations réalisables, mais qui s'oppose énergiquement à l'introduction, chez nous, de systèmes cent fois pires que le nôtre !

Ce n'est pas là, toutefois, le côté que je veux examiner aujourd'hui. Il me semble répondre mieux à certaines préoccupations en recherchant s'il est vrai, comme le crient à tue-tête les prétendus réformateurs, que les revenus, en France, soient beaucoup moins frappés par l'impôt que dans tous les autres pays et notamment qu'en Angleterre.

C'est là, en effet, l'idée qu'on s'efforce de faire pénétrer dans l'esprit de la foule pour l'exciter contre la propriété et contre le capital, en lui persuadant que le poids de notre budget est supporté presque uniquement par le « travail », — et en réservant le monopole de ce beau mot aux hommes qui font œuvre manuelle, comme si tel médecin, tel savant, tel philosophe, tel écrivain, tel artiste, tel industriel, tel négociant, ne travaillaient pas, eux aussi, et souvent beaucoup plus, chacun d'eux, que dix « ouvriers » à la fois !

Eh bien, est-il vrai que les revenus des

possesseurs de la [illegible] et du soient privilégiés, [illegible] nous ; système de l'*Income-Tax*. [illegible] pratiqué dans l'aristocratique chique Angleterre, soit beau rigoureux que notre régime les contribuables riches ou [illegible]

Au lieu de se perdre en contre les iniquités du « liste » de cette pauvre France, mieux de regarder les ch avant d'en parler. Mais cela sources de l'éloquence !

Ouvrons donc simp anglais d'un côté, le bu l'autre, et comparons-les.

Voici le *Finance Accounts o ted Kingdom*, etc... de l' Le total des *Recettes* du naire s'élève en chiffres liards 386 millions.

Quelles sortes d'impôts, chapitres principaux oû sources de revenus de ce opulent Royaume-Uni, fra ment la richesse ?

C'est l'*Income-Tax*, ou « revenus » ; la *Land-Tax*, ou « im terre » ; et la *House Duty*, ou im les maisons ».

Tout le reste rentre dans les indirects, douanes, etc...

L'*Income-Tax* — cet impôt léux au dire de nos réforma supportable au dire des An payent — est divisé en cinq c ou « *Cédules* », frappant d'un im portionnel — et non point progressi les différentes catégories de séparément considérées.

Cédule A, frappant les revenus propriétaires retirent de leurs maines, maisons, etc..., soit exploitent, soit qu'ils les aff manière quelconque. L'impôt chiffres ronds, à 119 millions

Cédule B, frappant les reven fermiers, locataires, tenanciers, tirent de l'exploitation des i qu'ils font valoir mais qui ne partiennent pas. L'impôt s'élève lions 741.000 francs.

Ici, nous pouvons inte

frappant ainsi sur la propriété bâtie, s'élevant à 26 millions;

l'*Inhabited House Duty*, autre impôt qui « les maisons habitées ou sur propriété bâtie », comme nous disons, s'élevant à 36 millions.

Voici donc, comme impôts totaux sur propriété immobilière, visée dans ses revenus et sous toutes ses formes, un ensemble atteignant 185 à 186 millions de francs en chiffres ronds.

Continuons.

Cédule C, portant sur les pensions, rentes viagères, sur les revenus provenant d'annuités, dividendes, intérêts, etc..., de certaines *valeurs mobilières* déterminées. Impôt total : 31,738,000 francs.

Cédule D, concernant les bénéfices provenant du commerce, de l'industrie, professions de toutes natures et les revenus des valeurs mobilières non comprises dans la cédule C. Impôt total : [...]10,000 francs.

Cédule E, frappant les traitements des employés, des commis, des fonctionnaires publics, depuis les plus élevés jusqu'aux plus modestes, etc... Impôt total : 27,040,000 francs.

En définitive, une somme totale de [...] millions de francs en chiffres ronds : telle est la charge que l'*Income-Tax* et impôts assimilables font peser sur revenus de toutes sortes dans la richissime Angleterre. (Inutile, au point de vue qui nous occupe en ce moment, d'entrer dans les détails de l'établissement et du fonctionnement de l'*Income*-Tax.)

Franchissons « le détroit » et revenons à notre doux pays, que tant de gens s'acharnent à rendre amer.

Voici le budget de 1896, écrit en bon français.

Je cherche en vain, je l'avoue, un chapitre intitulé « Impôt sur les revenus » et divisé en *Cédules*, ou en écriteaux suggestifs, explicatifs, démonstratifs comme dans le budget de la perfide Albion.

Mais j'y trouve, sous le nom bourgeois de *Contributions directes*, des impôts ayant bel et bien pour but et pour résultat d'atteindre *directement*, comme leur nom l'indique, les revenus de la propriété, du capital, de l'industrie et du commerce.

En voici la litanie trop connue, hélas ! des clients du percepteur !

1° *Contribution foncière* sur les *propriétés bâties*, établie à raison de 3 fr. 20 p. 0/0 de revenu ; produit total pour l'État : 80,042,227 francs.

2° Plaçons ici, en avançant son rang, la contribution des *portes et fenêtres* établie pour faire payer davantage aux maisons du luxe : 58,425,474 francs ;

3° Contribution foncière sur les *propriétés non bâties*, établie d'après les opérations cadastrales en raison du *revenu* des propriétés (tel est le principe, car il y a, sur ce point, bien des réformes sérieuses à entreprendre) ; produit total pour l'État : 118,607,919 francs.

Soit : 257 millions sur la propriété, au lieu de 183 millions en Angleterre.

4° Contribution *personnelle* et *mobilière*, établie d'après les revenus apparents manifestés par le logement : — 90,470,476 francs.

5° Contribution des *patentes* établie d'après des indices extérieurs des bénéfices du commerce et de l'industrie : — 125,580,402 francs.

Ajoutez la Taxe des biens de mainmorte, les redevances des mines, etc., en tout environ 10 millions, voilà un ensemble d'impôts de 483 millions, — déjà supérieur à tous les fameux « *Impôts sur les revenus* » de l'Angleterre et frappant les revenus des propriétaires, des capitalistes et des commerçants français, — mais sans le dire sacramentellement !

Ce n'est pas tout.

Nous avons, nous aussi, un « impôt sur le revenu ». Il y a de tout en France ! Il s'appelle « *Taxe de 4 0/0 sur le revenu des valeurs mobilières* », et il est inscrit au budget pour une recette de 66,220,000 francs, — alors que la *Cédule* C des Anglais, « *Annuités, dividendes*, etc... », ne comporte que 31,738,000 francs. (Il est vrai que la *Cédule* D frappe aussi certains revenus de valeurs mobilières.)

Il y a mieux.

Ces 66 millions ne sont pas le seul impôt frappant les revenus des valeurs mobilières en France.

Il faut y joindre le *Droit de transmis-*

… et le *Timbre d'abonnement*, dont la charge doit être évaluée à peu près à un impôt annuel moyen, au moins en ce qui concerne les valeurs au porteur, de 7 à 8 0/0 ; ce qui donne, avec la taxe de 4 0/0, un total de 11 à 12 0/0, sur les revenus de ces sortes de valeurs mobilières.

En définitive, on peut considérer que le produit total de ces impôts s'élève à 140 millions environ.

Récapitulons : 483+140, voilà 623 millions de francs, en espèces sonnantes et trébuchantes, payés directement par les bons contribuables français sur les revenus de leurs propriétés, de leurs capitaux, de leur commerce.

Mais comme le *mot* n'y est pas, cela ne compte pas pour les socialistes et révolutionnaires, partisans de l'impôt général progressif sur le revenu.

Il n'y a que les 455 millions des Anglais qui comptent, parce qu'ils ont l'étiquette. Nos intrépides novateurs sont fétichistes et adorent les mots : *Nomina, numina.*

Eh bien non ! Les choses sont plus importantes que les mots. Nous avons, en réalité, l'impôt sur *les revenus.* Qu'on en modifie certains détails d'application pour obtenir toujours plus de justice, toujours plus d'équité, toujours plus d'humanité : personne ne s'y refuse !

Mais le projet proposé est une œuvre de réaction et de ruine et non de progrès, de haine et de guerre et non de concorde ; et puisque les pouvoirs publics institués pour défendre la civilisation et la société entreprennent de les détruire, c'est aux simples particuliers de comprendre que, pour eux, l'heure d'agir est venue.

Dans le cas de légitime défense, qui ne combat périt.

Jules Roche.

Le Figaro du 19 mars 1896 (42ème année — 3e série — n° 79)

CONTRE L'IMPOT
ur le Revenu

(6ᵉ ARTICLE)

(1)

L'IMPOT SUR LES « PETITS »

bonne heure ! Cela ne pouvait
et vient à propos, avant que
commence, pour dissiper
ombres : un des partisans les
vaincus de l'impôt sur le revenu,
eau, a déposé un amendement
objet de tirer tout de suite du
de la loi une des innombrables
que qu'il contient dans ses
inépuisables.

avions dit :

ux proposé par le ministère :
sur les revenus de 2, 500 à 5,000 fr. ;
de 5,000 à 10,000 fr. ; 3 0/0 de 10,000
fr., etc., enfin 5 0/0 au-dessus
fr. de revenu, n'est qu'un comment. Une fois voté, l'impôt pro-
s'étendre, par-dessus et par-des-
Il descendra jusqu'aux reve-
plus humbles, au-dessous de
pour les frapper après avoir
épargner ; — et augmentera,
en degré, jusqu'à la spoliation
des gros revenus.

d'ailleurs sans mé-
plus attendu la fin du siècle
réaliser : l'honorable député ra-
dicaliste M. Lhopiteau s'est chargé
besogne « devant même que
les soient allumées », et voici
la nouvelle progression, jus-
taxe encore mieux :

des 19, 20, 21 février, 2 et

Il n'y a plus d'exemption pour les « petits » ;

De 1 franc de revenu à 1,000 francs,
on payera 0 25 0/0 ; — de 1,001 à 2,501
francs, 0 50 0/0 (le reste comme dans le
projet ministériel, jusqu'à 100,000 francs) ;
— puis 6 0/0 ; et enfin 7 0/0 au-dessus de
200,000 francs.

Tel est le début. La suite n'en sera pas
indigne, vous pouvez y compter ! Et
pour peu que le système triomphe, le
jour c'est pr loin où l'impôt ne sera
plus de 5 0/0, ni même de 7 0/0, mais de
30 0/0, de 50 0/0, et enfin de 100 0/0,
comme il convient à tout impôt progressif qui se respecte.

Du reste, en voici dès à présent la
preuve officielle.

Dans l'exposé des motifs du projet, le
ministère n'hésite pas à déclarer que sa
proposition actuelle doit être « consi-
» dérée comme *la clef même des réfor-
» mes ultérieures*, ayant pour objet *la
» transformation de nos impôts directs à
» l'aide d'un impôt sur le revenu*. A cet
» égard, *aucun doute n'est permis...* »

Ainsi parle le gouvernement (p. 20).

Et à la page suivante :

« En établissant une taxe générale sur
» le revenu, *la logique commanderait de
» supprimer tous les droits* établis en vue
» de frapper *les différentes catégories de
» revenus et de les remplacer par le nou-
» vel impôt.* »

Si on n'a pas réalisé immédiatement ce
programme, c'est qu'il faut bien com-
mencer doucement pour n'effaroucher
personne. Mais quand on tiendra l'outil !...

Eh bien, le calcul de l'impôt futur, de
l'impôt prochain, nécessaire pour la
transformation qu'on nous promet, est
facile à établir.

Le taux proposé aujourd'hui est calculé en vue de produire 157 millions de
francs, correspondant au produit en pri

nelle et mobilière et portes et fenêtres).
Mais, pour accomplir la « réforme » intég…, il faudra encore supprimer : l'impôt foncier sur la propriété bâtie et sur la propriété non bâtie, les patentes, les taxes assimilées, l'impôt de 4 0/0 sur les valeurs mobilières et les deux droits de transmission et de timbre qui y sont associés ; — tout cela représente, pour l'Etat seul, environ 500 millions.

Ajoutez-y les produits des centimes communaux et départementaux, soit 384 millions.

C'est donc 884 millions de plus qu'il faudra demander à l'impôt sur le revenu pour achever la « transformation » commencée.

Or, si les tarifs proposés aujourd'hui suffisent pour produire 157 millions, ils ne suffiront plus lorsqu'on leur demandera 884 millions de plus, c'est-à-dire un produit total de *1 milliard 41 millions*, au lieu de 157 millions.

Il faudra donc augmenter les tarifs de l'impôt dans la même proportion qu'on en voudra augmenter le produit. C'est-à-dire que, en présence des chiffres rappelés ci-dessus, il faudra multiplier par 6 63 les tarifs actuellement proposés, qui seront, par conséquent, non plus 1 0/0, 2 0/0, 3 0/0, 4 0/0, 5 0/0, mais bien 6 63 0/0, 13 26 0/0, 19 89 0/0, 26 52 0/0, 33 15 0/0, suivant les tranches de revenus.

En conséquence, l'impôt sera, par exemple, de 19 89 0/0 (presque le cinquième) sur les revenus de 10,001 francs à 20,000 francs, — et il sera *du tiers* sur les revenus au-dessus de 50,000 francs !…

Vous avez bien lu : du *tiers* !

C'est ainsi que le système d'impôt progressif établi à Syracuse par Denys le Tyran lui permettait, au dire d'Aristote, d'absorber en cinq années la valeur de toutes les propriétés.

Voilà le projet du ministère, dès aujourd'hui annoncé, […] ment proposé aux Chambres !

La Commune de 1871, dont les b[…] et les adeptes célèbrent dignement […]niversaire en en préparant le retour […] une autre forme, n'en fit jamais aut[…]

Il est bien évident qu'un tel sys[tème] serait la mort subite pour tout[es les] grandes entreprises commercial[es, in]dustrielles, agricoles ; la ruine c[ertaine] et immédiate de la France, au plu[s grand] bénéfice de l'étranger.

Mais qu'importe ces vétilles à de[s gens] qui se plaisent à détruire leur pa[ys] à pièce ?

Quant aux capitalistes dans le [res]treint du mot, aux riches oisifs […] leurs rentes, ils sauraient b[ien se] mettre à l'abri de toutes les […] nables. Ce ne serait pas long […] J'ai sous les yeux les circula[ires confi]dentielles de banquiers anglais, […] déjà organisé d'inexpugnables r[…] pour le gibier visé par les projets [so]cialistes français, — et il y en au[ra] d'autres !

Mais ce n'est pas sur ces points que [je] veux insister.

Ce que je tiens à montrer, c'est que [les] « modestes », les « humbles », ce[s fa]meux « petits contribuables », pour [les]quels on professe en paroles une [vio]lente amour, seront en fort grand n[ombre] les plus lamentables victimes de l'[impôt] sur le revenu, — comme toujours, [chez] leurs.

Quiconque n'a pas plus de 2,500 fr[ancs] de revenu en rente 3 0/0 sur le G[rand] Livre, ou en obligations de chemin[s de] fer, ou en argent prêté, ou en loy[ers de] maisons ou de terres, s'imagine […] exempt du nouvel impôt.

Quelle illusion, pauvres gens !

Le projet de loi (art. 6, 7, 8, 10 […] établit un système tel que, pour […] le revenu imposable, il faut […] revenus, produits, gains, prof[its, pri]ces, salaires, avantages de tou[te] [illegible] intégralement considérés [illegible] du mari, de la femme et de tous les membres de la famille qui habitent avec eux, lorsque le chef de famille en a la libre administration.

Eh bien, vous ne sauriez croire quelle quantité de gens vont tomber sous le coup de ces dispositions et payer le nouvel impôt, — payer même plus cher que ne leur coûtent aujourd'hui les impôts [illegible] seront supprimés.

Exemples :

Voici un mécanicien de grande compagnie de chemins de fer habitant Paris, [illegible] vivant avec sa femme, sa mère et [illegible] filles ; il a gagné l'année der[nière] [illegible] francs, traitement fixe et pri[mes] ; sa femme et sa fille aînée (20 ans) [travai]llent et gagnent, l'une 1,350 francs, [l'autre] 1,170 francs, dans les bureaux de [la Co]mpagnie.

[En] plus, la Compagnie verse de ses de[niers] 460 francs pour leurs retraites.

[Ell]e leur fournit encore 60 francs de [médi]caments et des permis pour voya[ges] personnels, représentant 400 francs.

[Cela] fait un total, à compter d'après la [loi], de 6,740 francs de revenus, sur les[quels] vivent les six personnes de la fa[mille].

[Act]uellement, ce mécanicien ne paye [aucun] impôt direct, son loyer ne dépas[sant] [pas] 500 francs.

[La l]oi nouvelle ne le dégrève donc pas [illegible], — et il ne semble guère, au [premier] abord, devoir en supporter les [illegible].

[Po]urtant il sera bel et bien considéré [comme] possédant 6,740 francs de revenu. [Il sera e]xempt d'impôt sur les premiers [2,500 f]rancs (sauf dans le système Lho[pital]) et payera 1 0/0 sur la portion [comprise] entre 2,501 francs et 5,000 francs [illegible] francs — puis 2 0/0 sur le reste [(entre 5],001 francs et 6,740 francs), soit [illegible] — au total, un impôt de 59 fr. 80 [illegible] — au lieu de *zéro* aujourd'hui.

[illegible] », à Bolon !...

Voici un chef de gare des environs de ma commune, dans le Midi, à qui j'ai demandé son compte : il a 2,400 francs de traitement ; sa femme est receveuse, dans la même gare, à 300 francs par an ; la Compagnie verse pour eux, de ses propres deniers, 320 francs. Ils reçoivent environ 140 francs en gratifications, allocations diverses. Leur logement (portion gratuite) représente largement 200 francs. Leur petit jardin produit au moins, en fruits, légumes (poules, œufs, lapins), etc., 120 francs net par an. Ajoutez 30 francs de médicaments, 300 francs de permis, une carte de circulation permanente valant 250 francs pour le fils, élevé au collège de la ville voisine et revenant chaque soir au bercail paternel ; encore quelques menus profits que je ne relève pas.

Récapitulez : c'est 4,560 francs.

Avec cela, mon chef de gare nourrit, entretient tout son monde ; outre le fils au collège, il a une fille à l'école communale et son vieux père, sans ressource, demeurant avec lui.

Actuellement, il paye pour tout impôt sa contribution personnelle et mobilière, dont le principal est de 4 fr. 70.

La loi nouvelle supprime ces 4 fr. 70 ; — mais elle tient mon chef de gare pour un rentier de 2,060 francs imposables (4,560 — 2,500) et va le frapper d'une taxe de 20 francs 60 centimes.

Résultat net : *augmentation* d'impôt de 15 francs 90 centimes !...

Quel admirable amour des humbles ! Quelle ingénieuse sollicitude pour les travailleurs !...

Autre exemple :

Voici un vieux retraité, M. V..., vivant avec sa femme et sa fille, âgée de vingt ans. Il n'a d'autre ressource que sa pension de 2,044 fr. 20 payée par la Compagnie de... Brest à Venise. Sa fille est employée dans les bureaux, et reçoit 1,350 francs par an. Ajoutez diverses allocations, gratifications, avantages en

... d'environ 500 francs. C'est un total de 3,804 francs.

Habitant Paris, dans un petit logement, M. V... ne paye pas de contribution personnelle et mobilière. On va l'imposer sur un revenu de 1,304 francs (3,804 — 2,500) ; par conséquent, ce sera un impôt de 13 francs 94 centimes, — au lieu de *zéro*.

Je vous assure que ces braves gens vont trouver que la République radicale-socialiste comprend singulièrement les « réformes », — et ils n'auront pas tort !

Et ce brigadier de la garde républicaine — dont j'ai le compte détaillé sous les yeux — vivant avec sa femme et sa fille ; gagnant (tous ensemble) 3,305 francs par an ; ne payant pas un sou d'impôt direct, — et qui va payer 8 fr. 05 d'impôt global et progressif sur le revenu !... (3,305 — 2,500 = 805).

Voilà une découverte agréable pour le brave homme, — qui se régale chaque matin des journaux socialistes lui prédisant le bonheur qui l'attend, quand la grande réforme sera votée !

Que de milliers de cas semblables je pourrais citer ! Un grand industriel du Nord, employant 1,400 ouvriers, m'assurait hier qu'il serait forcé de déclarer comme soumis à la future loi plus de 600 d'entre eux.

Quant à la situation des paysans, elle serait encore bien plus grave et plus insupportable ! On ne tarderait peut-être pas à voir les « chassepots » de Jacques Bonhomme partir tout seuls.

Et bien, voulez-vous une confidence ?

Si les royalistes et les bonapartistes de la Chambre avaient pour deux sous de malice, ils s'efforceraient de faire voter le projet ministériel ; car, le jour où il serait appliqué, ce serait le coup de mort pour la République.

Jules Roche.

Le Lotus bleu du 28 mars 1895 — septième année — n° 1

MATÉRIALISTE ET THÉOSOPHE

QUATRIÈME LETTRE

(Suite et fin.)

« Mais où est la Justice en tout ceci ? Est-ce que je suis libre de commettre un acte ? Oui, en ce sens que je puis obéir à ma volonté, mais ma volonté n'est pas libre ; elle est la résultante des forces de toute nature qui agissent en moi... »

L'homme, — Manas, — est, évidemment, le centre d'un organisme au milieu duquel s'agitent des masses de forces ; il reçoit le choc de toutes les vibrations produites dans les véhicules (corps) qui le mettent en rapport avec les plans ambiants.

Il doit lutter contre les besoins corporels provoqués par la fatigue, le trouble fonctionnel, la surexcitation des molécules, des cellules ou des organes ; il doit résister aux forces passionnelles qui le saisissent et se mêlent si bien au principe mental qu'elles lui laissent croire qu'elles sont lui-même ; il doit diriger l'action puissante de la mentalité cérébrale (1), force obsédante et difficile à conduire. Lorsqu'il a dompté tout cela, il n'a plus d'obstacles *en lui*, mais il reste l'esclave de l'ÉVOLUTION de l'univers.

Mais cet esclavage et ces défaites dans les luttes contre les « principes » inférieurs ne prouvent pas que le libre-arbitre n'existe. Le poids des chaînes d'un prisonnier lui enlève-t-il sa liberté mentale ?

Le libre-arbitre est en l'homme comme dans le Logos, car la partie possède les propriétés du tout, activement ou potentiellement ; mais le degré de développement de ces propriétés varie avec chaque homme.

Si la force de la Volonté était pleinement évoluée en lui, toutes les tentations kamiques, tous 'es appels inintelligents de l'enveloppe corporelle, resteraient impuissants. L'ignorance et le Désir sont les plus terribles ennemis de l'homme ; l'ignorance le fait s'identifier à ses passions, et le désir, — volonté du corps passionnel éclairée par la mentalité, — est souvent plus fort que la Volonté. Kama le tire en bas, Buddhi essaye de l'élever ; mais l'appel buddhique est faible encore, il faut l'oreille exercée du disciple

(1) Cette mentalité n'est pas l'homme vrai, le Penseur ; elle n'est que son instrument.

pour l'entendre, tandis que la voix kamique est puissante et fascinatrice. Manas inférieur reste le Serviteur obéissant de Kama aussi longtemps qu'il ne se sent pas distinct de lui ; jusqu'alors il n'y a pas de libre-arbitre parce qu'il n'y a pas de *choix* : l'instinct, l'impulsion et l'émotion dirigent tous les actes. A mesure que le développement manasique augmente, l'Intelligence et la Soi-conscience établissent la séparation entre Kama et Manas ; dès lors il y a choix, lutte et action volontaire : le Libre-Arbitre commence.

Ce libre-arbitre est d'autant plus éclairé que la « Voix de la Conscience » (Manas illuminé par Buddhi) est plus forte, et il est d'autant plus capable de s'affirmer par des actes que la Volonté (qui est un de ses aspects principaux) est plus énergique. Mais la Volonté est dans le Rayon, c'est-à-dire dans Manas ; et e ne se développe que lentement, avec les progrès de l'individualisation manasique. Manas n'est omnipotent que potentiellement, il faut que l'évolution le rende *activement* omnipotent. Il en est de même partout, dans toutes les germinations ; les feuilles du chêne sont dans le gland, mais elles n'y sont qu'à l'état latent. Manas n'étant pas complètement évolué, sa force de libre-arbitre ne s'exerce que proportionnellement a son degré de développement. La Loi lui demande de consacrer ce degré de force au service de l'Evolution universelle, à ce qu'on appelle vulgairement le Bien ; s'il est vaincu, malgré ses efforts, par la force supérieure des passions, i n'en sera pas rendu responsable ; il aura atténué, au moins, cette force de tout le contre-poids de la sienne ; si, au contraire, il prête sciemment son energie à ce qu'on nomme le Mal, il est responsable. Voilà le *choix*, la mise en action du libre-arbitre.

Toute action est la résultante de forces diverses parmi lesquelles sont les passions et la volonté. A un degré donné d'evolution, l'homme sent cette volonté, et il sait bien alors qu'il peut ou lutter contre la passion, ou se laisser entraîner par e:le sans lutte, ou enfin lui donner sa force volontaire. Je ne crois pas que ces attitudes mentales puissent être niées ; elles sont le resultat de l'observation la plus vulgaire.

Si l'on demande pourquoi les individus ont des passions plus ou moins violentes, je repondrai qu'elles sont le resultat des existences anterieures. Pourquoi existe-t-il des passions ? Parce qu'il existe un corps sentant, formé d'elémentals kamiques, et que l'intelligence prête sa volonté à ces êtres qui sont chargés de transformer la vibration en sensation. Dès que ces elementals ont reçu le baptême du mental, ils deviennent des *passions* ; le mental développe ou augmente en eux l'intelligence rudimentaire (instinct, impulsion) et la volonte rudimentaire (désir). Mais, d'un autre côté, sans corps kamique il n'y aurait pas de developpement mental, car le mental ne se developpe que par l'expérience, — l'expérience terre-tre d'abord (1), et, plus tard, l'expérience astrale. C'est dans le corps Kamique que les Dhyanis incarnateurs

____

(1) L'expérience de la terre n'est possible que par le Kama, qui est le véritable *médiateur plastique* entre l'âme (Manas) et la matière.

projetèrent leur essence manasique, et de cette fécondation naquit
le mental humain ; il vint au monde réellement dans une étable,
comme le dit sans le comprendre le symbolisme chrétien, et il fut
réchauffé par le souffle des animaux. La solidarité est un fait partout absolument vrai ; le Kama permet la naissance de Manas, et
le développement de Manas amène parallèlement celui de Kama ;
les deux vont ensemble et ne peuvent être séparés ; supprimez le
Kama, avant que le développement humain ne soit complet et ne
rende inutile l'expérience terrestre : la vie s'arrête partout dans
l'humanité. Mais l'Évolution est tellement sœur de la Solidarité
que le Manas ne peut se libérer complètement de Kama que lorsque son évolution terrestre est achevée ; de sorte que lorsque les
passions n'existeront plus chez les hommes, le plan évolutif aura
changé. Mais ceci nous mène trop loin, arrêtons-nous.

. .

« ... Avant le stage humain la volonté n'existe pas. L'animal
n'est pas libre de se faire un bon ou mauvais Karma. Il se fait cependant. Où est la Justice en ceci ? »

L'animal ne souffre que physiquement et psychiquement. Sa
terreur est superficielle, une espèce de folie plutôt que de la terreur ; et, la douleur physique, débarrassée de l'action mentale, se
réduit à une quantité peu importante.

Notre analyse mentale, malgré ses faiblesses, nous montre partout l'expiation proportionnée à la faute ; les sciences mathématiques nous disent d'ailleurs que partout l'action égale la réaction,
l'effet la cause.

. .

« Voilà un forban heureux, un juste souffrant. Pourquoi ?...
Pour mériter le bonheur il a fallu être bon, et pour mériter le
malheur il a fallu être mauvais... Comment alors le bon d'hier est-
il devenu le mauvais d'aujourd'hui ? »

Un homme n'est presque jamais complètement bon ou complètement mauvais. Pour cette raison il crée, à la fois, de bon et de
mauvais Karma. De plus, la résultante karmique subit un retard
variable et des modifications incessantes, amenés par la suite des
actions de l'individu. D'où il suit que le bonheur n'est pas un gage
de bonté antérieure, et le malheur la suite de la méchanceté. Une
mauvaise action, chez un homme très évolué, génère un Karma
bien plus douloureux que la même action, ou même qu'une action
beaucoup plus mauvaise commise par un membre de la presque
irresponsable majorité ; d'un autre côté, un forban n'a pas toujours que du fiel dans le cœur, rien n'empêche qu'il n'ait à son
actif des actes généreux, comme rien ne prouve d'ailleurs qu'il ait
été forban autrefois.

Il faut ajouter que le bonheur n'est pas toujours une récompense ; c'est une pente glissante, qui aboutit à l'esclavage kamique, tandis que l'épreuve est un salutaire breuvage pour l'âme qui sait en profiter. Il est des êtres, — des êtres largement évolués, — qui choisissent volontairement des existences douloureuses pour achever plus vite leur développement.

..

« Cette personnalité qui s'éteint alors que le *Penseur* demeure. Ce Nirvana qui semble être une absorption dans l'absolu et qui n'est pas cela... »

Le principe pensant ou conscient est, dans son état transcendant, l'une des hypostases de la Divinité, laquelle est : Substance, Force, Conscience. Le principe conscientiel ne devient le *Penseur* que lorsqu'une enveloppe l'a fait passer de l'état latent à l'état manifesté. Le Cosmos est le corps de Mahat, comme le cerveau physique et éthéré sont les instruments du Manas inférieur, quand le Cosmos se dissoudra totalement comme agrégat manifesté,

L'animal ne souffre que physiquement et psychiquement. Sa terreur est superficielle, une espèce de folie plutôt que de la terreur ; et, la douleur physique, débarrassée de l'action mentale, se réduit à une quantité peu importante.

Notre analyse mentale, malgré ses faiblesses, nous montre partout l'expiation proportionnée à la faute ; les sciences mathématiques nous disent d'ailleurs que partout l'action égale la réaction, l'effet la cause.

..

« Voilà un forban heureux, un juste souffrant. Pourquoi?... Pour mériter le bonheur il a fallu être bon, et pour mériter le malheur il a fallu être mauvais... Comment alors le bon d'hier est-il devenu le mauvais d'aujourd'hui ? »

Un homme n'est presque jamais complètement bon ou complètement mauvais. Pour cette raison il crée, à la fois, de bon et de mauvais Karma. De plus, la résultante karmique subit un retard variable et des modifications incessantes, amenés par la suite des actions de l'individu. D'où il suit que le bonheur n'est pas un gage de bonté antérieure, et le malheur la suite de la méchanceté. Une mauvaise action, chez un homme très évolué, génère un Karma bien plus douloureux que la même action, ou même qu'une action beaucoup plus mauvaise commise par un membre de la presque irresponsable majorité ; d'un autre côté, un forban n'a pas toujours que du fiel dans le cœur, rien n'empêche qu'il n'ait à son actif des actes généreux, comme rien ne prouve d'ailleurs qu'il ait été forban autrefois.

Il faut ajouter que le bonheur n'est pas toujours une récom-

pense; c'est une pente glissante, qui aboutit à l'esclavage kamique, tandis que l'épreuve est un salutaire breuvage pour l'âme qui
sait en profiter. Il est des êtres, — des êtres largement évolués, —
qui choisissent volontairement des existences douloureuses pour
achever plus vite leur développement.

« Cette personnalité qui s'éteint alors que le *Penseur* demeure.
Ce Nirvana qui semble être une absorption dans l'absolu et qui
n'est pas cela... »

Le principe pensant ou conscient est, dans son état transcendant, l'une des hypostases de la Divinité, laquelle est : Substance,
Force, Conscience. Le principe conscientiel ne devient le *Penseur*
que lorsqu'une enveloppe l'a fait passer de l'état latent à l'état
manifesté. Le Cosmos est le corps de Mahat, comme le cerveau
physique et éthéré sont les instruments du Manas inférieur, quand
le Cosmos se dissoudra totalement comme agrégat manifesté,
Mahat passera à l'état latent; lorsque le système nerveux est détruit la conscience *personnelle* disparaît. Mais quand le cerveau
physique manque, l'Ego supérieur, — le Penseur, Manas supérieur, — fonctionne dans son « Corps glorieux » (j'emprunte la
terminologie de Saint-Paul), lequel dure tout le Manvantara.

Existe-t-il un moment où tout agrégat passe à l'état indiffé-
rencié, où les corps ne sont plus? Je l'ignore, car j'ignore la nature
des Nirvanas, mais, quoi qu'il en soit, je trouve le problème au-
dessus de l'intelligence actuelle de l'homme. Les Nirvanas sont les
périodes de passivité de l'univers ; je les admets parce qu'elles
sont conformes à la Loi, telle qu'elle se présente à notre observation.

Je répondrai bientôt, j'espère, à votre lettre si importante du
16 septembre, et je ferai de mon mieux pour exposer ce que la
Théosophie enseigne sur ces divers sujets.

Bien cordialement à vous.

Un Théosophe.

La Figaro du 21 avril 1898 — 42ᵉ année — 3ᵉ série — nᵒ 112

CONTRE L'IMPOT

Sur le Revenu

LE COUP DE GRACE

Ce n'est pas seulement au projet particulier du ministère, relatif à l'impôt sur le revenu, c'est à la conception même de tout projet d'impôt « global » sur le revenu que les Conseils généraux viennent de donner le coup de grâce.

Ce coup porte même plus loin : il atteint la Chambre. Non point seulement, encore, parce que les Conseils généraux ont dit énergiquement « non » sur le principe même, sur le point précis où la Chambre avait dit « oui »; mais parce que ces modestes assemblées départementales, composées en immense majorité de gens pratiques, d'industriels, de négociants, d'agriculteurs, ne vivant pas pour la politique, ont montré un bon sens, une clairvoyance, une intelligence des intérêts de la France, un courage civique, qui avaient fait si lamentablement défaut à la majorité de la Chambre elle-même.

Si bien que les délibérations de la réunion publique qui siège au Palais-Bourbon ne sont plus cassées par le Sénat tout seul ; elles sont réduites en poussière par les assemblées locales reconnues unanimement pour les plus compétentes, les plus sages, les plus impartiales, les plus prudentes.

Il n'y eut jamais rien de si grave dans notre histoire parlementaire. C'est en quelque sorte la dissolution de la Chambre, moralement prononcée par les assemblées qui représentent légalement les 87 départements de la France, et qui viennent, à leur tour, de se mettre si énergiquement en conflit avec la majorité de la Chambre, conduite par les socialistes, et avec le ministère, instrument des socialistes.

En 1889, ce furent les électeurs qui, à l'occasion de l'élection aux Conseils généraux, brisèrent la fortune de Boulanger ; aujourd'hui, ce sont les Conseils généraux eux-mêmes qui frappent en pleine poitrine le néo-boulangisme socialiste, ministériel et parlementaire.

Ainsi apparaît en pleine lumière, brusquement démasquée, l'incroyable entreprise de cette poignée d'hommes sans passé, sans services, sans autre mérite que leur audace, sans autre force que la faiblesse d'une Chambre désorbitée par les jalousies, par les rivalités, par les rancunes personnelles, et désorganisée d'ailleurs, dès son origine, par les haines de quelques-uns et par les précoces impatiences de quelques autres.

Telle est la vraie portée des manifestations qui viennent de se produire dans les Conseils généraux : on s'en apercevra plus tôt qu'on ne pense, à la surprise peut-être d'une partie de leurs auteurs eux-mêmes. Le caractère des événements que nous traversons est, en effet, plus que jamais d'entraîner les hommes qui s'imaginent les conduire, et qui sont emportés par eux, à leur insu, vers des conséquences qu'ils n'aperçoivent que lorsqu'elles se sont réalisées.

Certes, nul homme dans l'histoire, quelque puissant, quelque doué de génie qu'il fût, à quelque date et dans quelque pays qu'il vécût, ne peut être considéré comme ayant déterminé ou dirigé à son gré les œuvres, les péripéties politiques auxquelles il prit part, même quand il en parut le suprême et l'unique artisan. Au moins, ceux qui furent de véritables chefs, des hommes d'Etat méritant leur nom, exercèrent-ils sur les faits une part d'action, plus ou moins importante suivant les circonstances, les milieux, et suivant leur propre valeur.

Nous pouvons nous glorifier d'être affranchis de cette dictature et d'assister au triomphe de la destinée. Elle seule gouverne. Ah ! le problème n'est plus de mesurer la part réciproque d'influence exercée par les choses sur les hommes et par les hommes sur les choses : celles-ci règnent sans partage et se précipitent sans frein. C'est l'orgie de la fatalité. Le tourbillon s'en donne à cœur

[...] que veut-il, que fait-il ? Que lui importe ! Il ne se pose même pas les questions. La matière qui s'en va à travers l'infini de l'espace et du temps se demande-t-elle pourquoi, comment et vers quel but ? Elle va. C'est sa loi. Ainsi nous allons nous-mêmes, de plus en plus [vite], de plus en plus obscurément, depuis dix ans, depuis quatre ans, depuis deux ans, depuis six mois, la course [folle] se précipitant, selon une formule inconnue, vers on ne sait quel ro[...]ble et subit dénouement.

[À peine] quelques observateurs saga[ces peuvent]-ils du regard notre courbe [insen]sée, en en déterminant la direc[tion, la] vitesse, peut-être même exer[cer s]ur les éléments et sur les phé[nomènes] extérieurs qui la peuvent mo[difier dan]s un sens ou dans un autre, [quelque chos]e de nature à servir leurs pro[chains desseins]. Ce qui est certain, c'est [que ces] cosmologistes ou ces mécani[ciens] habiles n'habitent point parmi [nous et] ne sont point, surtout, chargés [de nous] conduire.

[En att]endant ce que demain nous ap[porte,] hier a fait sa besogne. Il a relé[gué à sa] place, parmi les institutions les [plus] funestes, le projet d'impôt sur le [reven]u que la Chambre n'avait pas su [conda]mner, ce projet favori des factieux, [des mach]inateurs de discordes civiles et [de gue]rre sociale, des visionnaires — [aveugl]és, sans doute, à cause de leur [propre] aveuglement.

[Les con]seils généraux ont examiné la [dé]pense du règne radical-socia[liste], se plaçant surtout au point de [vue des] conséquences pratiques envers [les] contribuables, envers l'agricul[ture,] envers les finances départemen[tales et] communales. Un peu partout, on [l'a] examiné comme nous [l']avons fait dans l'Ardèche, ainsi d'ailleurs que l'indiquait la méthode naturelle imposée par leur rôle à des assemblées locales.

Nous avons dressé le bilan de la plupart des familles de ces cultivateurs, de ces modestes propriétaires qui constituent la moitié de la France. On peut tenir pour [cer]tain que toutes celles qui comptent [qua]tre ou cinq personnes travaillant en-

[ensem]ble, depuis le père et la mère jusqu'au jeune, enfant de treize à quatorze ans — et c'est un cas des plus fréquents — tomberaient sous l'application de la loi d'oppression et de vengeance ressuscitée de l'ancien régime. Il nous a suffi de regarder dans nos villages pour nous en convaincre et pour le faire comprendre aux paysans avec qui nous avons causé, stupéfaits de voir où on les conduisait sous prétexte d'assurer leur bonheur !

Quant à l'agriculture française, à laquelle on prodigue à l'envi les protestations d'amour, de sollicitude et de dévouement, les conseillers généraux ont clairement et promptement aperçu la ruine inévitable dont le système nouveau la menace.

Non seulement, en effet, il éloignerait de tout emploi agricole les capitaux et le crédit, sans lesquels tous les efforts, tous les artifices, toutes les institutions de l'État, tous les instituts agronomiques, tous les professeurs d'agriculture, tous les ministres de l'agriculture, tous les droits de douane, toutes les primes, toutes les protections seront aussi inutiles « qu'un vésicatoire sur une jambe de bois », — et, ainsi, il ruinerait infailliblement les cultivateurs ; mais encore le régime fiscal nouveau suffirait, à lui seul, pour amener ce résultat.

J'ai déjà expliqué, à cette place, comment les centimes additionnels des impôts supprimés par le système du gouvernement retomberaient de tout leur poids sur « la terre », sur l'impôt foncier de la propriété non bâtie.

Nous sommes allés au fond de cette question ; nous avons appliqué le théorème aux faits particuliers, aux circonstances et aux conditions locales, et la démonstration a été écrasante.

On ne peut pas se douter des détails monstrueux que fait ressortir un tel examen, lorsqu'on ne regarde que les villes, qui, seules, en général, attirent l'attention et sur la situation desquelles portent presque toujours les discussions parlementaires.

Mais dans les campagnes, c'est-à-dire dans la grande majorité des communes de France, le projet ministériel aboutit aux plus révoltantes injustices, à une véritable spoliation des cultivateurs. En supprimant les centimes des portes et fenêtres et de la contribution personnelle et mobilière, et en exonérant ainsi de tout impôt des contribuables qui ne payent que ceux-là, qui peuvent parfaitement les payer, et qui échapperaient aisément à l'impôt sur le revenu — (nous en avons trouvé d'innombrables exemples) — on ne rencontrerait plus, pour remplacer les produits disparus, que le petit commerce local et l'agriculture.

Or, le petit commerce local — nous en avons fait le calcul dans les budgets de toutes les communes exclusivement rurales — ne représente que 1 85 0/0 (pas même 2 0/0 !) dans le produit total des impôts directs. C'est assez dire qu'on ne pourrait rien, ou presque rien, lui demander de plus.

Par conséquent, tout le fardeau reviendrait uniquement à l'agriculture, au paysan, qui serait seul chargé d'alimenter le budget communal et le budget départemental.

Le dépouillement méthodique du budget du département de l'Ardèche et de ses 339 communes m'a permis d'établir que l'impôt foncier sur la propriété non bâtie serait ainsi augmenté, dans les communes rurales, de *plus de 50 0/0* en moyenne, par rapport au principal actuel, et que, dans un très grand nombre de cas, cette augmentation s'élèverait jusqu'à 60, 70 et même 80 0/0 !

De telles conséquences jugent le système qui les engendre et mettent fin à tout débat entre gens qui n'ont perdu ni la raison ni la bonne foi. C'est là ce qu'on a vu, pensé et décidé dans la plupart des Conseils généraux.

Ces votes font honneur à la France. Ils montrent qu'elle n'est pas telle que sa prétendue représentation et son gouvernement la font paraître aux yeux du monde. Ils montrent en même temps combien est urgente la solution du problème qui consiste à donner à ce pays de bon sens, de travail, de bonne volonté, un gouvernement fidèle à son esprit, qui le soutienne et l'encourage, et non point qui s'ingénie à le troubler et s'acharne à le perdre.

Jules Roche.

L'Éclair du 3 mai 1896 — neuvième année — n° 2715 —

manifeste des gauches appel à ... du cabinet ...

POUR LE SUFFRAGE UNIVERSEL

Le manifeste des radicaux et des progressistes
Le parti de la résistance et le parti du progrès. — Appel au pays

Le comité de la Ligue pour la défense des droits du suffrage universel, réuni hier à la Chambre, a rédigé la déclaration suivante :

AU SUFFRAGE UNIVERSEL

Il est devenu nécessaire de s'unir pour la défense des droits du suffrage universel.

Comme au 16 Mai, un gouvernement essaie de le subordonner en s'appuyant sur le suffrage restreint.

Il y a dix-huit ans, cette tentative trouva devant elle une Chambre fidèle à la démocratie et tous les républicains unis pour la défendre.

Aujourd'hui une minorité républicaine, alliée aux débris des réactions monarchiques et cléricales, livre le dépôt qu'elle a reçu, les prérogatives de la Chambre et les droits de la nation.

En vain, on veut cacher la vérité sous un hommage dérisoire rendu aux idées de réforme et au suffrage universel.

On ne trompera pas la France. Elle a vu au grand jour le Sénat commander et la Chambre se soumettre.

Aujourd'hui, où la lutte avouée contre la forme républicaine est devenue impossible, la force des choses a refait le classement entre les deux partis éternels : le parti de la résistance et le parti du progrès.

Il faut être avec la démocratie ou contre elle.

Ce qu'on frappe, c'est cette souveraineté nationale sans laquelle il n'y a pas de République ;

Ce sont ces lois de réforme toujours écartées par le Sénat et nécessaires, non seulement à l'idéal de justice que nous a légué la Révolution française, mais encore aux intérêts légitimes de l'immense majorité des citoyens condamnés à être sacrifiés si le pouvoir passe au suffrage restreint ;

C'est notamment cette répartition nouvelle des charges publiques que le parti qui vient de ressaisir le pouvoir n'a jamais réalisée, malgré des engagements dix fois répétés, et que le gouvernement renversé a le premier essayé d'accomplir ;

C'est ce dégrèvement des travailleurs des villes et des campagnes qu'on n'a pas le droit de promettre quand on se refuse à savoir où est la richesse pour lui faire payer sa juste part d'impôts.

On nous ramène au temps où il fallait défendre le principe primordial que nous croyions définitivement conquis par cent ans de luttes glorieuses.

Comme au 16 Mai, les membres des deux Chambres restés fidèles à la cause du peuple, quelles que fussent leurs nuances d'opinion, ont compris la nécessité de se serrer étroitement contre les réactions coalisées.

Ils s'organisent pour la défense du droit républicain et sont prêts à accomplir leur devoir jusqu'au bout.

Ils n'abandonneront pas le suffrage universel.

Le suffrage universel ne s'abandonnera pas !

Le Temps du 21 mai 1895 (35ᵉ année nᵒ 12774)

L'IMPOT SUR LA RENTE

Le gouvernement aurait-il l'intention de frapper d'un impôt les rentes françaises ? Le bruit en court, et il n'en a pas fallu davantage pour substituer à l'amélioration du crédit public une hésitation assurément regrettable. Nos fonds d'Etat, dont l'essor avait été si remarquable au lendemain de la constitution du ministère Méline, accusent, depuis quelques jours, une indéniable lourdeur. Elle trahit, aux yeux mêmes des moins clairvoyants, une tendance à de redoutables déclassements. Les rentiers, se croyant menacés, ne seraient que trop enclins à de prudentes réalisations. Il y a là un péril qui ne saurait laisser personne indifférent.

Les partisans d'un impôt sur la rente sont d'avis, il est vrai, que ce péril est négligeable auprès des avantages qu'ils se promettent du futur impôt. Avantages moraux, d'une part, disent-ils : n'est-il pas juste que la rente soit taxée comme le sont les autres valeurs mobilières ? L'égalité devant l'impôt n'est-elle pas un principe ? Et si ce principe a été méconnu jusqu'ici, le premier soin d'un gouvernement soucieux de l'équité ne doit-il pas être de mettre fin à une telle violation du droit ? Avantages matériels, d'autre part, ajoute-t-on : grâce à un impôt sur la rente, l'Etat encaissera un supplément de recettes qui n'est pas à dédaigner. Dans notre situation budgétaire, un pareil appoint peut-il être écarté ? S'il faut des ressources nouvelles, comment se priverait-on de celle-là qui est d'une perception si facile ? Une simple retenue sur les coupons, et tout sera dit ; voilà l'argumentation.

Elle séduit nombre d'esprits. Mais est-elle fondée ? Il est trop aisé de montrer qu'il n'en est rien. Considérons, en premier lieu, ce que l'on se plaît à appeler les avantages moraux de l'impôt. Est-il exact que les rentiers jouissent, au point de vue fiscal, d'un privilège inique ? En quoi donc consiste ce « privilège » ? En ceci : aucune retenue n'est effectuée sur les arrérages payés par l'Etat. Celui-ci s'est engagé, de la façon la plus solennelle et à maintes reprises, à servir ces arrérages intégralement. Et pourquoi a-t-il pris cet engagement ? Est-ce pour favoriser les rentiers ? Est-ce, dans leur intérêt, pour leur créer une position supérieure à celle des autres contribuables ? En aucune façon. L'Etat n'a eu en vue que son propre intérêt. Il a parfaitement vu que, si les rentes émises par lui devaient être frappées d'impôts, elles lui rapporteraient moins au moment des emprunts.

Tout prêteur proportionne ses prêts aux conditions qui y sont attachées. Ce qu'un souscripteur regarde, ce n'est pas le coupon brut attaché à ses titres, c'est le coupon net, défalcation faite des taxes. En déclarant qu'il assurait aux rentiers un revenu net, et non pas seulement un revenu brut, l'Etat s'est ménagé, en conséquence, pour toutes ses opérations de crédit, des versements plus élevés que ceux auxquels il eût pu prétendre, si des taxes avaient été mises sur les rentes. En d'autres termes, il a réduit fort habilement ses propres charges. Les rentiers ont fait plus que lui apporter un impôt annuel, comme celui auquel sont assujettis les détenteurs de titres mobiliers ordinaires : ils ont, lors de chaque souscription publique, versé bel et bien un capital supplémentaire, en raison de l'exemption d'impôt qui leur était expressément promise.

Maintenant que les emprunts ont été réalisés à ces conditions plus avantageuses pour l'Etat, c'est-à-dire pour la masse des contribuables, peut-on dire : « Les engagements que nous avons pris ne comptent pas, nous les déchirons » ? Après avoir bénéficié des clauses exceptionnelles introduites par lui dans ses contrats d'emprunt, l'Etat pourrait-il tenir ces clauses pour nulles et non avenues ? Le plus simple sentiment d'équité n'est-il pas blessé à cette idée ? Encore une fois, ce ne sont pas les rentiers qui sont en cause ; c'est de l'Etat français qu'il s'agit. Mais, puisqu'on prétend invoquer des considérations morales en faveur de l'impôt, laquelle peut tenir un instant auprès de celle-ci : La Dette publique française a été mise sous la sauvegarde de l'honneur national, et l'Etat s'est assuré ainsi une situation incompatible : comment la France se résignerait-elle à oublier sa parole ?

Elle n'y perdrait pas seulement au point de vue moral. Le préjudice qu'elle aurait à subir serait, en outre, un préjudice matériel. Un impôt sur les rentes apporterait une recette au budget, et voilà ce qu'aperçoivent les partisans d'une taxe ; ce qu'ils ne voient pas, c'est la perte, autrement considérable, que le budget subirait par la difficulté d'effectuer des conversions nouvelles. Grâce à la garantie dont elles jouissent de n'avoir à supporter aucune retenue, les rentes françaises sont parvenues à des cours qui ont permis, dans 'e passé, et qui font entrevoir encore, pour un avenir relativement

prochain, des opérations financières extrêmement productives pour l'Etat.

Qu'est devenu le 5 0/0, par lequel ont été ali-
mentés nos emprunts pour la libération du territoire? Il s'est transformé en un 3 1/2 0/0.
Qu'est-ce à dire, sinon que les rentes 5 0/0 ont,
en fait, subi, mais sous une forme correcte, régulière, légale, un impôt de 30 0/0? 30 0/0 d'impôt annuel, voilà ce qu'un porteur de 5 0/0 sup-
porte en réalité, sans nulle atteinte, soit aux
contrats librement conclus, soit au crédit de
l'Etat. Le droit de conversion a dégagé, dans
cette mesure, nos budgets. Et l'on irait ébranler
la confiance du public dans l'absolue loyauté de
l'Etat? On s'exposerait à un déclassement de
rentes, dont personne ne peut calculer les
effets? On compromettrait les conversions vers
lesquelles il n'y a eu quelque tort qu'à se laisser porter par la fortune?

Le budget aurait trop à y perdre, évidemment, ce budget qui a tant besoin de ménage-
ments. Au lieu de lui venir en aide, au lieu d'al-
léger les charges des contribuables, on se pri-
verait, en fait, de recettes importantes. Et que
serait-ce si, voulant utiliser de nouveau le crédit, on avait frappé d'un impôt la rente? Il est
clair que les souscripteurs tiendraient compte,
comme ils le font toujours, des conditions ef-
fectives de l'emprunt : l'Etat devrait assumer
des charges plus fortes avec des rentes taxées
qu'avec des rentes non taxées. L'impôt ne serait qu'une illusion. L'Etat, en l'établissant, aurait fait un marché de dupe. On répondra : « Il
n'empruntera plus ». Mais à qui donc appar-
tient-il de prononcer en toute sécurité cette
parole?

Nous n'ajouterons qu'un mot. Au point de
vue démocratique, un impôt sur la rente, par
cela même qu'il déprécierait le crédit public,
irait à l'encontre des intérêts des masses labo-
rieuses. Il faut à celles-ci des conditions de
crédit de plus en plus accessibles. La dépréciation du taux de l'intérêt n'est pas l'un des faits
les moins heureux de notre temps, par les combinaisons auxquelles elle prêterait le jour où,
pour la pleine émancipation populaire, on s'ap-
pliquerait à l'utiliser. Or, plus le crédit de l'Etat
est à des cours élevés, plus ces combinaisons
sont faciles. Comprimer ce crédit, ce serait ré-
agir contre l'un des progrès sociaux les plus
merveilleux. Qu'on y songe, avant de prendre
des résolutions irrévocables!

Le Temps du 24 mai 1896 (36ᵉ année – nᵒ 12777)

LA VIE LITTÉRAIRE

LES FICHES DE M. ÉMILE ZOLA

> Pierre, depuis une semaine que son voyage était décidé, passait les jours à étudier la topographie de Rome sur des plans et dans des livres. Aussi, aurait-il pu se diriger sans avoir à demander son chemin, et les explications le trouvaient prévenu.
>
> *Rome*, par Émile Zola, page 2.

> Pierre avait écrit d'enthousiasme, utilisant les notes amassées au hasard.
>
> *Ibid*, p. 22.

> Il avait la prétention de connaître ne en trois semaines.
>
> *Ibid*, p. 76.

M. Émile Zola ne connaissait pas Rome. Cependant, il voulait « faire » *Rome*, comme il a « fait » *Lourdes* et comme il « fera » *Paris*. Alors il se « documenta ».

« Se documenter », dans l'argot de l'école naturaliste, c'est acquérir sur tel ou tel sujet — qu'il s'agisse des chemins de fer, des grands magasins, des ponts et chaussées, des tabacs ou des mines — une science rapide, expéditive, superficielle, faite de paperasses juxtaposées. On amoncelle un dossier, en ramassant, au hasard, des renseignements quelconques. On confectionne des « fiches » que l'on enfourne, au fur et à mesure de la fabrication, dans des « chemises » appropriées. On coud tous ces morceaux, tant bien que mal, avec des ficelles. Quand tout cela est compilé, ligotté, bouclé, vite un coup de téléphone à Charpentier et Fasquelle. Le moment est venu de lancer les prospectus, de tambouriner les réclames, de peinturlurer les affiches.

L'usine de Médan est un établissement modèle. Rien n'est plus instructif que de visiter cette fabrique. Voyons un peu comment on s'y prend, là-bas, pour façonner les matières premières, dégorger les détritus, utiliser les déchets et expédier, bon an mal an, un bouquin de 600 pages.

Quelques reporters candides ont cru servir les intérêts de M. Zola en faisant croire au public que l'entrepreneur de *Rome* avait failli succomber sous un labeur cyclopéen. Ah ! quel feu de forge ! Quel tapage d'enclume ! Quels gestes forcenés ! Quel formidable *ahan !* La sueur perlait sur le front crispé du Maître, et ses bras tordaient le métal chaud et ses pieds s'empêtraient dans des liasses de documents épars..... Tandis que cette vision emplissait nos yeux d'admiration, d'effroi, presque de pitié, M. Emile Zola, assis devant son bureau, dépouillait tout tranquillement deux ou trois répertoires dont il est aisé de dresser la liste.

Voici d'abord un volume qui s'intitule : *le Vatican, les papes et la civilisation, le gouvernement central de l'Eglise*, par Georges Goyau, André Pérató, Paul Fabre, anciens membres de l'Ecole française de Rome; introduction par Son Em. le cardinal Bourret, évêque de Rodez et Vabres ; épilogue par M. le vicomte E. Melchior de Vogüé, de l'Académie française. Ouvrage illustré de deux gravures au burin de F. Gaillard et d'Eugène Burney, de 4 chromolithographies, de 7 phototypies et de 475 gravures, reproduites directement d'après des photographies. — Paris, Firmin-Didot, 1895.

M. Zola lut ce livre, la plume à la main. Il s'attarda particulièrement, en compagnie de M. Goyau, dans la partie réservée à l'histoire de la papauté, au sacré collège, aux consistoires, aux congrégations romaines, à la propagande, à la cour pontificale. Peu initié à ces questions délicates, très novice en cet ordre de recherches, il approuva tout ce chapitre. Aussitôt, il s'empressa de le débiter ; tel un forgeron qui fend du bois. Et il en jeta les morceaux, pêle-mêle, dans le moule où bouillait son chef-d'œuvre.

Vous vous rappelez que l'abbé Froment, le héros de la nouvelle *Rome*, est censé avoir écrit un livre d'histoire et de doctrine que la sacrée congrégation de l'*Index* regarde d'un mauvais œil. M. Zola résume à grands traits ce livre. On a profité de cette occasion pour s'extasier sur l'étonnante puissance de ce talent, assez varié pour passer, sans fatigue, des « dessous » d'Adèle et de Nana, aux élucubrations d'un vicaire subversif. Les âmes simples ont admiré l'aisance, la compétence avec laquelle le peintre de la Mouquette et de Bécu parle tout à coup de saint Pierre et de Constantin et de Charlemagne... Ah ! il les connaît, les apôtres et les empereurs, et les papes ! Il les connaît comme s'il les avait faits. Quelle résurrection, hein ! Quelle « reconstitution » ! On voit toute l'histoire religieuse de Rome comme dans un de ces « points de vue » où nos paysans, les jours de foire, vont étudier l'histoire de France...

Ce panorama est vraiment fort remarquable. Rien n'est plus ingénieux que le « truc » dont M. Zola s'est servi pour nous procurer ce divertissement. C'est ici surtout que l'on voit avec quel soin le romancier de la *Bête humaine* évite les peines inutiles. A quoi bon se fatiguer à créer le livre de l'abbé Froment, puisque ce livre a été fait, imprimé, publié sous le patronage d'un cardinal, par M. Georges Goyau, dont la tête, d'ailleurs, n'a jamais été menacée par les foudres de l'*Index*?

Et M. Emile Zola, d'une plume diligente, résuma M. Georges Goyau.

Il le résuma vite, si vite que les sources de la stupéfiante érudition dont nous accable M. Zola transparaissent avec trop d'évidence. Il y a ici quelques défauts de confection, que je veux noter sans amertume. Les raccords sont mal faits. Les coutures sont trop visibles. Les emprunts disparates affleurent à la surface de l'œuvre, en dérangent la majestueuse unité. Plusieurs fois, la prose, évidemment méprisable, de M. Goyau, gâte, par sa présence indiscrète, les pages magistralement grossoyées par M. Zola.

Ainsi, le modeste fausset de M. Goyau, inécouté des foules, a osé glapir ceci :

En mourant à Rome, saint Pierre fut le suprême bienfaiteur et comme le second fondateur de cette ville ; et *si les oracles antiques qui pressentaient l'éternité du Capitole* ont échappé dans la suite des temps au reproche de mensonge, c'est à Pierre qu'ils durent cette fortune. En choisissant pour capitale d'un monde naissant la capitale d'un monde expirant, Pierre fit *un coup de génie.*

Et la basse profonde de M. Emile Zola reprend aussitôt :

C'était d'abord saint Pierre, ignorant, inquiet, tombant à Rome par *un coup de génie,* venant réaliser *les oracles antiques qui avaient prédit l'éternité du Capitole.*

M. Goyau constate ce fait :

Dès le temps de Sévère, les papes sont connus des pouvoirs publics comme les chefs d'une association funéraire.

M. Zola opine du bonnet et répète :

C'étaient les premiers papes, de simples chefs d'associations funéraires...

Ailleurs, M. Goyau, exposant l'état précaire où tomba le Saint-Siège, pendant les règnes de Louis XIV et de Louis XV, conclut ainsi :

L'absolutisme des rois, depuis la Réforme, avait remporté sur la papauté un triomphe d'un autre genre... Les temps étaient changés; les rois considéraient les pontifes souverains comme les législateurs de la piété, non de l'humanité, et ne les traitaient guère comme les représentants de Dieu, mais tout au plus *comme ses maîtres de cérémonie.*

Et M. Zola, docilement :

Les solides monarchies absolues qui s'étaient par-
tagé l'Europe... ne tremblaient plus devant les foudres de l'excommunication devenues innocentes,
n'acceptaient plus le pape que *comme un maître de
cérémonie.*

On dirait les réponses d'un écho, qui n'a pas
toujours très bien compris.

Goyau, page 41 :

Constantin, achevant cette transformation de
l'empire qu'avaient inaugurée les empereurs du troisième siècle, quitta Rome définitivement, pour
transporter à Byzance le centre de l'univers. Le souverain n'était plus là, mais Rome conservait ses
ambitions et demeurait en quête d'un souverain.
Autour du Palatin, désert, de hauts fonctionnaires
continuaient d'exercer les droits du gouvernement
absent. Mais la confiance du peuple cessait de leur
appartenir ; en eux, on voyait trop souvent des per-
cepteurs, trop rarement des bienfaiteurs. La même
évolution qui avait transporté à Rome le centre du
monde, transportait au Latran le centre de Rome.
L'évêque de Rome, hôte du Latran, n'avait pas le titre d'un souverain, mais il en remplissait tous les
devoirs ; contre la famine, contre les barbares, on
prenait l'habitude d'invoquer sa tutelle, et lorsque
les premiers Carolingiens attribueront aux papes la
possession de Rome, ils ne feront pas une révolution... Ils constateront un fait plutôt qu'ils ne crée-
ront un droit ; ils apparaîtront comme les greffiers
de l'histoire plutôt qu'ils n'en seront les acteurs.

Ce sont là des idées fines, indiquées par un
homme que les méthodes critiques ont habitué
aux nuances, et qui sait que les changements
de l'histoire, malgré leur apparente brusquerie,
sont faits d'insensibles transitions. M. Zola
s'empare de ce morceau et tâche de jouer le
même air. Ecoutez :

Au quatrième siècle, Constantin quitte Rome ; il ne
reste au Palatin vide que quelques fonctionnaires ou-
bliés, et le pape, naturellement, s'empare du pouvoir, la vie de la cité passe au Latran. Mais ce n'est
que quatre siècles plus tard que Charlemagne reconnaît les faits accomplis, en donnant formellement au pape les Etats de l'Eglise.

Je lis chez M. Goyau, pages 210-221 :

L'encyclique *Immortale Dei* de 1885, sur la constitution des Etats, l'encyclique *Libertas* de 1888, sur
la liberté humaine, l'encyclique *Sapientiæ* de 1890,
sur les devoirs des citoyens chrétiens, et l'encyclique *Rerum novarum*, de 1891, sur la condition des
ouvriers, développent en toutes ses parties la conception chrétienne de la société... L'Eglise constate,
autour d'elle, la « misère imméritée » des travailleurs.

L'ouvrier, souvent, reçoit un salaire insuffisant
ou subit un nombre exagéré d'heures de travail...
Tout homme a le droit de vivre... le contrat qui lui

a été extorqué au moment où il avait faim est injuste.

Je lis chez M. Zola, toujours compétent et volontiers farci de latin :

Immortale Dei sur la constitution des Etats; *Libertas*, sur la liberté humaine; *Sapientiæ*, sur les devoirs des citoyens chrétiens ; *Rerum novarum*, sur la condition des ouvriers... Le pape y constate la misère imméritée des travailleurs, les heures de travail trop longues, le salaire trop réduit. Tout homme a le droit de vivre, et le contrat extorqué par la faim est injuste.

Ah ! rencontres fâcheuses ! Ce rapprochement m'induit à penser que M. Zola, pressé d'aboutir et de livrer la commande, n'a peut-être pas lu les encycliques dont il parle avec tant d'autorité. Ce qui ne l'a pas empêché de dire à un interviewer inquiet : « Ça y est, je tiens mon pape ! » Il résume des résumés ! Quelle déception pour ceux qui croient que le père des Rougon a toujours les meilleurs « documents » sous la main et qu'il travaille « d'après nature »!

Heureux M. Goyau ! Il a fourni à l'auteur de *Pot-Bouille* tout l'ameublement du cardinal Boccanera. Bien plus, tandis que l'abbé Froment fait antichambre devant la porte du cardinal, il rêve, l'ingénieux abbé, il rêve au passé mort; selon sa coutume favorite, il repasse son histoire; il se récite à lui-même une conférence sur l'antique splendeur de la dignité cardinalice; il énumère, *in petto* les seize offices des anciens princes de l'Eglise romaine, les quatre voitures attelées de chevaux noirs, les quatre domestiques portant chapeau, coussins et parasols, le gentilhomme tenant la barrette, le secrétaire en manteau, le caudataire revêtu de la croccia... Et voilà l'érudition de M. Goyau qui rentre en scène.

M. Zola doit même à M. Goyau un effet pittoresque. Je ne crains pas de faire encore une citation, persuadé que le lecteur ne sera pas fâché de voir comment une fiche, sous la main d'un artiste, peut devenir un tableau.

L'auteur du *Vatican* a ébauché cette petite esquisse :

Sur les routes avoisinant Rome, aux heures qui précèdent le crépuscule, on rencontre souvent un étrange cortège : un ecclésiastique de noir vêtu, portant discrètement au chapeau une torsade rouge et or; à quelques pas encore, une voiture couverte, que traînent lentement deux chevaux noirs. Voilà la promenade actuelle d'un cardinal de la sainte Eglise. Il met pied à terre hors de Rome seulement, et regagne son carrosse jalousement fermé, pour rentrer dans la ville.

L'auteur de *Rome* appuie le crayon :

... Il (l'abbé Froment) fit une autre rencontre qui lui causa une émotion. C'était un ecclésiastique, un grand vieillard à la soutane noire, lisérée et ceinturée de rouge, dans lequel il eut la surprise de reconnaître le cardinal Boccanera... Puis il comprit, en découvrant, derrière une construction, un lourd carrosse attelé de deux chevaux noirs, près duquel attendait, immobile, un laquais à la livrée sombre, tandis que le cocher n'avait même pas quitté le siège ; et il se souvenait que les cardinaux, ne pouvant marcher à pied dans Rome, devaient gagner en voiture la campagne s'ils voulaient prendre quelque exercice.

Ailleurs encore, même procédé.

Goyau, page 266 :

Deux heures après la mort de Giovanni Mastaï, que l'Italie et l'Eglise avaient aimé sous le nom de Pio Nono, le cardinal Pecci s'approcha du lit funèbre... Le voile blanc qui couvrait le visage de Pie IX fut levé : « Giovanni ! Giovanni ! Giovanni ! » appela le camerlingue ; et, par trois fois, il lui frappa le front d'un marteau d'argent. A trois reprises la bouche demeura muette, les rides immobiles. « Le pape est vraiment mort, » dit-il aux assistants.

Zola, page 601 :

Il (le cardinal Boccanera) irait, armé du petit marteau d'argent, taper les trois coups symboliques sur le crâne de Léon XIII, glacé, rigide, étendu sur son lit, entouré de sa cour pontificale ! Ah ! taper enfin à ce mur du cerveau, pour être bien certain que rien ne répondait plus, qu'il n'y avait rien là-dedans que de la nuit et du silence ! Et ces trois appels retentiraient : Joachim ! Joachim ! Joachim ! Et, le cadavre ne répondant pas, le camerlingue se tournerait, après avoir patienté quelques secondes, puis il dirait : « Le pape est mort. »

L'auteur du *Ventre de Paris* ne lit pas beaucoup de livres ; mais ceux qu'il lit par aventure, il les lit bien. On aurait compris qu'un homme, désireux de s'imprégner d'atmosphère romaine et de vérité historique, s'adressât d'abord à la classique *Histoire des Papes*, de Ranke, et à la merveilleuse *Histoire de Rome au moyen âge*, de Ferdinand Gregorovius. Ce sont là des écrivains qui ont consacré à Rome leur vie entière, et qui, d'ailleurs, ne manquent pas de talent. Ils auraient pu apprendre quelque chose à M. Zola qui a parcouru, pendant trois semaines, la Ville éternelle son « guide » à la main. Si je ne craignais d'être indiscret, je citerais ici un certain abbé Duchesne qui passe pour connaître assez bien les origines du culte chrétien et à qui le gouvernement de la République n'a pas craint de confier, malgré sa soutane, la direction de notre Ecole archéologique de Rome... Mais le fondateur du roman expérimental et du naturalisme scientifique a peur de la science. Son intelligence a une prédilection pour les livres d'étrennes, pour les cours d'adultes, pour les audaces de l'enseignement primaire. Le chef de la petite classe de Médan a toutes les qualités d'un maître d'école. Il ramasse rondement toutes les certitudes nécessaires à ses éloquentes leçons. Ce n'est pas lui qui hésitera sur un texte, qui bronchera sur une date, qui retournera sa langue sept fois dans sa bouche avant d'énoncer son avis sur le passé, le présent et l'avenir de l'humanité. Lui, consulter Le Blant, Hefele, Pastor, Funk, P. de Nolhac, Rocquain, Emile Gebhart, un tas d'épigraphistes, d'archéologues, de professeurs, qui s'embarrassent de scrupules, s'entourent de témoignages et citent, en notes, les auteurs auxquels ils font des emprunts! Pas si bête! Larousse, Joanne, Bædeker auraient pu lui suffire. Sachons-lui gré d'avoir bien voulu se hausser jusqu'aux vulgarisations élégantes et un peu partiales de M. Goyau.

Ah! que M. Goyau est consciencieusement dépiauté! Pas un lambeau de sa dépouille n'a été perdu! Toutes les fiches que le ciseau du maître a taillées sur sa chair vive sont là, soigneusement épinglées, accrochées, coûte que coûte, aux flancs de *Rome*. Voici pourtant une considération historique, fort ingénieuse, qui n'appartient pas à M. Goyau. (Je la trouve dans une page où l'abbé Froment repasse encore son histoire.)

Etait-ce Léon III, dont la main hardie, en sacrant Charlemagne, acheva la rupture avec l'Orient, que le grand schisme avait déjà séparé?

Or, c'est pendant la nuit de Noël de l'année 800, que le pape Léon III mit une couronne sur la tête de Charlemagne et le baisa sur la bouche. Aussitôt, le peuple s'écria : « A Charles Auguste, couronné par Dieu, grand et pacifique empereur des Romains, vie et victoire! » En ce temps-là, le célèbre Photius, qui fut patriarche de Constantinople, et auquel on attribue généralement l'initiative du grand schisme, n'était pas encore né.

Continuant ses savantes recherches dans le volume illustré que j'ai sous les yeux, M. Emile Zola tomba sur un chapitre relatif aux arts, et rédigé par M. André Pératé, conservateur-adjoint du musée de Versailles. Quelle heureuse aubaine! Cela permit au portraitiste de Nana d'insérer dans les mementos de l'abbé Froment un profil du pape Damase et de disserter congrûment sur Sandro Botticelli.

Restait, dans cette formidable revue, un casier pour l'antiquité classique, laquelle ne pouvait manquer à cette vaste synthèse. On fit savoir à M. Emile Zola que M. Gaston Boissier avait publié, sous le titre, trop modeste, de *Promenades archéologiques*, plusieurs volumes qui sont des chefs-d'œuvre de science sûre, d'agrément et d'esprit. Bonne affaire! C'était de la copie « toute mâchée »... Mais par quel biais faire entrer ces *Promenades* dans la biographie de l'abbé Froment? Eh! parbleu! ce n'est pas difficile. L'abbé Froment, bon touriste, va visiter les ruines du Palatin. Un cicerone immédiatement lui offre ses services. « Lui, aurait préféré voyager à sa fantaisie, errer au hasard de ses découvertes et de son rêve. » Mais M. Zola, qui est toujours derrière l'abbé, a besoin de ce cicerone, « un petit homme trapu, un ancien soldat, d'une soixantaine d'années » dont les discours sont bénins.

— Alors, si monsieur l'abbé veut me suivre... Je vois que monsieur l'abbé est Français. Moi, je suis Piémontais, et je les connais bien, les Français : j'étais avec eux à Solferino. Oui! oui! quoi qu'on en dise, ça ne s'oublie pas, quand on a été frères... Tenez, montez par ici, à droite.

Et tout aussitôt, voilà cet extraordinaire cicerone qui raconte (sans le dire), les *Promenades archéologiques* de M. Gaston Boissier. Il est très for', ce cicérone! Le Lupercal et la *Roma quadrata* n'ont pas de secrets pour lui. Il connaît le palais des Flaviens comme ses poches. Et, « d'une voix assombrie », il rappelle comment Caligula fut assassiné par le tribun Chereas, en revenant des Jeux palatins, etc., etc.

L'abbé Froment lui donne une pièce blanche, et M. Zola insinue irrévérencieusement que c'est pour se débarrasser de lui. Ce qui n'empêche pas l'abbé, descendu vers le Forum, de recourir encore à M. Gaston Boissier.

M. Boissier le suit dans son pèlerinage à la voie Appienne. Et enfin, lorsqu'un trappiste éclaire, dans les Catacombes, la marche de l'abbé, M. Boissier est encore à côté de ce trappiste et lui souffle sa leçon.

Qu'importe? dira-t-on. Négligeons ces détails. N'est-il pas évident que l'auteur de *Rome* a concentré tout son effort sur le portrait du pape? C'est donc d'après ce morceau capital qu'il faut le juger, et non point d'après les interminables digressions de sa rhapsodie.

Soit. M. Zola, n'ayant pas obtenu de Léon XIII l'audience qu'il avait sollicitée, se « documenta » comme il put. Il prit le livre de M. Charles Benoist, intitulé : *Souverains, hommes d'État, hommes d'Église*. Malheureusement, il crut devoir ajouter aux indications précieuses de ce livre, un pot-pourri de commérages, obtenus (c'est lui qui l'avoue) « par des pourboires appropriés ». De là, ce pape fantastique qui ressemble à une idole chinoise, ce pape grippe-sou qui s'enferme dans sa chambre pour compter les chaînes de montre que les pèlerins lui ont jetées, ce pape polichinelle dont les ficelles sont tenues par les jésuites, ce pape gâteux, qui se laisse faire la leçon par un curé de banlieue, et répand, sans retenue, du haut de son trône pontifical, des discours de comice agricole.

Je n'ai jamais eu l'honneur d'être admis en présence du saint-père. Je ne parlerai point de ce que je ne connais pas. Mais j'ai prié un de mes amis qui fut reçu au Vatican en audience privée, de lire l'entretien, désormais historique, de l'abbé Froment avec le pape et de me dire son avis sans réticence. Il résulte des annotations dont il a couvert les marges de *Rome*, que tout, dans ce récit, depuis les circonstances accessoires et les plus minces détails jusqu'aux propos que tiennent, sans rire, les deux personnages, est fort éloigné de la vérité.

Nous avons tous lu, quand nous étions au collège, un ouvrage très instructif, aujourd'hui oublié, qui s'appelle *Rome au siècle d'Auguste* par Dézobry. On y voit un jeune Gaulois nommé Camulogène. Ce Camulogène, venu à Rome sous un prétexte vague, profite de son séjour pour visiter tous les monuments et pour interviewer tout le monde. M. Zola, sans doute, a été jaloux du bon Dézobry. C'est pourquoi il a enfanté ce nouveau Camulogène, cet abbé qui ne peut pas s'accouder aux parapets de San-Pietro-in-Montorio sans songer à tous les successeurs de Numa Pompilius, ni regarder la gorge de Benedetta sans évoquer, avec pièces à l'appui, les luxures païennes de la Renaissance.

Est-ce à dire que rien, dans cette compilation bâclée, n'appartient proprement à M. Emile Zola ? Il serait injuste de soutenir une pareille affirmation. Dans les quelques jours qu'il a employés à connaître Rome, l'auteur de *Lourdes* a trouvé le temps de noter, sur son carnet, plusieurs paysages. Les agences de publicité nous ont même indiqué les belvédères d'où il a pris ses couchers de soleil et ses levers de lune. En effet, le coucher de soleil qui embrase les pages 166-167 est magnifique, bien que cette rhétorique descriptive paraisse un peu surannée et que nous soyons un peu las de ces rougeoyantes braises dont toutes les escarbilles sont cataloguées avec trop de soin. Ailleurs, à la fin du chapitre II, le lecteur sera sûrement arrêté par quinze lignes qui rendent puissamment une impression de soir sur le Tibre. Plus loin, c'est une belle échappée sur le décor, si composite de Rome : la vieille ville, la cité de mystère et d'ombre, juxtaposée aux bâtisses blafardes et impudentes des maçons crispiniens... Les grands profils et les étendues fauves de la campagne romaine sont marqués d'un trait vigoureux et d'une touche large. Volontiers, on s'arrêterait avec M. Zola, le soir, sur la voie Appienne, à condition de n'y point rencontrer le curé Santobono, l'homme aux figues empoisonnées. Les terrains pelés et les bâtisses sordides des Prati di Castello sont peints avec une crudité saisissante. Enfin, l'Italie moderne, l'Italie politicienne, agioteuse, mégalomane, est vue, plus d'une fois, et décrite avec une précision cruelle, tandis que l'idéal des Garibaldiens et les exploits de Victor-Emmanuel sont célébrés avec un souffle d'épopée. De tout cela on pouvait faire une série d'admirables articles, dont tous les lettrés auraient souhaité la réunion en plaquette. Mais cette sage résolution ne convenait pas à M. Zola, ni apparemment aux journaux français et italiens avec lesquels il avait traité, ni aux éditeurs français et italiens qui attendaient son in-douze pour achalander leurs boutiques.

GASTON DESCHAMPS.

Celais du 30 mai 1895 (impôt sur la rente); placé par mégarde aux paquet Vario t. XV - p. 16

Le Comtat du ? juin 1890 (journal de Carpentras)

LES PROCESSIONS

Nous recevons communication d'une lettre que M. le Curé de Saint-Siffrein vient d'adresser à M. le Maire de Carpentras, à propos de l'interdiction des processions.

En voici le texte :

Carpentras, le 4 mai 1898.

Monsieur le Maire,

J'ai l'honneur de vous accuser réception de votre lettre à la date du 2 courant, par laquelle vous voulez bien m'informer « que « le Conseil Municipal saisi (par vous) des « pétitions relatives à la liberté des proces- « sions, a été d'avis à l'unanimité des mem- « bres présents qu'il n'y a pas lieu de rap- « porter l'arrêté pris par le Maire de Car- « pentras le vingt décembre 1881 qui inter- « dit les processions dans toute l'étendue du « territoire de notre commune.

« En conséquence je vous fais connaître, « ajoutez-vous, que cet arrêté restera en « vigueur. »

Je ne dois pas vous dissimuler, Monsieur le Maire, que cette lettre m'a causé une impression des plus pénibles. J'avais cru jusqu'à ce jour, avec bon nombre d'esprits éclairés et plus compétents que moi, en cette matière, que la question des processions ap- partenait à la juridiction du Maire, et que ce magistrat avait seul qualité pour statuer à cet égard, en son âme et conscience. Vous même vous paraissiez partager cette opinion, puisque vous n'avez jamais cru devoir faire aucune réserve sur l'étendue de vos pouvoirs dans les diverses négociations qui ont pré- cédé la délibération du Conseil Municipal.

Quoiqu'il en soit, permettez-moi, puisque vous paraissez n'avoir conservé qu'un souvenir assez vague de ce qui s'est passé, de vous le rappeler en quelques mots.

Deux scrutins ont eu lieu, vous le savez, pour l'élection du Conseil municipal de Carpentras. Le premier, le Dimanche 3

Mai; le second, le Dimanche 10 du même mois. Au premier tour, la liste municipale avait complètement échoué; Les deux seuls candidats élus appartenaient l'un et l'autre à la liste radicale. Un second tour devenait donc nécessaire, et les candidats de l'administration se trouvaient en bien mauvaise posture, pour me servir de l'expression usitée.

C'est dans cette situation que je reçus, dans l'après-midi du vendredi 8 mai, c'est-à-dire l'avant-veille du scrutin de ballottage, la visite d'un honorable fonctionnaire, que je n'ai pas besoin de nommer, lequel disait n'être chargé d'aucun mandat officiel, mais qui ne pouvait être que votre délégué, et qui désirait savoir à quelles conditions un certain nombre d'électeurs catholiques qui avaient paru hésitants jusque là, consentiraient à voter pour la liste municipale. Une explication eut lieu à ce sujet, et, au nombre des motifs qui pouvaient déterminer les électeurs dont il s'agit à voter en faveur des candidats qu'on appelait les « les modérés » j'indiquai le rétablissement des processions de la fête Dieu, non seulement avec l'approbation, mais avec la protection de l'autorité. Je crus devoir insister d'autant plus sur ce dernier point qu'il avait été question, quelques jours auparavant, avec un autre intermédiaire, d'une simple tolérance de la part de l'administration, et que j'avais cru devoir repousser cette proposition.

L'honorable négociateur auquel je m'adressais m'objecta, comme je m'y attendais, qu'il n'avait pas qualité pour accepter ou refuser mes offres, mais qu'il allait en référer à qui de droit, et qu'il viendrait bientôt me donner une réponse. Il revint en effet au bout de trois quarts d'heure, et m'annonça que tout était accepté.

A la suite de cette entrevue, je m'empressai de me rendre dans un local où une quarantaine d'électeurs se trouvaient réunis, et je leur fis part de la bonne nouvelle ; sans leur nommer toutefois le fonctionnaire avec qui j'avais été en rapport. La question de savoir si on voterait pour la liste municipale fut aussitôt mise aux voix, et l'assemblée se prononça à l'unanimité, moins trois ou quatre voix, pour l'affirmative.

Dans l'intervalle du vendredi au dimanche il se produisit un incident qui devait ajouter encore à ma confiance si elle n'avait pas été déjà inébranlable et absolue.

Un de nos jeunes compatriotes, dont la loyauté et l'intelligence sont connus de tous. et qui s'intéressait vivement au succès de la liste municipale, avait été autorisé par M. le Maire lui même à déclarer publiquement que les processions auraient lieu cette année comme autrefois.

Voilà exactement ce qui s'est passé entre les deux scrutins, voilà ce que le Conseil municipal a ignoré, et ce qu'il aurait été loyal de lui faire connaitre lorsqu'il a été appelé à donner son avis. Je suis convaincu que l'opinion de ces braves gens aurait été modifiée par une connaissance entière des faits Au lieu de cela on s'est borné à leur mettre sous les yeux quelques liasses de pétitions, qu'on n'a pas craint de leur présenter comme le produit de l'intrique et de l'intimidation. Il y a une chose qu'on a oublié sans doute de leur dire : c'est que ces pétitions, revêtues (avec quelques listes rentrées en retard) d'environ 1400 signatures d'électeurs, et portant les noms les plus honorables de la cité, avaient été sollicitées *par M. le Maire lui-même.*

Il m'en coûte beaucoup, croyez-le bien, Monsieur le Maire, de revenir sur des incidents aussi regrettables. Il ne m'appartient pas de juger ni d'apprécier l'attitude que vous avez prise dans cette circonstance mais je tiens à déclarer, qu'en ce qui me concerne, ma bonne foi a été entière, et que je n'ai trompé ni voulu tromper personne. Afin de faire cesser tout malentendu dans un moment où cette question des processions préoccupe si vivement l'opinion publique, vous me permettrez de donner à cette lettre la publicité que je crois indispensable. La controverse par la voix des journaux m'a toujours inspiré une répugnance insurmontable, mais ma double qualité de prêtre et de pasteur me fait un devoir de cette protestation.

Veuillez agréer, Monsieur le Maire....

ILLY, curé de St-Siffrein.

La lettre si correcte et si digne qu'on vient de lire se passe de tout commentaire.

Notre éminent et vénéré archiprêtre fait connaître à l'aide de quels moyens nos prétendus modérés se sont maintenus à la tête de l'administration municipale de notre cité.

Les 1400 électeurs carpentrassiens, dont le Conseil municipal, à *l'unanimité*, vient de repousser avec dédain, la pétition, auront peut-être quelque peine à se défendre d'un sentiment de dégoût et de légitime indignation contre ceux qui viennent ainsi, une fois encore, de trahir la parole donnée, et de violer la liberté de leurs concitoyens.

Mais ce qu'il doivent éviter avant tout c'est de se laisser aller au découragement.

Ils ont pour eux le droit; et contre ce droit

ne prévaudront jamais les excitations perfides de quelques-uns, pas plus que la lâcheté hypocrite de quelques autres.

Qu'ils se réunissent sur un terrain où tous les hommes honnêtes peuvent et doivent se rencontrer, celui de la liberté et de la justice.

Qu'ils s'organisent, et l'occasion se présentera pour eux, plus tôt qu'ils ne le croient, peut-être, de prendre leur revanche, et de faire justice de ceux qui ont tout à la fois sacrifié les intérêts de la ville et méconnu nos droits.

Quand à nous, nous serons toujours prêt à les seconder et à partager leurs efforts.

A l'œuvre donc et Vive Dieu! Vive la liberté! Vive Carpentras!

Le Lotus bleu du 27 juin 1895 (7ᵉ année - n° 4) (1)

Bien cher Monsieur,

Aujourd'hui seulement il m'est possible de reprendre la si intéressante série de vos lettres. Je fais des vœux pour que rien ne vienne m'empêcher de l'achever le plus tôt possible.

Je prends votre lettre du 16 septembre.

« Cette conception est troublante..., si les passions et les pensées n'étaient que des formules, des expressions figurées, je m'y accommoderais. Mais non ! Ce sont des êtres matériels... »

Rien n'est formule dans l'Univers, rien n'est abstraction : tout est l'Être. Substance, Force, Intelligence ne sont que les modalités de cet Être infini qui est tout. En effet, l'Absolu contient toutes les formes, toutes les substances (matières), toutes les intelligences. Ces trois termes de l'Universelle Trinité sont étroitement solidaires ; changez la substance nerveuse en substance musculaire et les propriétés de la première de ces substances ont complètement disparu. Que s'est-il passé? Les groupements atomiques ont changé de disposition, et les atomes particuliers qui composaient la substance nerveuse ont fait place à des atomes moins évolués, à des atomes que la science matérialiste croirait identiques, à tous les points de vue, aux atomes nerveux, et qui pourtant ne sont pas les mêmes ; le voyant instruit dans la science occulte, apercevra des différences dans le *groupement* des atomes *primordiaux* phy-

(1) pour la lettre à laquelle Celle-ci répond, voir Waguet varia t XV - p. 42

...ques qui forment les molécules nerveuses et ceux qui forment les molécules musculaires. Ces différences qui, sur le plan objectif, se traduisent par l'apparition de cellules spéciales, — cellule nerveuse et cellule musculaire, — consistent, sur les plans supérieurs du plan physique, en des groupements dissemblables, et en des variations dans les courants de force qui animent ces petits corpuscules.

Sur le plan physique seul, nous avons donc déjà de profondes modifications à chaque sous-plan ; sur les plans astral (kamique) psychique, etc... les changements sont infiniment plus accentués, et les agrégats de substance kamique et mentale, — ceux dont vour parlez spécialement, — sont à des distances déjà considérables des agrégats physiques, si nous prenons le mot distance pour exprimer la dissemblance.

Chaque atome d'un sous-plan quelconque est une chose différente des atomes des sous-plans voisins, bien plus différente encore des atomes des plans divers qui composent le Cosmos ; mais la même Vie-Une, le même Mouvement, la même Essence Atmique pénètre tout : plans, sous-plans, atomes, molécules, cellules, organes, corps.

Sur le plan de la matière non différenciée, la substance est le véhicule direct du Mouvement absolu, ou plutôt de l'aspect primordial du Mouvement absolu ; sur ce plan, substance et force se rencontrent à l'état de pureté, et le premier atome que Fohat y creuse est sphérique. Plus la différenciation augmente, plus les agrégats atomiques deviennent complexes, mais le même atome primordial est l'unité avec laquelle sont bâtis les Cosmos et les êtres.

Ces atomes sont des êtres rudimentaires, des modificateurs du Mouvement pur ; chacun d'eux est un germe qui doit développer de septuples potentialités, un prisme qui doit décomposer la *Lumière-Force-Une* en sept Rayons principaux, subdivisibles eux-mêmes en d'autres septénaires.

Parmi ces potentialités, parmi ces septénaires, parmi ces rayons, se trouvent les aspects de l'Absolu que, dans l'homme, l'on a nommés les « Principes » ; et parmi ces principes, se rencontre le *Mental*, lequel caractérise plus spécialement ce que les hommes appellent des êtres intelligents.

En réalité, le mental n'est qu'un degré supérieur du développement des êtres. Est un être tout ce qui *est*, depuis l'atome mulaprakritique primordial jusqu'à l'atome physique du dernier sous-plan matériel, jusqu'au Kosmos considéré comme corps du Mouvement universel. Chaque être a sa caractéristique propre ; l'être atomique physique est un conducteur des énergies grossières : chaleur, mouvement vibratoire inférieur ; l'atome éthérique est un récepteur du mouvement vital, il porte l'énergie pranique ; l'atome kamique est placé plus haut dans l'échelle des puissances, il transmute le mouvement en sensation, c'est un être *sentant* ; l'atome psychique (ou mental inférieur) est le véhicule qui transforme le mouvement

atomique ou mental inférieur ou la [illegible] — principe
de la connaissance inférieure, du désir, des passions rationalisées ;
l'atome manasique (ou mental supérieur) produit l'aspect de l'Absolu que nous appelons la raison, le jugement, l'intelligence
abstraite ou *humaine* ; l'atome buddhique est le véhicule de la sensation spirituelle, de l'énergie divine, de l'intuition, de l'infaillibilité, de la loi universelle ; l'atome akasique est le véhicule des potentialités totales du septénaire, le plan où tout naît et où tout
revient après le cycle des transformations, le registre du progrès,
la mémoire de la Nature. Au-dessus, nous ne pouvons plus voir, et
les plans qui précèdent les états manifestés peuvent être considérés,
dans la pratique, comme l'Inconnaissable, — pour notre stage
évolutif au moins.

L'agrégation des atomes physiques en formes produit *les corps
matériels*, — chez l'homme, les « robes de peaux » dont parle la
Genèse, nos instruments, spécialisés à des buts divers par les organes des sens.

L'agrégation des atomes éthériques, produit les *organismes vi-
taux*, — chez l'homme, le corps vital, le Linga Sharira ; les centres praniques sont en lui, et il est comme le germe supérieur du
corps physique.

L'agrégation des atomes kamiques produit en nous le Kama-
rupa, ou corps des désirs, le corps sentant, le *sensorium animal*.
Chaque atome kamique représente un être, caractérisé par la faculté de sensation et d'impulsion : cette dernière est le rudiment de
ce qui, sur le plan psychique, devient le mental inférieur. Ces êtres
nous servent, en même temps que nous les servons ; ils nous
mettent en relation avec l'univers physique, et nous leur donnons
en retour le baptême d'une mentalité rudimentaire.

Même raisonnement pour les agrégats plus élevés.

Sans corps mental inférieur, l'illusion qu'on appelle l'intelligence
animale n'existerait pas. Sans corps manasique, le Manas, ou Ego,
ne serait pas, et Atma — le Soi — ne pourrait s'individualiser.

L'*Infini comprend le fini* ; ce fini, — représenté par l'évolution des
formes, — est l'Infini en action, et l'Infini ne peut *agir* qu'en créant
le fini (par la Maya ou Force primordiale). *La Connaissance absolue
implique la connaissance relative*, laquelle ne peut s'effectuer que par
l'individualisation soi-consciente de l'Absolu ; l'individualisation demande la différenciation, c'est-à-dire l'évolution et l'involution. Bien
des hommes demandent le pourquoi de la Manifestation et de la Vie
individualisée ; la réponse est bien simple, au point de vue méta-
physique. Si le Fini, — la Vie individualisée, — n'existait point,
l'Infini ne serait pas infini, puisque, *pour être infini, il doit contenir
et réaliser tous les possibles*. Pour être infinie l'Intelligence doit contenir, à son tour, et réaliser tous les degrés de l'intelligence finie :
tel est le but de l'incarnation des rayons de la Lumière spirituelle.

Sans essence, — je ne dis pas *corps*, — buddhique, sans substance akasique, il n'y aurait pas de Vie manifestée possible, il n'y
aurait pas de Loi, il n'y aurait pas d'évolution, pas de progrès ;

car les atomes buddhiques et akasiques ne seraient pas là pour
permettre ces aspects fondamentaux de la Vie manifestée.

En résumé: sans corps physique, pas d'action possible sur le plan matériel ; sans corps éthérique, pas de Vie pour alimenter et agréger les
atomes physiques ; sans corps kamique, pas de sensation, pas d'instinct, pas de rapports avec la terre ; sans corps mental inférieur,
pas de désir, pas d'intelligence animale ; sans corps manasique,
pas de raison, pas d'*humanité* ; sans essence buddhique et akasique
pas d'existence manifestée possible.

Mais l'*Être* n'est pas le corps qui permet son action ; l'être est
un ; on l'appelle le Soi — *Atma*. Atma varie d'aspects selon le véhicule qu'il revêt ; dans le corps kamique, il *paraît* ce que nous
nommons un animal inférieur ; dans le corps mental inférieur, il
donne lieu à un aspect différent, — à l'animal supérieur ; dans le
corps manasique, il forme l'homme ; dans l'Océan buddhique et
akasique, il est la Vie essentielle de tout ce qui existe. Supprimez
un véhicule et l'aspect qu'il produisait s'évanouit ; cet aspect était
une illusion ; le Soi Seul est la réalité permanente. Tous les êtres
sont mortels, parce qu'ils sont le produit d'une ou plusieurs enveloppes, sujettes à la désagrégation ; l'immortalité n'est qu'en Atma
qui est notre racine, notre essence, la racine et l'essence de tout ce
qui est manifesté ; ceux qui croient à une autre immortalité sont
encore dans la période infantile de l'Humanité.

Les agrégats corporels, — les formes, — sont l'œuvre de l'Idéation cosmique, et aussi, lorsque le stage humain est atteint, de
l'évolution individuelle. Il est aussi des *legs de formes* faits aux êtres
par ceux qui les précèdent sur la route évolutive, car la nature est
économe, et ses enfants sont étroitement solidaires.

Ce long développement nous servira dans les éclaircissements
réclamés par votre deuxième objection.

(*A suivre*)   **Un Théosophe.**

L'éclair du 9 août 1898 9ᵉ année — nᵒ 2518.)

Vers inédits
APRÈS UNE LECTURE D' «INDIANA»
A George Sand.

George, avant de l'écrire est-ce que tu l'as vue (1)
Comme elle frappe au cœur, comme je l'ai relue
Cette scene terrible où Noun, à demi nue,
Sur le lit d'Indiana s'enivre avec Raymond ?
Quand de crainte et d'amour la créole tremblante,
Le regarde pâlir sur sa gorge brûlante
Tandis qu'à leurs soupirs il mêle un autre nom ? (2)

En as-tu jamais fait la triste expérience ?
Ce qu'il éprouve alors te le rappelais-tu ?

Et tous ces sentiments d'une vague souffrance,
Ces plaisirs sans bonheur, et pleins d'un vide immense,
As-tu rêvé cela, George, ou l'as-tu connu?

N'est-ce pas le réel dans toute sa tristesse
Que cette pauvre Noun les yeux baignés de pleurs (1)
Versant à son amant le vin de sa maîtresse,
Croyant que le bonheur c'est une nuit d'ivresse,
Et que la volupté c'est ce parfum des fleurs?
Si cet être adoré, cette femme angélique,
Que dans l'air embaumé Raymond voit voltiger,
Cette frêle Indiana dont la forme magique
Passe sur les miroirs comme un spectre léger,
O George, n'est-ce pas ta pâle fiancée
Dont l'ange du Devoir est l'immortel amant?
N'est-ce pas l'Idéal, cette amour insensée
Qui sur tous les amours plane éternellement?

Ah! malheur à celui qui livre son âme,
Qui couvre de baisers, sur le corps d'une femme,
Le fantôme d'un autre et vient, sur sa beauté,
Boire l'illusion dans la réalité!
Malheur à l'imprudent, qui, lorsque Noun t'embrasse,
Peut penser autre chose, en entrant dans son lit (3)
Sinon que Noun est belle et que le temps qui passe
A compter sur ses doigts les heures de la nuit!

Demain viendra le jour; demain, désabusée,
La trop fidèle Noun, par la douleur brisée (6)
Rejoindra, sous les eaux, l'ombre d'Ophélia;
Elle abandonnera celui qui la méprise,
Et ce cœur orgueilleux qui ne l'a pas comprise
Aimera l'autre en vain. — N'est-ce pas, Lélia?

ALFRED DE MUSSET, 1833.

L'Éclair du 18 août 1896 (9ème année — n° 2422)

RÊVES PHOTOGRARHIÉS

COMMUNICATION SUR LA DÉCOUVERTE DU DOCTEUR BARADUC

La photographie de l'âme. — Explication de phénomènes singuliers — Y a-t-il miracle?
Le jeu des forces naturelles. — Pourquoi on photographie la pensée
Clichés d'après des rêves

Nous avons publié dans son texte définitif la très curieuse communication du docteur Baraduc, sur ce que nous avons appelé « la photographie de l'âme ». A ce sujet, il nous a été adressé de nombreuses lettres. Nous en voulons retenir trois pour l'intérêt qu'elles offrent.

M. Arthur d'Anglemont (aux Lilas), dans son livre sur l'*Ame humaine* qu'il offrira aux savants qui étudient cette question, a fait connaître l'existence de ces fluides. Il a indiqué, dit-il, la source de leur provenance. Il décrit une zone fluidique particulière périphérique à l'homme (analogue à celle que le docteur Baraduc a reconnue), où s'accumulent des fluides psychiques puisés dans la grande atmosphère comme pour l'alimentation de sa propre pensée ».

Photographie de la pensée

M. de Belfort de la Roque, fondateur de la *Revue de chimie*, après avoir déclaré qu'il est inutile de chercher à expliquer des phénomènes nouveaux par des causes extranaturelles, entre dans une explication qu'il estime rationnelle de la photographie des images de la pensée :

De 1822 à 1888, l'Allemagne a possédé un savant, bien peu compris par ses contemporains, mais dont l'esprit puissant a émis des théories qui feront leur chemin dans la science. Nous voulons parler du célèbre physicien Rodolphe Clausius, à qui l'on doit la théorie de la *fonction isotherme*, du *potentiel* et du *viriel des forces*.

Il suffit de bien se pénétrer des idées de cet illustre savant pour expliquer, sinon complètement, du moins partiellement, le mécanisme de la photographie de la pensée. D'après la *théorie cinétique*, on peut en déduire que, plus la température d'un gaz s'abaisse, plus se manifeste l'affaiblisse de la force vive du mouvement intérieur.

Qu'en résulte-t-il ? Un rapprochement immédiat des molécules constitutives, puisque, l'impulsion donnée étant plus petite, l'amplitude des vibrations particulières diminue ; alors, les actions exercées par les particules voisines, de même que les forces attractives, peuvent entrer en jeu. De même que s'effectuent des déperditions successives de température ou de force vive, la vitesse particulaire décroît et il peut se produire une diminution telle de cette vitesse que, dès lors, une particule quelconque soit obligée de se mouvoir suivant une courbe formée plus ou moins régulière qui n'est autre, du reste, que la figure formée par le groupe des particules voisines.

Elle ne pourra plus, comme dans un gaz, passer librement d'un groupe à l'autre ; il y aura un équilibre plus stable et, la vitesse de translation décroissant, les phénomènes d'expansion ne se manifesteront plus ; le corps considéré deviendra liquide.

Mais, si l'on opère d'une façon inverse, des phénomènes contraires se produiront ; si donc, dans les conditions ordinaires, la vitesse de translation rectiligne d'une molécule d'air est de 485 mètres environ par seconde, il est évident que cette vitesse croîtra dans des proportions très considérables, si l'on augmente la température et si l'on diminue la pression.

Il est clair que la pensée peut être assimilée à une force vive, c'est-à-dire au produit de la masse d'un point matériel par le carré de sa vitesse ; c'est donc, par extension, la somme des produits analogues pour tous les points matériels d'un même système. Nous n'oserions prétendre que la puissance vive de la pensée soit entièrement localisée dans le cerveau, puisque son effet se répercute sur tout notre organisme, mais les centres nerveux de l'encéphale sont évidemment l'endroit où elle se fait le plus sentir. Il en résulte donc une réaction fortement exothermique, et c'est pourquoi le phénomène de la congestion peut se produire sous le coup d'une émotion violente qui affecte vivement nos centres nerveux; de plus, dans ces mêmes centres, il se produit une vibration d'autant plus puissante que la chaleur développée est plus considérable.

Par conséquent, pour chaque mode de la pensée, il doit se produire une vibration particulière; pourquoi serait-il donc plus difficile de les fixer par des figures graphiques, comme M. Lissajous l'a fait pour les sons musicaux ? En outre, comme les centres nerveux du cerveau sont plus échauffés que les particules de matière avoisinante et que les vibrations, qui en émanent, ont une vitesse propre plus considérable, elles conservent dans l'air environnant, plus froid par conséquent, une vitesse supérieure.

Quand ces vibrations calorifiques, imprégnées de ce fluide particulier qu'on pourrait appeler la pensée, pénètrent dans l'ampoule cathodique, elles se trouvent dans une atmosphère très raréfiée; la vitesse de translation s'accroît dans des proportions gigantesques, la forme matérielle des vibrations, par suite de la répulsion plus rapide des molécules gazeuses, s'accentue dans les mêmes proportions et la photographie peut enfin saisir l'image de ce que nous considérons encore comme des chimères insaisissables.

Voilà, ce nous semble, le terrain sur lequel il faut se placer.

Le miracle n'existe que pour les fanatiques ou pour les esprits qui ne veulent pas s'occuper de la recherche de la vérité.

L. DE BELFORT DE LA ROGUE.

Photographie du rêve

La lettre qu'on va lire et qui émane d'un agrégé de philosophie, M. Radel, est extrêmement curieuse, car elle révèle un fait. *L'auteur a photographié le rêve de personnes endormies...*

Nous lui laissons la parole.

Monsieur le Directeur,

J'ai lu dans l'*Éclair* de ce matin le compte rendu de l'intéressante communication du docteur Baraduc au congrès de Munich. Je me suis occupé de questions absolument analogues, et je désirerais, par cette lettre, établir ma propriété sur les découvertes que j'espère réaliser, si la série de mes expériences confirme les hypothèses que j'ai formées. Aucun journal scientifique sérieux n'avait encore, à ma connaissance, inséré la moindre note touchant cette matière; d'autre part, vous comprendrez que je ne veuille pas me presser de publier des résultats encore mal établis, sur un sujet de nature à révolutionner peut-être toutes les théories morales et religieuses, puisque le succès de tels travaux ouvrirait toute large la route à la méthode scientifique dans un domaine encore vierge de toute expérimentation qualitative.

Néanmoins, après la communication du docteur Baraduc, je m'empresse de vous envoyer un aperçu succinct du chemin que j'ai déjà parcouru dans cette voie, pour prévoir toute contestation au jour où j'aurais le bonheur de publier des résultats définitifs obtenus en France, pour les comparer ou les opposer aux travaux étrangers. Les travaux de M. Baraduc, Français, risquent de rester à l'actif du congrès de Munich, par sa négligence à les communiquer à l'Académie des sciences.

Mon point de départ a été les travaux de Crookes sur le spiritisme. Profondément matérialiste ou plutôt moniste, je n'ai pas pu admettre un instant l'existence objective d'esprits, en entendant par esprits : « quelque chose qui aurait fait partie d'un être humain et qui aurait survécu à sa mort ». J'ai donc cherché une explication « physique » des phénomènes décrits par Crookes.

Le plus troublant de tous était l'existence de l'esprit Kate Keen que le célèbre physicien avait non seulement vu, mais *photographié*, et dont il possède un grand nombre de clichés.

Mes expériences personnelles sur le spiritisme m'ont amené à assimiler les témoins des faits spirites à « des hommes rêvant », mais rêvant tous le même rêve, parce que l'excitation des centres nerveux est identique pour tous, leur attention étant concentrée sur les mêmes choses.

Si donc Crookes « rêvait », il a photographié une chose vue en rêve. J'ai voulu répéter l'expérience en la variant; après plusieurs essais infructueux, j'ai photographié des personnes endormies dans ces moments de somnolence où le sommeil dure à peine quelques secondes, et où ce court laps de temps est néanmoins rempli de rêves très variés.

A ma stupéfaction profonde, j'ai obtenu deux fois sur mon cliché la photographie de la personne et, superposée, celle d'une forme que la personne éveillée me disait avoir vue en rêve. Le temps de pose étant toujours court (tandis que Crookes photographiait Kate Keen en la faisant poser cinq minutes), et les formes du rêve remuant, le cliché est généralement très brouillé; mais en sachant d'avance ce qu'on peut voir par le récit du dormeur à son réveil, on arrive à distinguer la trace des corps qu'il a rêvés et de leur déplacement.

On comprend qu'il faut plus de cent expériences pour en réussir une, trop de perturbations provenant de toutes sortes de choses, tandis que Crookes « voulant dans son rêve photographier » éliminait par cela même toutes les causes d'échec.

La forme extériorisée par la pensée impressionnerait donc la plaque, comme elle impressionne le fond de l'œil des personnes témoins de faits spirites. Il est *probable* que la condition nécessaire est que la personne qui *pense*, veuille que la plaque s'impressionne. Dès lors, ce ne serait pas la forme évoquée qui agirait sur la plaque, mais bien la volonté du spirite qui créerait d'une part la forme visible aux témoins, d'autre part l'impression du sel d'argent.

Tout homme rêvant serait un spirite involontaire.

Le problème resterait toujours unique : comment dans certains cas la volonté peut-elle agir sur l'éther de manière à produire, dans la pièce ou dans la chambre noire, des vibrations transversales ? Ce sont mes recherches sur ce point que je ne puis encore publier, faute de certitude.

On voit que, contrairement au docteur Baraduc, je pense qu'un seul et même éther suffit pour transporter tous les effluves, électriques, lumineux (ce qui est rigoureusement la même chose), gravigènes, *animiques* ou autres.

D'ailleurs, si l'on veut se souvenir que cet éther n'est pas complètement défini, qu'on l'a revêtu seulement des propriétés nécessaires à expliquer la lumière, et qu'il reste place pour le doter d'autres propriétés, sous la seule condition de rester toujours « l'espace dit immobile qui réduit au 2e degré les équations de la gravitation », on comprendra qu'il peut être le « véhicule » des vibrations de la *volonté*.

D'autre part, si l'on n'admet pas un seul éther se manifestant sous les formes diverses de matière, de lumière, de chaleur, d'énergie, etc., il n'y a pas de théorie unitaire du monde possible, ce qui est en opposition avec les tendances des philosophes scientifiques.

R. RADEL,
agrégé de philosophie.

Ce qui apparaît le plus sûr c'est que nous sommes en voie de découvertes d'un ordre fort singulier, et qu'il y a bien là, comme le dit M. Radel, un sujet « de nature à révolutionner toutes nos théories morales et religieuses ». Quelle belle besogne nous aurons taillée au vingtième siècle!

MATÉRIALISTE ET THÉOSOPHE

V° lettre

(Suite et fin).

.·.

« Les principes exposés bouleversent toutes mes idées. Je retrouve là les apparitions, les sabbats, la *lycanthropie*....... c'est-à-dire que le progrès consisterait au retour au Moyen âge. »

Ce ne sont pas les principes qui devraient bouleverser vos idées, mais les faits. Ces faits existent-ils ? Il n'est plus permis d'en douter.

Avec un peu de patience et de bonne volonté vous pourriez vous en rendre compte par vous-même ; les bons médiums ne sont pas rares ; les expérimentateurs « scientifiques » ne sont pas hors de votre portée. D'ailleurs, on doit accorder créance à un savant de bonne foi, lorsqu'il donne le compte rendu des expériences qu'il a faites avec des collaborateurs sérieux. Je n'ai pas vu les expériences de W. Crookes sur la matière radiante et sur la force psychique. Je crois aux unes et aux autres, parce qu'elles portent avec elles le cachet de la vérité ; les matérialistes, eux, ne croient plus dès qu'ils ne voient plus ou ne comprennent plus.

Si les faits sont admis, l'explication n'en est plus bouleversante, au contraire. Or, vous conviendrez bientôt que, parmi toutes les théories qui ont été données, celle des théosophes est la meilleure ; et cela n'a rien d'étonnant, puisque les véritables écoles d'Occultisme sont autrement scientifiques que les tâtonnements sempiternels des théoriciens de nos académies.

Vous me direz qu'au Moyen âge ces faits étaient bien plus fréquents qu'aujourd'hui, et que la lumière scientifique semble chasser les chimères créées dans le brouillard obscur de l'ignorance : Erreur !

Le Moyen âge avait ses raisons pour être fécond en faits occultes de toutes catégories ; tous les éléments nécessaires aux phénomènes étaient présents. Les hommes de notre sous-râce étaient alors dans leur enfance, et l'enfance est, par constitution, toujours « sensitive » ; c'est-à-dire que le « corps psychique » est prépondérant dans son organisation parce que le corps physique est ina-

Voir, pour la lettre à laquelle ceci répond, Naquet Varia, t. XV, p. 42 — et aussi le commencement de cette réponse, dans le volume-ci à la page 54. —

chevé, ou plutôt, incomplètement *solidifé* : or, le psychisme, ou sensitivisme, est le premier et le plus indispensable des éléments nécessaires à ce qu'on appelle les phénomènes occultes.

De plus, l'enfance est toujours crédule, et la crédulité n'est que l'une des petites-filles de la foi. Or, la foi est la grande Force. Quand un homme croit, il se projette tout entier dans la chose crue, et cette projection fait vivre cette chose. Si cette chose n'est qu'une idée, cette idée prend corps et intelligence et devient un *Etre* qui peut être vitalisé au point de s'objectiver sur le plan physique.

Voyez, maintenant, la force que la crédulité du Moyen âge pouvait prêter aux phénomènes, l'aide qu'elle pouvait donner aux êtres de l'astral, quand ces derniers voulaient prendre pied sur la terre visible.

La crédulité est le récipient de la suggestion, et la suggestion est un instrument souvent employé par les habitants du monde voisin. Les Esprits de la Nature possèdent ce pouvoir à un haut degré : lisez les « Mille et une Nuits » et vous y verrez le récit, un peu romantisé, de leurs exploits. Le Moyen âge est un champ d'étude étrangement curieux pour un occultiste. Le progrès consiste à reprendre les phénomènes du passé, à émonder les erreurs qui les défigurent et à les illuminer par les enseignements capables de les expliquer.

.

« L'hypothèse du mal n'est pas plus résolue par ce système que par un autre.... »

Je passe la fin de cette objection, celle qui a rapport aux Karmas individuels et qui a été traitée dans ma dernière lettre ; mais je dirai un mot encore sur le mal.

Le mal est une chose éminemment relative ; il naît avec la différenciation, augmente avec la manifestation et culmine sur le plan le plus bas de la Ronde la plus inférieure. Le mal c'est la force de séparativité, celle qui a comme aspect, ici-bas, ce que nous appelons la force centrifuge, ce qui tend à *séparer* les atomes et les êtres.

Avant aurore du réveil kosmique, Parabrahm était enveloppé dans son voile de substance homogène : Mulaprakriti. Ce qui doit devenir, avec l'évolution, la Substance, la Force et la Conscience n'était pas né ; cela reposait dans le sein de l'Être absolu, car cela est l'Essence, le Potentiel même qui constitue cet Absolu.

Au premier souffle de CELA, sa triple potentialité devint la première et la plus haute Trinité. La substance homogène, — le Chaos, les Eaux de l'espace biblique — fécondée par l'Esprit qui est en elle, se creusa de trous, se transforma en un infini agrégat de bulles atomiques ; l'enveloppe de ces bulles fut (et est) la substance primordiale ; la sphère creuse fut le réceptacle de l'énergie universelle, — Fohat. La Substance-Une devint ainsi la Matière-Force ; la force, destructrice ou séparatrice ; la matière (ou substance), conservatrice, c'est-à-dire, tendant à revenir à l'unité première. Ainsi fut créée la Dualité, la Multiplicité.

Dès lors, la Force entraîna ces milliards incalculables d'atomes primordiaux, les agrégea en sous-plans et plans, en même temps que l'Emetteur de cette force, — Mahat, ou le Mental universel, — façonnait en formes objectives les images de son Idéation infinie. Et c'est ainsi que la multiplicité devint plus intense, les contrastes plus vigoureux, les opposés plus actifs dans l'œuvre de l'évolution, Jakin plus noir, Bohaz plus blanc, le Logos plus radieux, l'Adversaire plus sombre.

Le Mal et le Bien naquirent de la dualité ; dans le sein de Mulaprakriti il n'y avait que l'infinie Unité indifférenciée ; il n'y avait pas de place pour les antagonismes, c'est-à-dire, pour le Bien et le Mal. Ces derniers ne jaillirent du sein de l'Absolu que lorsque celui-ci fut devenu le Relatif, ou plutôt, cette Illusion mayavique que nous appelons l'Univers et qui n'est, en réalité, que l'un des aspects sans nombre de l'Être-té.

A ce moment, commencèrent les chocs atomiques, les agrégations et les séparations, les créations et les destructions, les bouleversements gigantesques des plans primitifs de la substance akasique, les combats titaniques des éléments primordiaux. Puis, quand les mondes, les planètes et les êtres furent formés, les combats universels devinrent des combats singuliers ; et l'âpreté de ces luttes homériques augmenta avec les progrès de l'individualisation.

Tant que l'antagonisme agite des univers, des êtres non mentalisés, il n'y a pas de souffrance, et, moralement, il n'y a ni bien, ni mal.

Dès que les rayons mahatiques s'éveillent dans leurs enveloppes, dès que les êtres acquièrent la notion du *moi*, il y a souffrance. Quand l'individualisation est avancée et que l'intelligence fonctionne, — quand l'être a passé au stage humain, — le choix intelligent et conscient se produit ; s'il est d'accord avec la Loi, on l'appelle Bien, s'il va contre elle, c'est le Mal : dès lors, le Karma proprement dit commence, et ici, par Karma, nous entendons l'effet d'actes relativement intelligents, conscients et volontaires.

L'Absolu a émané la Lumière et l'Ombre parce que ses aspects relatifs, -- les Univers successifs, — devaient être constitués, pour que le Soi universel pût réaliser, avec intelligence et conscience, toutes ses possibilités ; se regarder en évolution et en involution ; se regarder partout à la fois, par l'infinité et l'ubiquité de ses rayons. Nous touchons ici au Grand Mystère que nulle intelligence *humaine* n'a éclairé et n'éclairera jamais : sa solution gît sur les Faîtes intellectuels et spirituels de l'Avenir.

.*.

« Vous êtes obligés d'admettre une Cause incausée, une Être-té [illegible]; pourquoi cette cause [illegible] ne serait-elle pas cette matière une vivante dans ses dernières ultimales ?..... »

L'Êtrs-té est à l'Être ce que la Vérité est au vrai.

Le vrai n'est qu'un aspect de la Vérité, — une partie, pourrait-on dire, de cette Vérité ; de même, l'Être s'applique à un agrégat cosmique limité et non à la Vie une qui est non seulement cosmique, mais même pré-cosmique, puisqu'elle était avant que notre Univers fût, puisqu'elle Est, au sens absolu de ce mot. La langue anglaise a deux mots pour exprimer ces deux idées ; *being* exprime l'être limité, *beness* exprime l'être absolu. Les traducteurs de la *Somme* de saint Thomas d'Aquin ont rendu l'Être absolu par Aséité, qui vient du latin *a*, privatif, et *se* soi : ce qui n'a pas de soi, ce qui n'est pas personnel. Nous avons, en France, créé le mot Êtrs-té, qui sera peut-être plus facile à comprendre pour ceux qui ignorent la langue latine.

Si par « matière-une-vivante dans ses dernières ultimales » vous entendez la totalité des aspects de la substance, la totalité de ses plans et de ses sous-plans, je vous dirai que nous n'avons pas, en Théosophie, une idée bien différente de la vôtre. La Vie *manifestée*, en effet, est bien l'ensemble de tous ces états de la substance-une ; mais la Vie *non manifestée* est la force intérieure et inconnue, pour nous, de cet inconcevable protée qui est l'Êtrs—té. A la Vie manifestée il faut de la matière tangible pour être, à l'Être-té il n'en faut pas car elle est indifférenciée. La Vie manifestée est l'arbre cosmique, l'Être-té en est la semence ; sans racines, branches et feuilles, l'arbre cosmique n'est plus ; sa semence Est encore, et, sans cette semence, l'arbre ne pourrait plus exister. La comparaison est imparfaite, en ce sens que l'Être-té est une semence infinie, formée de substance non différenciée, mais cela fera saisir notre idée.

Quant à connaître l'Absolu... c'est impossible ; c'est de lui qu'on a dit que « peut-être il ne se connaît pas ».

*
* *

« L'homme est une fédération de « Vies » primitives et irréductibles. L'assemblage de ces « vies » par leur aspect matériel constitue le corps ; leur assemblage comme conscience donne le moi pensant et conscient. Lorsque ces « vies » se séparent le moi se désintègre. Ses éléments immortels vont continuer à vivre dans d'autres personnalités.... »

Cela n'est vrai que partiellement. Voici ce que l'on peut déduire de l'enseignement théosophique sur ce sujet :

Il y a 7 plans ou principes dans l'homme. Chaque plan se subdivise en 7 sous-plans, construits sur le même type que les 7 plans fondamentaux. La preuve, me direz-vous ? Cette preuve est dans les sens internes des hommes développés à un degré supérieur.

... est ailleurs aussi, mais alors elle est indirecte.

Or, les « vies » qui composent le corps physique appartiennent au plus grossier des 7 plans (1).

Ce plan se divise, à son tour, en 7 sous-plans, formés par des « vies » différentes. Ce qui produit leurs différences c'est la nature des atomes (2) secondaires qui entrent dans leur composition. Parmi ces « vies » se trouvent celles qui forment le cerveau physique ; celles-là contiennent de l'essence mahatique, — la reflètent plutôt, — et forment l'Intelligence inférieure de la Nature. Elles sont l'un des derniers échelons sur lesquels s'exerce l'action manasique. De sous-plan en sous-plan, la vibration psychique créée par l'Ego (manas) descend ainsi jusqu'à la matière grossière et s'y manifeste, de même que la vibration matérielle peut monter vers lui par le même chemin. Cette action manasique consciente et intelligente, modifie la mentalité rudimentaire de ces « vies » ; elle les évolue rapidement, au point que, lorsque l'Ego est absent du corps, elles peuvent agir automatiquement, sous diverses influences, et provoquer une idéation propre. Cela se produit pendant le sommeil, dans l'idiotie, toutes les fois que Manas est absent, temporairement ou définitivement. Voilà ce que peut donner le cerveau : des rêves grossiers, fragmentés, grotesques, déraisonnables, — rien de plus.

Le « double » possède, à son tour, plusieurs états de matière, — les quatre états éthériques. Les « vies » qui composent le *cerveau éthérique* reflètent à leur tour l'essence mahatique et subissent l'influence évoluante de Manas : elles sont donc susceptibles, elles aussi, d'une idéation automatique d'un genre plus élevé que celle du cerveau grossier. De plus, le cerveau éthérique a la propriété de vibrer à l'unisson des pensées qui le traversent, — et l'ambiance astrale en est remplie, car c'est de notre substance kamique qu'est formé le corps inférieur de nos pensées (leur corps supérieur est composé de substance astrale supérieure, — celle qui forme l'aura manasique inférieure (3). Les plans s'interpénètrent et agissent réciproquement les uns sur les autres, lorsque tous les chaînons sont présents ; le Kama agit sur le Linga Sharira (le « double »), et par conséquent, les pensées qui ont revêtu un corps kamique font vibrer facilement le cerveau éthérique. Mais, par lui-même, et indépendamment des vibrations que peuvent lui transmettre le cerveau physique grossier ou la substance kamique, le cerveau du « double » est capable d'une idéation propre qui fonctionne chez les animaux, chez les idiots, chez certains fous, et préside

---

(1) On, pour être plus précis, au sous-plan objectif du plan physique.

(2) Voir l'article de *Chimie occulte* du N° de février du *Lotus Bleu*.

(3) Le mot *astral* pouvant donner lieu à l'erreur, nous spécifions ici que ce que nous avons appelé *astral supérieur* forme les quatre sous-plans inférieurs dévachaniques, l'*astral moyen* forme les sept sous-plans de l'astral proprement dit, et l'*astral inférieur* forme les quatre sous-plans supérieurs du plan physique. Le mot astral devrait, par conséquent, être réservé au plan astral proprement dit.

a une foule de mouvements réflexes.

La substance kamique possède, à son tour, le sous-plan mental ; c'est là le germe qui devient l'intelligence animale et qui *éveille* le mental *humain*.

Ce Kama n'a pas de forme, et par conséquent pas de cerveau, pendant la vie ; il n'est qu'un agrégat d'élémentals « sensationnels » (1), humanisés par l'action constante du rayon manasique. Ces êtres agissent collectivement sur les deux cerveaux dont nous avons parlé et sont la force évolutive égoïste qui dirige malheureusement, mais nécessairement encore la masse des hommes. Par eux-mêmes, ils n'ont qu'une individualisation insuffisante pour opérer une idéation importante pendant la vie.

Chez les occultistes qui ont appris à créer, de leur vivant, un corps kamique avec ses sens et son appareil cérébral, ce cerveau pourrait, — s'il était laissé à ses instincts, — créer des pensées d'un ordre bien supérieur à celles qui sortent des cerveaux plus grossiers dont nous avons parlé.

Après la mort, un corps kamique, — le Kama-rupa, — est formé autour de chaque désincarné et le fonctionnement idéateur peut s'y faire automatiquement, lorsque l'Ego en a retiré le rayon (après la « seconde mort »). La plupart des « communications » obtenues dans le séances spirites sont le résultat de ce genre d'idéation ; on y voit quelquefois des lueurs d'intelligence, mais souvent ce n'est qu'un tohu-bohu de réminiscences automatiques et dépourvues de rationalité. Telle est la part du cerveau kamique.

Nous approchons du siège vrai du mental : l'aura manasique inférieure ou degré supérieur de l'astral (2), vêtement dans lequel s'enveloppe le Rayon projeté par le Manas supérieur. C'est là le corps dont les atomes sont spécialisés à la production de la pensée inférieure, — celle avec laquelle nous sommes familiers et qui est l'apanage de tous les humains. Ce corps, en se mêlant au corps kamique, forme l'entité psychique que l'on appelle l'homme, — l'homme apparent du moins. cet ensemble de raison, de passions, de sentiments, d'intelligence et d'émotions que nous connaissons. Derrière l'homme apparent, veille l'Homme vrai (Manas supérieur) que nous n'entendons guère, actuellement, que comme voix de la conscience, raison supérieure, intelligence impersonnelle. Cet homme est formé d'atomes supérieurement organisés, permettant une conscience transcendantale, une idéation particulière, — l'idéation pure, — un état d'être qu'on ne réalise que par l'entraînement occulte, par la maîtrise complète sur le mental et la suppression volontaire de la pensée inférieure.

Au dessus du corps manasique supérieur, se trouvent des états de la substance qui s'individualiseront certainement plus tard, dans des Manvantaras futurs ; mais alors les humanités auront fait

---

(1) Ou, pour préciser davantage, *d'essence élémentale* en action dans les sous-plans du plan astral.

(2) Ou plutôt, le quaternaire inférieur du plan dévachanique.

place aux divinités, les hommes actuels seront devenus des dieux ; des cerveaux prodigieux serviront des essences buddhi-manasiques extraordinairement évoluées car, ne l'oublions pas, l'évolution, comme la perfection, est infinie.

Chaque corps, sur chaque plan, est donc une fédération de « vies », produisant un aspect particulier de la Substance et de la Conscience ; quand l'un de ces corps se désagrège, l'état de conscience auquel il donnait lieu disparaît. A la mort, l'homme perd successivement le corps physique, le « double », le corps kamique et les parties souillées du corps manasique inférieur ; mais cet homme ne meurt pas ; sa conscience, après la mort, fonctionne dans le corps dévachanique (1) (corps manasique inférieur ramené à l'état de pureté). D'ailleurs, il ne faut pas l'oublier, cet homme lui-même n'est qu'une illusion, un état de conscience provoqué par l'action du principe-un, — Atma, — sur un véhicule de substance ; ce véhicule est la matière manasique. L'action d'Atma sur le véhicule bouddhique développe l'état divin. L'Êtrе est Un mais ses *aspects* sont multiples. L'Être est immuable, ses aspects sont aussi nombreux que les véhicules qu'il peut revêtir. La Conscience, l'Intelligence, la Raison, l'Intuition et tous les attributs des êtres sont contenus potentiellement dans l'Être-Un, et les aspects infiniment variés que ces attributs revêtent sont dus aux variétés de la substance qui leur sert de véhicule.

Je crois donc que nous sommes d'accord, ici, en partie au moins, et que nos divergences ne tiennent qu'à des points de vue différents.

J'oubliais de vous dire que la transmigration fait passer, comme vous le dites, d'un organisme à l'autre, les atomes et les élémentals qui forment nos corps périssables, et que l'immortalité est, par conséquent, sous toutes ses formes, l'apanage de tous les êtres. Que leur corps soit grand ou petit, que leur conscience soit éveillée ou endormie, que leur rôle soit important ou non, ils vivent, ils soɴᴛ, car ils sont des aspects de l'Êᴛʀᴇ-ᴛé.

« Dompter Kama, c'est éteindre le désir, c'est-à-dire l'activité matérielle. Or, tous les progrès réalisés dans l'humanité l'ont été par cette activité dont Kama est la source..... »

Il est certain que, sans Kama, l'homme actuel serait un être mou, indolent, passif, une espèce de mollusque humain qui ne songerait même pas à trouver les moyens de faire vivre son corps matériel. Cela tient à ce que, dans ce que nous appelons l'homme, il n'y a encore qu'une partie bien minime d'humanité. L'homme vrai c'est le corps manasique supérieur ; ce corps n'est qu'un bébé pour le moment, une Essence possédant, à l'état virtuel, la Connaissance totale, mais obligé, pour la développer, de passer par les affres des incarnations terrestres. Les rudiments de cette Connais-

---

(1) Et, *quand il est suffisamment évolué*, dans le Corps causal, l'Ego véritable, le Manas supérieur.

[...] viennent au moyen de [...] intermédiaire obligatoire des principes inférieurs.

Sans corps physique, en effet, il ne toucherait pas la planète grossière ; sans « double » la vie n'entretiendrait pas l'existence du corps physique ; sans corps kamique, les impressions des sens resteraient des vibrations indéchiffrables, — Kama les traduit en sensations. Sans le désir, expression kamique par excellence, Manas resterait rudimentaire, car, insuffisamment développé pour utiliser les moyens d'enseignement que lui offre le plan dévachanique, il flotterait dans un stérile rêve nirvanique inconscient.

Mais, avec le temps, avec les incarnations, il se développe ; sa volonté, sa force, son intelligence augmentent ; de spectateur passif, il devient acteur ; d'esclave, il devient maître. Dès lors, Kama est l'animal dompté, le serviteur obéissant, la Force mise au service de la Raison. Manas s'en sert volontairement pour hâter et compléter son évolution sur le plan terrestre ; et lorsqu'il n'en a plus besoin, lorsque la leçon de la vie physique est apprise, il ne cesse pas d'agir. Il reste actif, mais pour les autres. La paresse est un attribut de Kama, le désir du repos appartient aux véhicules inférieurs. Manas, quand il est développé suffisamment, ne les subit pas ; il agit, il force la bête à marcher, mais il dirige ses efforts dans les sentiers les plus utiles à l'humanité ; il rend meilleures les bonnes entreprises, il rend bonnes celles qui sont mauvaises, il s'efforce d'aider le développement de ses frères, parce qu'il sait que, une fois éveillés, ils deviendront les serviteurs de la Nature et non ses ennemis.

Quand Kama sera dompté partout, l'humanité sera entrée dans l'âge d'or ; le plan terrestre n'aura plus sa raison d'être pour nous ; le Manvantara inférieur touchera la fin de son cycle, et désormais, l'enfer dans lequel nous nous agitons aura disparu pour toujours.

« Si vos penseurs sont de grands penseurs, les savants qui ont renouvelé le monde le sont aussi, et ils sont à vos antipodes. Qui croire ? Ah ! si vous pouviez fournir des preuves matérielles !... »

Les savants ont borné leurs recherches au royaume objectif ; ils ont décrit et classé beaucoup de choses, mais ils en ont expliqué bien peu. Ils ont eu le tort immense de limiter la Vie universelle en refusant de reconnaître la possibilité d'autres états de la substance que ceux qu'ils ont découverts, en niant la pluralité des états de conscience, en jetant l'ostracisme sur ceux qui, après étude des plans invisibles, en ont reconnu et proclamé l'existence.

C'est toujours la même présomption ridicule qui nie ce qu'elle ne croit ou ne comprend pas et voudrait couper les ailes à tous ceux qui ne sont pas de son avis. Nous voudrions que tout ce qui nous entoure pensât, sentît et agît comme nous ; nous trouvons juste ce que nous comprenons, et absurde ce que nous ne comprenons pas ; nous proclamons vrai ce que nous croyons, et faux ce que nous ne croyons pas. C'est naturel à l'esprit humain encore enserré dans les étroites barrières de l'ignorance et de l'inintelligence, oublieux de l'Infini, de l'Univers et des aspects infiniment nombreux de l'Être (a).

Et pourtant, l'histoire des découvertes scientifiques et du développement mental est un réquisitoire bien écrasant pour l'infaillibilité que s'attribue la science et pour les limites qu'elle voudrait imposer à la Nature !

Vous demandez des preuves matérielles ? Je vous assure qu'elles n'ont aucune autorité, telles qu'on les trouve d'ordinaire dans la vie, et que, même dans les cas où elles pourraient être accumulées au point de satisfaire tous les desiderata de la science expérimentale la plus rigoureuse, leur témoignage serait loin d'avoir le caractère persuasif que vous croyez. Je connais un savant, un homme de bonne foi qui, invité à une séance privée de spiritisme, s'assura de la réalité de la lévitation sans contact d'une lourde table, et qui, au lieu d'avouer le fait, se contenta de dire : « Il est vrai qu'*ici* la table est soulevée sans contact, mais je parie 50.000 francs que le même phénomène ne se répète pas *chez moi !* » Allez donc convaincre un individu étouffé par de pareilles incrustations mentales !

Il n'y a qu'un moyen de *s'assurer* par soi-même, c'est de développer les sens astraux, mentaux et spirituels. Il n'est pas très difficile de développer les premiers (les sens astraux) ; dès lors, on peut voir, toucher et entendre sur un autre plan. Il faut alors faire *l'éducation* de ces sens et traduire correctement ce qu'ils transmettent : ceci est plus long, mais alors l'on sait, au moins, que *l'on n'est pas halluciné !*

Quant au temps « perdu » dans la recherche, c'est une erreur de croire qu'un effort puisse être jamais « perdu ». Rien ne se perd, sur le plan matériel pas plus que sur les autres. Chercher la Connaissance c'est en frayer le chemin ; persister dans cette recherche, c'est s'approcher sans cesse du but. Courage, donc, et quoi que vous fassiez, croyez bien que vous n'aurez pas perdu votre temps en accordant quelques pensées au troublant et obscur problème de la Vie.

Un Théosophe.

L'éclair du 19 7bre 1926 (9me année - n° 2853)

ENFANTS DE DIVORCÉS

LA CONDITION DES MINEURS DANS LES CAS DE DIVORCE

**L'obscurité de la loi. — Une réforme à introduire
Qui doit administrer les biens des enfants ?
Les contradictions de la loi. — Entorse
à la logique. — Le droit du
père et l'indignité de l'é-
poux**

La question du divorce était agitée cette semaine, à propos de ce mal marié qui n'avait
qu'un moyen de divorcer : c'était de prendre sa
femme en flagrant délit. La femme y consentait,
mais à la condition que l'adultère ne fût pas constaté au détriment de son cœur. Elle voulait bien
se faire pincer, mais avec un complice autre que
celui de son choix. De là ce vaudeville de l'amant
en location fourni par une agence matrimo-
niale.

La future législature remettra sur le chantier
cette loi du divorce, et un point en sera certainement abordé : celui de la condition des enfants.

Il est d'usage dans les administrations de l'Etat
de recommander aux fonctionnaires et chefs de
services de signaler à qui de droit les réformes et
améliorations dont la nécessité a pu être constatée
au cours des travaux du personnel.

Un des rédacteurs au cabinet du préfet de police, M. Perceval, vient d'être autorisé par ses
chefs à transmettre à la chancellerie du ministère
de la justice un travail intéressant sur cette la-
cune du Code civil. Ce travail sera peut-être la
base de la discussion qui inévitablement va s'ouvrir. Nous sommes heureux de faire à cette solide
et généreuse étude de larges emprunts.

Après le divorce

Les dispositions insuffisantes des articles du
Code civil relatifs à l'administrateur et de la personne et des biens d'enfants de divorcés ont donné
lieu depuis plusieurs années à des contestations
regrettables. « Le père, dit l'article 389, est, durant le mariage, administrateur des biens personnels de ses enfants mineurs. Le code n'a pas prévu
de cas qui puisse éteindre ce droit ou en restreindre
l'exercice pendant la vie du père ; il n'aura la tutelle qu'après la dissolution du mariage arrivée
par la mort de l'un des époux... »

La dissolution du mariage semble donc ne
point priver le père d'aucun des attributs de la
puissance paternelle. Mais d'un autre côté, l'arti-

cle 385 dispose que la jouissance des biens des
enfants mineurs dont les parents sont divorcés,
n'aura pas lieu au profit du père, si le divorce a
été prononcé contre lui.

La contradiction est ici telle que si la jurisprudence ne venait au secours de la législation, les
enfants mineurs de parents divorcés n'auraient
pas d'administrateur légal de leurs biens personnels, puisque le père perd la jouissance de
leurs biens et que la mère ne peut acquérir cette
jouissance tant que le père existe.

En examinant de plus près encore la fausse situation créée par le Code à la mère divorcée à son
profit, au point de vue de l'administration des biens
personnels de ses enfants mineurs lorsqu'elle a obtenu la garde de ceux-ci, on arrive à cette conclusion que si l'article 303 était interprété et appliqué à la lettre, on tomberait dans l'absurdité,
presque dans l'immoralité.

En effet, cet article veut que, quelle que soit la
personne à laquelle les enfants seront confiés, les
père et mère conservent respectivement le droit
de surveiller leur entretien et leur éducation, et
soient tenus d'y contribuer à proportion de leurs
facultés.

Or, d'après l'article 385, cet entretien et cette
éducation sont une des charges de la jouissance
des biens, en sorte que si l'on prive le père de la
jouissance des biens, on lui retire, *ipso facto*, le
droit de surveillance; bien plus, on le décharge
de l'obligation de contribuer à l'entretien et à
l'éducation de ses enfants mineurs.

Si, pour trancher la difficulté, nous avons recours aux commentateurs du Code, nous consta-
tons entre eux des divergences de vues tellement
profondes qu'elles redoublent encore notre incertitude au sujet de l'exercice du droit qui nous occupe.

Les uns, arguant de ce que l'administration légale du père inscrite dans l'article 389 est rigoureusement distincte de l'usufruit légal des père et
mère inscrit dans l'article 384, s'en autorisent pour
maintenir l'administration au père déchu de la
jouissance; d'autres, au contraire, soutiennent
que dans le cas où l'usufruit n'est pas dévolu au
père, l'administrateur de la personne des enfants
doit gérer leurs biens. Un jurisconsulte allemand
voudrait que le père contre qui le divorce a été
prononcé fût déchu de tous ses droits car on le
doit considérer comme mort.

Pour M. Goirand, l'administration légale du
père cesse avec le mariage. Il en conclut que si le
père divorce, il perdra toujours et nécessairement
le droit d'administration légale, même si le divorce a été prononcé en sa faveur, ce droit s'étant

éteint avec le mariage.

Par la même raison, il n'attribue pas le droit à la mère, encore moins au tiers qui serait chargé de la garde des enfants. D'après lui, l'administrateur de la personne des enfants devrait administrer également leurs biens, mais en fait seulement, et non pas en vertu d'un droit découlant de la loi.

M. Baudry-Lacantinerie, qui fait autorité dans les écoles, a cherché à lire entre les lignes du texte et à y découvrir la pensée du législateur sur la matière. Il reconnaît implicitement que cette pensée ne se dégage pas d'une manière très nette.

En résumé, il estime que l'exercice de la puissance paternelle appartient à celui des deux époux qui a obtenu la garde de l'enfant.

L'époux divorcé à son profit et par conséquent le plus digne perdrait donc l'exercice de la puissance paternelle si l'avantage de ses enfants mineurs exigeait que ceux-ci fussent confiés par le tribunal à l'autre époux ou à un tiers.

Textes insuffisants

Il résulte de ce qui précède que rien, ni dans les textes législatifs, ni dans les commentaires des jurisconsultes, ne peut dissiper l'incertitude qui plane sur l'étendue des droits respectifs des parents divorcés sur leurs enfants mineurs, et notamment sur la situation de la mère divorcée à son profit. Le Code civil n'est pas suffisamment explicite et les auteurs, praticiens et théoriciens, l'interprétant au gré de leurs sentiments personnels, épaississent encore l'obscurité qui enveloppe la question.

Il y a là une mine inépuisable de procès. La puissance paternelle est peut-être celui de tous leurs droits civils auquel les parents attachent le plus grand prix. Le divorce peut bien rompre le lien qui enchaînait les époux ; mais, sauf de très rares exceptions, il laisse subsister intact le sentiment de l'amour paternel trop profondément enraciné par la nature elle-même au fond du cœur humain pour qu'il en puisse être brutalement arraché par un arrêt de justice.

Ce n'est pas sans une résistance désespérée qu'un père, même indigne, se laisse ravir l'autorité qu'il exerce naturellement et légalement sur ses enfants et dont les attributs sont le corollaire indispensable ; et il n'hésite pas, dans le but de conserver ou de ressaisir cette autorité, à en appeler à la justice pour lui demander d'interpréter en sa faveur les dispositions incomplètes de la loi.

Jugements sages

Mais, en raison vraisemblablement de l'intérêt matériel et immédiat des enfants qui doit toujours passer avant toute autre considération, la jurisprudence qui tend de plus en plus à s'établir, au moins dans le ressort de la cour de Paris, est plutôt favorable à la mère lorsque le divorce a été prononcé à son profit.

M. Perceval cite trois de ces décisions judiciaires, en choisissant celles dont les motifs lui ont paru le plus topiques.

C'est d'abord un arrêt de la cour de Paris en date du 15 décembre 1886 : « La cour, considérant que la garde de son enfant mineur, confiée par autorité de justice à la mère divorcée, implique non seulement pour celle-ci le devoir de veiller à la protection de cet enfant, mais encore de poursuivre, s'il y échet, la réparation du préjudice qu'il aurait éprouvé par suite d'un délit ou d'un quasi-délit ; que la mère est une sorte de tutrice légale quoique la tutelle ne soit pas ouverte... » Cette doctrine a été admise dans deux autres jugements. Le premier, qui est du 28 octobre 1892, déclare que c'est à la mère qui a la garde de l'enfant mineur d'exercer à la fois la surveillance sur la personne physique et d'exercer aussi en son nom les droits et actions qu'il peut avoir à exercer vis-à-vis des tiers.

Le second pose en principe que « la mère qui a obtenu le divorce contre son mari et à qui a été confiée la garde de son enfant, bénéficie nécessairement de l'administration légale de ce dernier ».

Cette jurisprudence est d'accord avec la logique et l'intérêt des enfants. Mais la jurisprudence n'est pas la loi, et des juridictions différentes peuvent juger en sens contraire.

Une loi à modifier

Cette loi du divorce se ressent forcément de sa naissance hâtive et contrariée. Elle a besoin d'être amplifiée, élargie et éclairée. On se propose à la rentrée, paraît-il, de compléter son libéralisme en permettant à l'époux divorcé d'épouser son complice, ce qui n'est que moral. La question des enfants pourrait être aussi utilement agitée. Le travail que nous analysons en démontre l'urgence.

Il importerait de substituer aux articles 302 et 303 du Code civil, dont les termes sont trop vagues, des dispositions très précises, établissant au sujet de l'administration légale de la personne et surtout des biens personnels des enfants mineurs dont les parents sont divorcés, des règles tellement claires qu'elles s'interprétassent d'elles-mêmes et ne pussent devenir la source d'aucun procès.

Quelles seront ces règles ? Il est inadmissible que les époux divorcés puissent conserver l'un et l'autre des droits égaux sur la personne et sur les biens de leurs enfants mineurs. L'un d'eux doit être nécessairement préféré à l'autre, et il appafait à tous les esprits que celui au profit duquel le divorce a été prononcé et qui a été, conséquemment, considéré comme le plus digne, doit réunir entre ses mains tous les attributs de la puissance paternelle.

Il paraît illogique que l'on n'accorde pas la jouissance du droit à celui qui, en fait, sinon en droit, en a déjà l'exercice, puisque l'exercice n'est que l'effet et la jouissance la cause, et que si l'on conçoit parfaitement qu'un incapable légal ait la jouissance de ses droits civils sans en avoir l'exercice, il est impossible d'admettre qu'une personne soit capable d'exercer un droit dont légalement elle ne jouit pas.

Le seul remède ne serait-ce point d'ouvrir la tutelle, après la dissolution du mariage, par le divorce, de la même manière et avec les mêmes conséquences qu'après la dissolution du mariage par la mort de l'un des conjoints; et de la déférer à celui des époux en faveur duquel le divorce aurait été prononcé, quelle que fût d'ailleurs la personne à qui la garde des enfants aurait été confiée.

La nourriture des enfants

Il n'y aurait qu'à ajouter un paragraphe dans ce sens à l'article 390 du Code civil et à supprimer l'article 303, sauf en ce qui concerne la contribution respective des ex-conjoints aux frais d'entretien et d'éducation de leurs enfants mineurs ; car, si la déchéance de la puissance paternelle doit être une pénalité accessoire du divorce pour celui qui a, par l'indignité de sa vie, rendu nécessaire la dissolution du mariage, l'obligation de nourrir et d'entretenir ses enfants doit être, à plus forte raison, maintenue contre lui. Il serait injuste, voire même immoral, qu'il en fût autrement.

M. Perceval ajoute que la dette alimentaire des père et mère envers leurs enfants mineurs devrait, dans cette circonstance particulière, avoir une sanction pénale.

La société, en effet, doit à l'enfance une protection efficace, et la nécessité de remplir ce devoir sacré justifierait pleinement les mesures de répression qu'elle édicterait contre les parents assez dénaturés pour s'en affranchir.

Le Figaro du 8 octobre 1896 - 42ᵉ année - 3ᵉ série - n° 282 -

au pour Alexandre III . vers de de Hérédia, les par paul Mounet

Pax et Robur.

Très illustre Empereur, fils d'Alexandre Trois !

La France, pour fêter ta grande bienvenue,
Dans la langue des Dieux par ma voix te salue;
Car le poète seul peut tutoyer les rois,

Et vous, qui près de lui, Madame, à cette fête
Pouviez seule donner la suprême beauté,
Souffrez que je salue en Votre Majesté
La divine douceur dont votre grâce est faite,

Voici Paris! Pour vous les acclamations
Montent de la cité riante et pavoisée
Qui, partout, aux palais comme à l'humble croisée,
Unit les trois couleurs de nos deux nations!

Pour vous, Paris en fête, au long du large fleuve
Qui roule dans ses flots les sons et les couleurs,
Gigantesque bouquet de flammes et de fleurs,
Met aux arbres d'automne une floraison neuve.

Et sur le ciel, au loin, ce dôme éblouissant
Garde encor des héros de l'époque lointaine
Où Russes et Français en un tournoi sans haine,
Prévoyant l'avenir, mêlaient déjà leur sang.

Sous ses peupliers d'or, la Seine aux belles rives
Vous porte la rumeur de son peuple joyeux;
Nobles hôtes, vers vous les cœurs suivent les yeux.
La France vous salue avec ses forces vives!

La Force accomplira les travaux éclatants
De la paix, et ce pont, jetant une arche immense
Du siècle qui finit à celui qui commence,
Est fait pour relier les peuples et les temps.

Qu'il soit indestructible, hospitalier à l'hôte,
Que le ciment, la pierre et que le métal pur
S'y joignent, et qu'il soit assez large et si sûr
Que les peuples unis y passent côte à côte.

Et quand l'aube du siècle à venir aura lui,
Paris, en un transport d'universelle joie,
Ouvrira fièrement la triomphale voie
Au couple triomphal qu'il acclame aujourd'hui.

Sur la berge historique avant que de descendre,
Si ton généreux cœur aux cœurs français répond,
Médite gravement, rêve devant ce pont,
La France le consacre à ton père Alexandre.

Tel que ton père fut, sois fort et sois humain.
Garde au fourreau l'épée illustrement trempée
Et, guerrier pacifique appuyé sur l'épée,
Tsar, regarde tourner le globe dans ta main.

Le geste impérial en maintient l'équilibre;
Ton bras doublement fort n'en est point fatigué,
Car Alexandre, avec l'Empire, t'a légué
L'honneur d'avoir conquis l'amour d'un peuple
[libre!

Oui, ton père a lié d'un lien fraternel
La France et la Russie en la même espérance:
Tsar, écoute aujourd'hui la Russie et la France
Bénir, avec le lien, le saint nom paternel.

Achève donc son œuvre. Héritier de sa gloire,
De ta loyale main prends l'outil vierge encor,
Etale le mortier sous la truelle d'or,
Frappe avec le marteau d'acier, d'or et d'ivoire

Viens!... Puisse l'avenir t'imposer à jamais
Le surnom glorieux de ton ancêtre Pierre,

Noble Empereur qui vas sceller la pierre,
Granit inébranlable où siégera la paix!

à l'académie française — vers de François Coppée

**A Lèurs Majestes l'Empereur et l'Impératrice
de Russie**

Dans cet asile calme où le culte des lettres
Nous fut fidèlement transmis par les vieux maî-
[tres,
Ainsi que le flambeau de l'antique coureur,
A ce foyer, dans cette atmosphère sereine,
Bienvenue à la jeune et belle souveraine!
    Bienvenue au noble Empereur!

Votre chère présence est partout acclamée
Par l'imposante voix du peuple et de l'armée
Emus de sentiments profonds et solennels;
Et, sur la foule heureuse et de respect saisie,
Vous voyez les couleurs de France et de Russie
    Palpiter en plis fraternels.

Tous les vœux des Français vont, Sire, au fils
[auguste
Du magnanime Tsar, d'Alexandre le Juste;
Car en vous son esprit pacifique est vivant.
Vous, Madame, devant vos yeux purs et sincères,
Dans les groupes charmés, vous entendez les
[mères
    Vous bénir, vous et votre enfant.

Ici s'éteint le bruit dont un peuple s'enivre.
Nous pouvons seulement vous présenter ce livre
Qui garde ce trésor : la langue des aïeux;
Mais, chez nous, c'est la France encor qui vous
[accueille,
Et vous lirez le mot « amitié » sur la feuille
    Qu'elle place devant vos yeux.

Puis nous évoquerons notre gloire passée,
Nos devanciers fameux, princes de la pensée,
Corneille, Bossuet, tant d'autres noms si beaux,
Avec l'orgueil de voir nos souvenirs splendides
Honorés par vous, Sire, ainsi qu'aux Invalides,
    Vous saluez nos vieux drapeaux.

Enfin, bien à regret — l'heure si tôt s'écoule —
Nous vous rendrons tous deux à l'amour de la
[foule
Au grand Paris offrant son âme en ses clameurs;
Mais pour vous suivre aussi dans cette ardente
[fête
Où vous êtes portés, comme a dit un poète,
    En triomphe sur tous les cœurs.

*aux Français — vers de Clarétie lus
par mounet-Sully*

I

Il est un beau pays aussi vaste qu'un monde
Où l'horizon lointain semble ne pas finir,

Un pays à l'âme recueillie,
Très grand dans le passé, plus grand dans l'avenir.

Blond du blond des épis, blanc du blanc de la
[neige,
Ses fils, chefs ou soldats, y marchent d'un pied
[sûr,
Que le sort clément le protège,
Avec ses moissons d'or sur un sol vierge et pur !

II

C'est une terre hospitalière
Qu'aime notre art et qu'il bénit,
Où les serviteurs de Molière
Souvent ont retrouvé leur nid

Quand la volonté souveraine
Donna complaisamment accès,
Comme au cortège d'une reine,
Aux muses de l'esprit français

Et d'une indulgente tutelle,
Parmi les théâtres rivaux
Honora la scène immortelle
De Corneille et de Marivaux.

Quel chapitre de notre histoire
Que d'entendre en toutes saisons
Comme un écho de notre gloire !...
Car Molière avait deux maisons !

Si bien qu'au pays de Pouchkine
De l'idéal classique épris,
S'il vivait, le tendre Racine
Se croirait encore à Paris.

C'est là qu'avec leurs interprètes
Le génie ardent et chercheur
De nos plus modernes poètes
Fut accueilli dans sa fraîcheur.

Pétersbourg prit, pour ses soirées,
Nos auteurs avant le succès
Et ses louanges désirées
Nous les ont rendus plus français.

C'est ainsi que, sous la fourrure,
Un jour le *Caprice* arriva
Comme une nouvelle parure
Des bords amis de la Néva ;

Et Paris mit sur son épaule,
Tout ébloui de le revoir,
Ce joyau revenu du pôle
Qu'il fera rayonner ce soir.

III

Et c'est pourquoi, mêlés aux fêtes solennelles
Traducteurs passagers des œuvres éternelles,
Pour les poètes morts qui parlent par leurs voix,
Les humbles serviteurs du logis de Molière
S'inclinent tous devant la sereine lumière
Du père d'un grand peuple aux glorieux exploits !

Ici, tout est bonheur ; aujourd'hui, tout est joie ;
Molière se ranime et sa maison flamboie

C'est du Nord maintenant que nous vient l'espé-
Et le respect ému de notre chère France [rance,
En hymnes radieux jaillit de notre cœur !

Trois femmes, s'avançant tour à tour :

IV

Mlle REICHENBERG

Nous qui sommes de simples femmes,
Unissons nos vœux précurseurs
A tout ce fier concert des âmes,
Au nom des mères et des sœurs.

Mme BLANCHE BARRETTA

Qu'un bonheur fidèle accompagne
Dans leur impérial séjour
Notre hôte illustre et sa compagne
D'un rayon de gloire et d'amour.

Mlle BARTET

Qu'à la sainte et forte Russie,
Sous le clair rayon du ciel bleu,
La France à jamais s'associe
Pour les grandes œuvres de Dieu !

A ce vers heureux que M. Mounet-Sully dit avec une grande émotion :

C'est du Nord, aujourd'hui, que nous vient
[l'espérance !

la salle entière applaudit à tout rompre,
l'Empereur lui-même, qui, hier, n'avait
pas applaudi une seule fois, — comme
l'étiquette officielle l'exige, paraît-il, —
l'Empereur lui-même bat des mains.
Un entr'acte de huit minutes pendant
lequel le Président s'entretient avec les
souverains, se penchant à droite et à
gauche avec désinvolture. Puis de nouveau, le rideau se lève sur le *Caprice,*

Paris du 9 octobre 1896 — Langue ...... d'ouverture —

LA
FÊTE DE VERSAILLES

A la cérémonie de Versailles, les vers suivants, de M. Sully-Prudhomme, membre
de l'Académie Française, vont être récités par Mme Sarah Bernhardt.

Je dormais dans ces bois où, depuis vingt-cinq ans,
Ni le bruit des combats, ni la rumeur des camps
Ne troublaient plus l'asile ombreux de mon long rêve ;
A peine un cri d'enfant, un branle de berceau,
Un froissement de feuille à l'essor d'un oiseau
Coupaient le labeur grave et muet de la sève.

Je dormais, quand soudain je sentis frémir l'air
Et près de mon côté le sol antique et cher
Tressaillir, et vers moi palpiter le bocage.
Frissonnante à mon tour j'eus un éclair d'effroi...
Mais le buisson s'ouvrit, et l'ombre du Grand Roi
M'apparut souriante et me tint ce langage :

« Nymphe immortelle, écoute et viens à mon secours.
Un couple impérial, espoir des nouveaux jours,
Veut visiter ma gloire embaumée à Versailles.
Je ne suis plus qu'un spectre, un voile éteint ma voix
Que la tienne, sonore et suave à la fois,
En soit le vif écho dans ces nobles murailles.

« Mes hôtes sont les tiens, prends ma place auprès d'eux :
Traduis pour leur couronne et leur race mes vœux ;
De mon règne en exemple offre-leur ce qui dure,
Apprends-leur à quel peuple ils ont tendu la main,
Et quel génie ici, plus que moi souverain,
Plus que moi conquérant, a vaincu la Nature ;

« Comment, à mon appel, tous les arts en ces lieux,
Vouant à l'Idéal un temple harmonieux,
D'un rendez-vous de chasse, abri sombre et sauvage,
Ont su faire, ô prodige ! un rendez-vous sacré
Pour deux peuples unis fièrement, de plein gré,
Par l'attrait mutuel d'un beau nœud sans servage.

« L'Épouse auguste est là : va lui dire en mon nom
Que les Grâces lui font leur cour à Trianon
Comme à leur jeune sœur que le bandeau fait grande.
Le fils des Romanoff m'apporte ses saluts :
Au seuil du palais vaste où je ne brille plus
Il sied que dans tes yeux mon soleil les lui rende !

« Ah ! depuis que la tombe a refroidi mes os
J'ai longtemps médité sur l'emploi des héros,
Mais n'importune pas de ma science amère
Un prince que son sang nous convie à fêter .
Pour bien faire il n'a pas de maître à souhaiter,
J'ai déjà reconnu son modèle en son père.

> [...] [illegible] a pris racine en lui
> [...] en est douce à cueillir aujourd'hui.
> Nymphe, reçois-le donc, de mon lustre vêtue,
> Sois tendre à sa compagne, au front de leur enfant
> Pose, au nom de la France, un baiser triomphant
> Pour que la foi jurée aux cœurs se perpétue ! »

Sully-Prudhomme.

L'Intransigeant du 11 octobre 1896 — n° 5933.—

ADIEU AU CZAR

———

En ces radieux jours de fête,
Devant Paris illuminé,
Nul ne m'a dit : « Allons, poète,
« Chante ce pass[...] [illegible] La
Car les chefs de [illegible]
Etouffant ma str[...] [illegible]
Sous les voix [illegible]
Savent que, [illegible]
Je n'ai jamais flatté les [illegible] ;
Qu'ils aient un [illegible] ou non.

Ma Muse, mod[...] [illegible]
Libre [illegible] de[...] [illegible]
N'errait point au[...] près du Céphise,
Avec une Platon[...] [illegible] ;
Pendant que le t[...] doux Coppée,
Apprivoisant l'[...] épopée,
Sœur de la louve de Remus,
T'offrait, [illegible] apothéoses !
[illegible]
Dans le [illegible]

Sur l'estrade qui s'illumine,
Loin des harangueurs importuns,
Je n'avais point ceint ma poitrine
Avec l'écharpe des tribuns;
Tandis qu'un beau sculpteur du Verbe
Te déroulait souriant superbe,
Ainsi qu'un fastueux décor,
Et que ta main impériale,
Pour fonder l'arche colossale,
Soulevait la truelle d'or.

Je regardais à ma fenêtre,
D'un œil douloureux et clément,
Une vague étoile renaître
Dans l'énigme du firmament,
Quand Mounet-Sully, tonnant d'aise,
Te tendait la verve française
Comme une coupe de vieux vin,
Ou que la Nymphe de Versailles
Surgissait au creux des broussailles,
A l'appel d'un chantre divin.

Or, puisque mon pays t'escorte,
Sans peur du gouffre et du trépas ;
Puisque la France, jamais morte,
S'est levée au bruit de tes pas;
Puisque, grâce à toi, les épées
Se sont en un faisceau groupées,
Il ne sera pas dit, César,
Que je n'aurai point, comme un autre,
Salué de mon cri d'apôtre
La roue altière de ton char!

La Vérité, toujours plus belle
Aux yeux du juste et du martyr,
Ne serait plus une immortelle,
Si le poète osait mentir.
C'est elle seule qui me guide :
Je prends ton coursier par la bride,

Dans l[...] [...] ta voix ;

Va, retourn[...] [...] blanches,
Vers ton [...] [...] changeant,
Où la neige [...] éclat [...] branches,
Pleuvoir des étoiles d'argent ;
Assieds-toi dans l'orgueil du trône,
Puisque, pour briser ta couronne,
Tes foules n'ont pas de marteau ;
Et regarde avec un sourire
Monter et bouillonner l'Empire
Sous les plis droits de ton manteau !

Mais, au nom du sceptre et du glaive,
Garde [...] bien, sous d'autres cieux,
[...] promesse du rêve
Que nous avons lu dans tes yeux :
Et le temps de [...] où nous sommes,
Pense quelquefois, pasteur d'hommes,
[...] ce [...] Paris triomphant
Qui, [...] trahir sa République,
Rapportait en joie homérique
Du grand peuple et de grand enfant !

Dans tes palais aux murs sévères,
Rappelle-toi, d'un [...] [...],
Que nous avons levé nos verres
A la gloire de tes aïeux,
Que la foule haute et profonde
Apaisait le bruit de son onde
Autour d'un berceau qui t'est cher,
Et qu'aux pieds de l'heureuse épouse
Toutes les fleurs de la pelouse
Tournoyaient en bouquets dans l'air.

Te jetteront leur anathème,
A voix basse et déguisée...
« Honte ! diront-ils, mille fois honte
« A ce chef couronné qui monte
« Chez la Marianne aux flancs nus,
» Et qui, sans peur de la risée,
» S'est fait offrir à l'Elysée
» La gueuse en marge des menus ! »

Dédaigne-les, poursuis ta voie
Entre les rangs de tes licteurs,
Cependant qu'ils seront en proie
A la salive des rhéteurs ;
Ou bien réponds-leur, débonnaire,
Que ce qu'ils nomment leur tonnerre
Ne ferait pas fuir un oiseau,
Que ton vin méprise leur lie,
Que leur couronne t'humilie
Et que leur sceptre est un roseau !

Espérance trompée !
Assez de chants et de discours !
Quand on le signe avec l'épée,
Le traité est signé pour toujours.
Sois juste, souviens-toi, Sire,
Des poètes avec la lyre,
Des soldats avec le drapeau !
Les deux peuples marchent ensemble
Il faudra que le boucher tremble,
S'il veut ressaigner le troupeau !

Et puis, car j'ai le droit de dire
Tout ce que l'Esprit m'a dicté,
Sois juste, élargis ton Empire
Du côté de la liberté.
Pèse le juge et les sentences ;
Reste économe de potences,
Devant le ciel profond et clair ;

Quand tu secoues des nuits la corde
.... dans les anneaux de fer !

Le chêne envolé dans la brise,
Tout berçant des jours vécus,
S'indigne quand on l'utilise
A l'horrible .... vaincus ;
L'herbe qui fleurit sur les bières
Aurait vite empêché les pierres
De te blesser, si tu tombais ;
Le chanvre blond aux tiges lisses
Ne pousse pas pour les supplices
Et n'est point fait pour les gibets

Nous aider à tuer la guerre
Dans les camps et sur les pavés,
Délivrer tous ceux qui naguère
Rampaient sous les bâtons levés,
Servir la paix, bannir la haine,
Déchaîner la justice humaine
Sur les reîtres pâles d'effroi,
C'est se laver devant l'histoire,
Dans de la véritable gloire,
Du crime auguste d'être roi !

CLOVIS HUGUES

Le Figaro du 11 septembre 1895 – 42ème année – 3ème série – n° 255 –

Napoléon interviewé

Guernesey, août 1895.

Les îles de la Manche ont toujours été pour l'Empire, que l'empereur s'appelât Napoléon Ier ou Napoléon III, des ateliers de colères, des refuges d'adversaires. C'est à Jersey que les émigrés royalistes aiguisaient leurs pamphlets contre le premier consul, fabriquaient de faux billets pour lui faire la guerre. On montre encore là-bas une tour où gazettes et faux billets sortaient à la fois, comme d'une usine. *Les Châtiments*, plus tard, ont aussi été écrits là, en partie.

Je suis certain qu'en feuilletant les bi-

blio   verait,
sur cette   n   histoire que
Marbot,   ult, Lejeune, Castellane,
Macdonald —tant d'autres !—ont remise
à la mode, bien des documents curieux.
Pour moi, je viens d'en rencontrer un,
dans la bibliothèque Guille-Allès, qu'on
m'a montré avec le sentiment de respect
que ressentent les collectionneurs pour
les livres introuvables—un gros volume
où revit, heure par heure, en quelque
sorte, le drame de juin 1815, le retour de
l'île d'Elbe, Waterloo, et ce volume, le
très aimable bibliothécaire a bien voulu
me le confier pour quelques heures, afin
de me permettre d'y prendre, en le
feuilletant, quelques notes.

*_**

C'est un journal écrit en français et
publié à Guernesey pendant cette cruelle
période de notre histoire : 1814, 1815,
dont M. Henry Houssaye s'est fait le plus
récent et le dramatique historien : — *le
Miroir politique, journal hebdomadaire !*
On peut y suivre en quelque sorte,
comme on le ferait pour un des événements d'aujourd'hui, la dernière aventure de Napoléon, étape par étape.

— Les Guernesiais — me disait fine-
ment M. Edouard Lockroy, qui travaille, à
Hauteville-House, à un livre sur la marine
destiné à faire sensation et à projeter
bien des clartés sur le redoutable problème national — les Guernesiais sont,
au bord de leur île, comme sur le rebord
d'une loge, des spectateurs qui regardent
passer l'Histoire.

Oui, mais, parfois — comme en 1815
— ces spectateurs se passionnent, s'exal-
tent, applaudissent et sifflent. Ils sifflent surtout. *Le Miroir politique* en
est la preuve. « Ce journal, » dit un
avis au lecteur, « est publié tous les
» samedis, à sept heures du matin, à
» l'office du *Miroir politique*, n° 185, au
» bas du Pollet et à la maison oc-
» cupée par le capitaine Champion au
» Marché. On le porte avant midi chez
» les différents souscripteurs des envi-
» rons de la ville. Le prix de l'abonne-
» ment est de 6 schellings par an, et,
» pour la feuille détachée, 3 pennys. »

La feuille détachée, c'est la feuille
d'annonces. *Le Miroir politique*, qui
semble avoir inventé l'*interview*, a devancé Girardin comme annoncier.

L'*interview* ! l'*interview* moderne !
Oui, cette indiscrétion attirante, fati-
gante, mais si vivante et parfois si diver-
tissante, *interview*, plaie et plaisir du
journalisme contemporain, le journalisme anglais, le journalisme guernesiais, l'a pratiquée dès 1815. Qu'est-ce
en effet, sinon une *interview* que cette
*Conversation de Bonaparte avec M. Sil-
verthorpe, Anglais, dans l'île d'Elbe*, publiée par *le Miroir politique* ?

Rien de plus curieux d'ailleurs que ce
dialogue que l'on sent pris sur le vif.

— Vous êtes Anglais ? demande Napoléon.

— Oui, sire.

Et le « souverain de l'île d'Elbe » se
livre à son interlocuteur, parle, va,
vient, juge. Ses paroles ont l'accent de
la sincérité et le son de la colère. On y
retrouve le pittoresque et aussi l'humeur
de mégalomane dont parle Taine.

— Metternich se croit un diplomate
et il ne l'est pas. C'est un menteur et un
grand menteur.

» Le roi de Prusse se croit un sol...
ce n'est qu'un caporal. Après tout, il est
bon homme, un très bon homme. »

Puis, s'interrompant :

— Est-ce qu'on me lapiderait en Angleterre ?

M. Silverthorpe répond du contraire
et, en bon *reporter*, profite de son agréable réponse pour demander à Napoléon
quel but politique il poursuivait, ou
quel était son espoir en ses années de
campagnes haletantes.

Napoléon répond franchement :

— Etre maître du continent et de l'Europe.

— Et ensuite ?

— De forcer votre nation à être juste.

Il ne désarme pas, on le voit, devant
l'Anglais.

Puis il revient aux jugements sur les
hommes. Il se venge d'un mot. Il est
trop sévère pour Joachim Murat, qui
bravement va mourir pour lui :

— Murat, c'est un homme qui n'a
point de tête, pas une seule idée militaire.

il est un jour de bataille. Quand il [re]çoit des ordres, il salue et pique des [d]eux. C'est un dieu jusqu'à cinq heures [d]u soir.

— Et le Pape ?

— Le Pape est un vieux moine !

Il est assez curieux, encore un coup, [d]e voir le *Miroir politique* inaugurer ce [s]ystème de l'*interview* qui est la vie — [o]u la fièvre — de la publicité actuelle. [Et] quel bon sujet à *interviewer* que [Na]poléon captif !

***

[Ca]ptif ? Pas longtemps. Il s'échappe, [hé]las, de l'île d'Elbe où M. Silverthorpe [l'a] interrogé, et il débarque au golfe [J]uan. *Le Miroir politique* annonce, en [g]rosses lettres, l'*ÉVASION DE BONA-PARTE*; puis, parlant de « l'usurpateur heureux » que l'Europe va de nouveau combattre, le journal publie un article, hélas ! prophétique, intitulé : *la Débâcle.*

Un jour, il annonce que, d'après une nouvelle encore incertaine, « le colonel Campbell aurait brûlé la cervelle à Bonaparte » — ce Bonaparte que les Anglais appellent, par dérision, *Boney.* Un autre jour, le 18 mars 1815, *le Miroir* apprend à ses [le]cteurs que « les Jacobins se confédèrent dans les grandes villes, et Bonaparte, [f]raternisant avec eux, leur promet des [ar]mes qu'il n'a pas encore osé leur con[fi]er ».

Ce même jour, la vie intime continuant [m]algré ces orages de la vie politique, le [j]ournal donne la liste des logis à louer [—] et, parmi eux, « deux magasins et un [g]aletas » — puis, au *Théâtre Royal,* la [c]omposition de la troupe française :

« Les artistes dramatiques français ont l'honneur de prévenir le public que, conformément à son désir, ils viennent de compléter leur troupe et qu'ils attendent, sous peu de jours, quatre nouveaux sujets. M. Armand, qui [j]ouit en France d'une fort bonne réputation, remplira dans ladite troupe l'emploi des comiques; M. Tony, celui des premiers amoureux, et Mme Belier, celui des caractères, mères nobles et duègnes. »

Cependant — autre attraction qui fait [un] contraste ironique avec les apprêts [des] batailles prochaines — « le sieur Giusti, Sicilien, un des premiers physiciens de l'Italie, professeur de mécanique, donne des spectacles de magie blanche chez M. Masurier, charpentier au Haut-Pavé ».

Et peut-être M. Tony, M. Armand et Mme Belier, la duègne, sans parler du Sicilien Giusti et de sa magie blanche, intéressent-ils autant les Guernesiais que *Boney* rentré aux Tuileries !

***

Non. *Boney* les préoccupe, *Boney* les terrifie. Les articles redoublent, dans *le Miroir politique,* hostiles à Bonaparte, féroces contre « Ney, Carnot et *leurs complices* ». Les alinéas consacrés à Ney sentent déjà la poudre de la fusillade future. O les cruautés des réactions ! Veut-on savoir comment ce *Miroir politique* apprendra à ses lecteurs l'assassinat du maréchal Brune ? — « Une lettre de Lyon nous annonce que Brune, à Avignon, *s'est brûlé la cervelle.* Le cadavre a été placé sur la claie, promené ignominieusement dans les rues et jeté ensuite dans la rivière. » Voilà. Devinez donc le crime affreux, le lâche assassinat, sous ce prétendu suicide !

D'un autre côté, *le Miroir politique* fait croire que Napoléon est revenu à Paris pour se venger au moins de quelques serviteurs infidèles :

« On dit que, dans ses proclamations, Bonaparte parle d'un pardon général dont il n'excepte que les maréchaux Marmont et Augereau ; quelques personnes ajoutent que Talleyrand est aussi excepté (25 mars). »

Cependant des nouvelles plus graves — et malheureusement plus réelles — sont données par le journal guernesiais. On entend, semble-t-il, en lisant ces informations, le pas lourd des *alliés* en marche :

« Il part tous les jours des troupes qui vont renforcer l'armée *que le duc de Wellington conduira de nouveau à la victoire.* »

Le Miroir raille aussi la garde nationale parisienne qui acclame l'aigle après avoir salué les lis :

> Le mois passé, trente mille bourgeois
> Disaient au Roi : « Prince, soyez tranquille,
> » Comptez, comptez sur nos bruyants exploits.
> » Nous répondons du salut de la ville !
> » Nous battrons tout, morbleu ! n'ayez pas peur ! »
> L'Empereur vient, le Conseil perd la carte
> Et nos braves bourgeois ont-ils montré du cœur ?
> — Ils ont battu..... des mains pour Bonaparte !

Tout à coup, cette nouvelle tombe, comme un coup de foudre, le 19 juin, et *le Miroir* la donne en hâte :

« Hier, vers cinq heures du soir, Louis XVIII a reçu une dépêche du duc de Wellington, écrite à la hâte, et l'extrait suivant en a été montré à Gand chez le Roi : « Bonaparte a été entièrement » repoussé à Genappe. La bataille a été » très sanglante et le duc de Brunswick » a été tué à la tête de ses braves Brunswickois. Les troupes anglaises ont beaucoup souffert; le duc de Wellington a » écrit du champ de bataille qu'il est à » la poursuite de Bonaparte avec le maréchal Blücher. »

La dépêche ajoute — faussement :

« Murat était avec Bonaparte. »

Ce n'est pas à Genappe que Bonaparte a été vaincu, c'est à Waterloo. Genappe, c'est la chaussée où l'on a sabré la cohue des vaincus. Napoléon est tombé. *Boney* n'a plus d'armée. Maintenant, *le Miroir politique* pousse des cris de joie. Le lieutenant-gouverneur, le général Doyle, préside des meetings où l'on ouvre, à Guernesey, des souscriptions pour honorer Wellington, secourir les blessés.

Les poètes chantent le vainqueur :

> Great Wellington, Britannia's pride...
> The bravest chief of this...

Le Parlement anglais vote au « duc de fer » une récompense nationale de 200,000 livres (5 millions de francs).

Il faut de l'argent, du reste, et la *Waterloo's Suscription*, dont John Doyle est le *chairman*, a besoin de guinées.

Blücher écrit, en effet, au Comité de souscription pour les blessés : « Mes pauvres troupes ont acheté ces succès au prix de vingt mille de leurs camarades. »

Je trouve cette lettre du feld-maréchal à côté de ce renseignement qui semble

plus tragique encore aujourd'hui, quand on songe au palais incendié disparu :

« La grande salle du palais de Saint » Cloud, où Bonaparte donnait devant » ses audiences, sert actuellement d'atelier aux tailleurs et cordonniers du » 1er régiment d'infanterie silésienne. »

***

Alors les insultes pleuvent, en vers et en prose, dans *le Miroir politique*, contre Napoléon vaincu : un rimeur italien, compatriote peut-être du sieur Giusti, décoche à *Boney* ces sottes injures qui plaisent peut-être aux émigrés de Guernesey :

> O trop et trop cruel Napoléon !
> De Brunswick que n'as-tu le renom ?
> Tigre et turbulent Pygmalion,
> Sans mœurs, même sans religion,
> Perturbateur à tout extrême,
> Archi-ramasseur de diadème,
> Infernal qui n'étais que trop connu sur la terre,
> Tâche donc maintenant de ravager l'Angleterre !
>
> Del signor ROSETTI.

Une note spéciale nous apprend que le *Signor*, comme il s'appelle, n'est pas sans courage en publiant ces étranges vers : « M. Rosetti a reçu une lettre anonyme, hier, à trois heures, par laquelle on lui fait des menaces si toutefois il fait paraître cet écrit ci-dessus dans cette feuille. Quelle en est la raison ? »

La raison est facile à deviner. Mais Rosetti ne s'émeut pas, car je retrouve les vers de sa manière dans un des numéros suivants :

> Royaliste !
> Malgré vent et marée
> Marche à ta destinée,
> Méprisant toujours l'*anonyme*
> Dont enfin tu es la victime.

Victime ! Rosetti aurait-il trouvé, sur son chemin, quelque grenadier de la garde échappé du dernier carré ?

***

Et pendant que Rosetti *rime*, *Boney*, qui, un moment, a voulu tenter, sous les murs de Paris, le sort d'une bataille suprême, Bonaparte, qui a retrouvé sous la main de Davout des soldats encore résolus, Napoléon, qui part de la Malmaison — asile de ses premiers rêves — s'embarque sur le *Bellérophon*. Lord Castlereagh reçoit de Talleyrand cette dépêche :

« J'ai l'honneur d'informer Votre Seigneurie que Napoléon Bonaparte, en pouvant pas échapper aux croiseurs anglais et aux gardes détachés sur les côtes ; a pris la résolution d'aller à bord du vaisseau anglais le *Bellérophon*, capitaine Maitland. »

Le Miroir politique, lorsque Napoléon est à bord du *Northumberland*, publie une conversation des plus curieuses entre l'Empereur vaincu, lord Lowther et l'Honorable M. Lyttelon.

Et c'est encore, c'est toujours une *interview* à laquelle, du reste, Napoléon se prête avec une sorte de bonhomie hautaine, ferme devant ses vainqueurs, la tête aussi droite, le geste aussi bref, le verbe aussi net qu'en ses jours de toute-puissance.

M. Lyttelon interroge et, je le répète, aussi vigoureux de propos qu'avant la défaite, Napoléon répond nettement, jugeant toujours en maître les hommes et les choses.

Il ne croit pas à la durée des Bourbons.

— La duchesse d'Angoulême est le seul homme qu'il y ait dans la famille. Il faut à la France un homme comme moi. Louis XVIII aime trop la bonne chère et les bons mots.

On lui rapporte précisément ce *mot* de Louis XVIII :

« Le *cœur du tyran* (c'est *Boney*) *vaut mieux que sa tête.* »

Et son interlocuteur lui dit :

— Le Roi n'a pas haute idée de vous.

— Ni moi non plus ! répond Napoléon.

Il ajoute dédaigneusement, en faisant allusion au retour de l'île d'Elbe :

— J'ai fait la guerre à Louis XVIII, et je l'ai vaincu avec quelques centaines d'hommes.

Et, comme on lui parle d'Alexandre, du beau Tsar de Tilsitt, qui le séduisit un moment :

— Dieu me garde des Russes ! dit-il en regardant Bertrand et haussant les épaules.

Là, Napoléon n'était qu'à demi prophète : « Dans cinquante ans, l'Europe, disait-il, sera républicaine ou cosaque. » L'Europe, hélas ! se féodalise, au contraire. Mais c'est la France qui est, à la fois, républicaine et russe.

***

Les derniers mots de l'*interview* de César tombé ont une philosophie amère qui n'est point sans grandeur. On les connaît, je crois, mais ces propos, le journal *immédiat*, la note précise du *reporter* nous les donnent sans art, sans apprêt, aussi nets qu'une sténographie.

L'interlocuteur qui a pris de *Boney* un véritable *instantané*, comme on dirait aujourd'hui, décrivant son costume, le col qui lui enserre le cou, les plis de la culotte sur le ventre gras, a la courtoisie de lui dire, à la fin, pour le consoler de sa chute, que « le respect de tous les Anglais qui, en barques, tournent autour du navire pour apercevoir Napoléon » l'accompagne et lui rend hommage.

— Tout le monde vous salue.

L'Empereur devient ironique.

— Oh ! dit-il ; il y a aussi beaucoup de curiosité. On veut voir la *bête curieuse* pour dire qu'on l'a vue.

Et, alors, avec un geste de résignation brusque, il ajoute :

— Bah ! tout doit avoir une fin !

Mot d'aventurier sublime ou de profond philosophe, comme on voudra. « Tout doit avoir une fin ! » c'est Castruccio Castracani tournant au Marc-Aurèle. Mais quelle joie d'historien j'ai ressentie à feuilleter ce journal inconnu, à saisir, en quelque sorte sur le vif, l'homme, les événements, les incidents et les acteurs du drame d'il y a quatre-vingt-un ans, drame qui saigne encore — malgré Sedan, malgré 1871, — la plaie d'hier, la plaie toujours fraîche, le sang toujours rouge !

Jules Claretie.

Le Figaro du 22 octobre 1896 — 42ᵉ année — 3ᵉ série — n° 296

Le Monopole de l'Alcool

I

LA LEÇON DU TABAC

Il a fallu dix ans pour qu'on s'en occupât. La question valait pourtant la peine d'être tirée au clair. Huit cents millions de plus dans le budget, pour amortir la dette qui nous écrase, ou pour supprimer des impôts de valeur correspondante; la santé publique, l'avenir de la race compromis par l'abus d'alcools impurs, véritable poison répandant de proche en proche la folie, le crime, la mort, sauvés au contraire par l'usage d'alcools débarrassés des principes qui les altèrent et les rendent si funestes : — tel était, tel est encore le programme des partisans du monopole de l'alcool.

Et le système ne se présentait pas comme une chimère, ni sans grave patronage. Il avait fonctionné en Russie. Les physiologistes, les chimistes les plus autorisés soutenaient que les ravages de l'alcool sont dus aux impuretés résultant d'une distillation imparfaite et qu'ils ne sauraient être produits par l'alcool éthylique pur ($C^4 H^6 O^2$, disent les Lavoisier)s.

Il fallait donc mettre au plus tôt à l'étude une telle question, savoir définitivement à quoi s'en tenir.

M. Rouvier, ministre du commerce, nomma bien une Commission spéciale, en 1887, pour examiner les réformes à introduire dans le monopole des boissons, mais le régime de l'alcool fut écarté systématiquement. Il n'en mourut pas, au contraire. Il est revenu devant la Chambre actuelle, qui a demandé au gouvernement de faire ce qui ne l'avait pas encore été, et nous saurons bientôt, à coup sûr, le résultat de l'enquête approfondie à laquelle M. Cochery a fait procéder.

En attendant, il est nécessaire d'indiquer dans quelles conditions le problème se pose. Avocats et adversaires du monopole de l'alcool font en effet un peu trop bon marché, réciproquement, des motifs à l'appui de l'opinion qu'ils combattent.

« J'ai cherché la vérité, sans parti pris, disait Locke, et je suis allé où elle m'a conduit. »

Imitons-le.

***

Tout d'abord, écartons résolument la fin de non-recevoir opposée par certains économistes au monopole de l'acool parce qu'il est un monopole.

« Monopole » n'est pas plus une raison contre que « tarte à la crème » n'est une raison pour. Un monopole en faveur de l'Etat est en faveur de tout le monde, de tous les contribuables, de tous les citoyens, et, par conséquent, n'est plus un monopole, puisque chacun en profite.

Toute la question est de savoir d'abord s'il y a profit, ou profit suffisant; c'est une balance à établir entre les avantages et les inconvénients, entre les bénéfices et les charges; — puis, de savoir s'il est possible d'organiser le système et dans quelles conditions.

Ce programme paraît simple; il tient en cinq ou six lignes : c'est tout un chaos à débrouiller. Nous avons heureusement la bonne fortune de posséder déjà un monopole d'Etat en plein fonctionnement, en pleine prospérité; c'est le monopole du tabac, qui semble fait exprès non seulement pour nous procurer *un million* de recettes *par jour* sans gêner personne, mais encore pour nous fournir sur notre problème les lumières les plus précieuses.

Sans doute le tabac et l'alcool ne sont pas produits, exploités, consommés dans des conditions identiques, mais les différences seront ici aussi instructives que les ressemblances.

***

Personne aujourd'hui ne conteste sé

[...]ment les services du monopole du tabac ; il n'est pas d'impôt plus productif pour le Trésor, plus commode à percevoir, moins onéreux pour le contribuable, qui ne le paye que s'il le veut et dans la mesure où il le veut. Il le paye même agréablement ; car c'est par plaisir, paraît-il, — pour eux-mêmes, sinon pour leurs voisins, — que les fumeurs répandent dans les airs ces nuages légers et nauséabonds, qui retombent en pluie d'or dans les caisses de cet excellent M. Cochery.

Mais cette heureuse situation n'a pas été obtenue sans luttes ni vicissitudes !

Toutes les objections formulées aujourd'hui avec tant de force contre le monopole de l'alcool le furent jadis contre le monopole du tabac — à la lettre, mot pour mot.

Et tous les motifs qui déterminèrent le monopole du tabac furent, identiquement, ceux qu'invoquent aujourd'hui les partisans du monopole de l'alcool.

A l'origine, l'usage de *l'herbe à la Reine*, après avoir été libre de toute taxe et de toute formalité pendant plus de soixante ans, fut soumis seulement à un droit de douane. Le premier impôt, du 17 novembre 1629 — (on voit bien que ce tyran de Richelieu venait de recevoir le titre de premier ministre et de surintendant du commerce) — fut de 30 sols par livre sur les tabacs étrangers ; ceux des colonies françaises restant exempts, afin d'encourager leur culture.

Qu'arriva-t-il ?

Quelquefois 30 sols, mais plus souvent la contrebande ; la fraude sous mille formes. Le Pallain de l'époque y perdait son latin. Il fallut taxer aussi les tabacs de nos colonies, avec une différence cependant : 18 livres par quintal sur les tabacs étrangers, et 2 livres sur les tabacs coloniaux.

A l'intérieur, le commerce et la culture du tabac étaient libres.

Naturellement, un tel régime ne pouvait qu'échouer. Il était contradictoire. On finit par s'en apercevoir, au bout du quarante-cinq ans, à la lumière du Roi-Soleil, et l'édit du 27 septembre 1674 défendit aux particuliers le commerce du tabac, en réservant à l'Etat le droit de fabrication et de vente.

La *culture* seule restait libre.

Le monopole paraissait ainsi établi. Suivant l'habitude du temps, l'Etat en concéda l'exploitation à un fermier général, pour six années, moyennant 500,000 livres par an les deux premières années, et 600,000 livres par an les quatre suivantes.

Qu'arriva-t-il encore ?

La culture étant libre, chacun se hâta de cultiver son tabac, pour priser, — ou pour fumer, ainsi que l'on commençait seulement de le faire, à l'imitation de sir Walter Raleigh : — oh ! ces Anglais !

Et la ferme générale ne perçut rien !

La logique ne perd jamais ses droits. On voulait le monopole qui, seul, d'ailleurs, pouvait procurer à l'Etat les ressources dont il avait besoin et qu'il demandait au tabac ; eh bien ! il fallait tout le monopole, — parce que, par la moindre fissure, tout l'impôt s'en alla — comme l'eau, dans un vase [...] s'écoule d'autant plus qu'elle est plus comprimée.

Et l'édit du 14 mars 1676 vint compléter celui de 1674, en interdisant la culture du ta[bac] comme sa vente et sa fabrication [d]ans certaines généralités, cependant, spécialement désignées, la culture resta autorisée.

Alors l'impôt rentra. Alors aussi l'Etat éleva le prix de la ferme. Ce fut d'abord 1,500,000 livres, au lieu de 600,000. Puis 2,000,000 de livres. Puis 2,200,000. Puis [?],200,000. La mer montait toujours.

Les théoriciens sont têtus. Croiriez-vous que l'homme aux systèmes par excellence, Law, imagina de renoncer au monopole et de revenir à la simple taxe de douane ?

Cette « réforme » fut l'objet de l'arrêt du 20 décembre 1719.

Vous connaissez le dénouement. Law, son « Système », sa Banque, sa Compagnie, tout croula ; — et l'on fut trop heureux de reprendre le monopole et de le codifier en quelque sorte définitivement par le Règlement du 1er août 1721, qui ramena les recettes, non sans besoin, dans les coffres de la monarchie.

Et la progression reprit sa marche, si bien que la Révolution de 1789 trouva le produit de la ferme du tabac à 32,000,000 de livres !

On était loin des 500,000 livres du début.

Cela ne pouvait durer. Un tel régime, un « monopole », un si monstrueux attentat à la liberté du commerce, aux Droits de l'Homme et du Citoyen, dans un siècle de lumières, quand on affranchissait le monde ? Il fallait se hâter de revenir aux vrais principes et de proclamer la liberté de l'industrie, du commerce et de la culture du tabac !

En vain Barnave, l'abbé Maury, Cazalès, Mirabeau lui-même, avec la puissance de son formidable bon sens, s'efforcèrent de montrer à l'Assemblée constituante quelle faute elle allait commettre, de quelles ressources elle allait priver le budget, sans aucun profit possible à mettre en balance : les banalités déclamatoires de Pétion, la courtisanerie électorale, qui déjà commençait ses exploits, l'emportèrent sur l'évidence, sur l'intérêt de l'Etat le plus certain ; — le décret du 4 mars 1791 supprima l'affreux monopole.

La liberté ne remplissait pas la caisse. On établit de nouveau un droit d'entrée sur les tabacs exotiques. Nouvelles fraudes ; nouveaux déficits. On augmente les droits. Ils rendent d'autant moins. On se décide alors, le 22 brumaire an VII, pour un droit de fabrication sur les tabacs étrangers et indigènes, le commerce, la culture, la fabrication restant libres.

Autant en emporte le vent ! Plus on impose, plus cette matière subtile échappe à l'impôt, plus chacun s'approvisionne soi-même, bravant ainsi tout contrôle, plus des « spécialistes » s'ingénient à frauder pour réaliser des bénéfices en quelque sorte créés par la loi, — plus l'impôt s'en va en fumée : c'est le cas de le dire.

Enfin, Malherbes vint... Par une loi du 30 avril 1806, il organise la surveillance et l'exercice de tous les fabricants et de tous les débitants de tabac, qu'il soumet en même temps à une licence spéciale.

Mais la culture restait libre. Malherbes voyait vite et faisait vite. Le 29 décembre 1810 un décret impérial rétablissait intégralement le monopole —pour la troisième fois démontré nécessaire par l'expérience — et, cinq ans après, les tabacs rendaient 40 millions par an à l'Etat !

Mais quoi ! C'était l'Usurpateur, l'Ogre de Corse, Buonaparte enfin, qui avait ainsi, de sa propre autorité, brutalement, remis en vigueur un système qui devait, il est vrai, son origine à l'ancien régime, mais que la main du tyran avait déshonoré !

Et les « Introuvables » de chercher à supprimer à leur tour le monopole, à l'instar de simples Pétions !

Le baron Louis lui-même, le clairvoyant et sage financier par excellence, — dès la première Restauration, en octobre 1814, — avait donné le signal qu'on devait suivre plus tard si violemment, en 1816, en 1810, et avait condamné « le » monopole, auquel on n'aurait jamais » dû recourir ».

Mais la raison ne devait pas tarder à reprendre son empire sur un homme aussi sincère, aussi désireux des solutions utiles. Revenu au ministère des finances, oubliant les Cent-Jours, le baron Louis n'hésita point à abandonner son opinion de 1814, et à soutenir, en 1819, la nécessité de continuer l'œuvre de Napoléon.

C'est lui qui proposa résolument le maintien, le renouvellement du monopole des tabacs, dans son projet de loi du 8 décembre 1818. C'est lui qui le fit défendre, dans un rapport remarquable, par son directeur général des contributions indirectes, — M. de Barante, s'il vous plaît ! — c'est lui-même qui le justifia, avec une force irrésistible, à la tribune de la Chambre des pairs, le 13 avril 1819, en y portant la loi qui avait triomphé brillamment devant la Chambre des députés, trois jours auparavant, par une majorité de 140 voix contre 78.

Les raisons données en faveur du monopole ? Ce sont les mêmes qui avaient décidé Louis XIII, Louis XIV, Louis XV, Mirabeau, Napoléon Ier ; les bénéfices énormes résultant de la fraude surexcitent la fraude, et la surveillance est *matériellement impossible* dans le cas où le commerce du tabac est une industrie abandonnée aux particuliers, même avec réglementation, même avec l'exercice. Il faut donc le monopole. Mais le monopole ne peut exister à demi. Il faut qu'une porte soit ouverte ou fermée. Le monopole de la vente implique le monopole de la fabrication et la réglementation absolue de la culture. Sans cela, il n'y a plus de monopole ; partant plus de recettes, partant plus d'impôt.

C'est jugé, archijugé par une triple expérience ! Quant aux avantages que l'État retire du monopole, ils sont tellement considérables qu'on ne saurait leur opposer tel ou tel intérêt privé, d'ailleurs fort contestable.

Ainsi parla le baron Louis, après ses illustres et souverains modèles.

Depuis, le monopole du tabac, jaloux de mériter la confiance que lui témoignèrent tant de grands personnages, et malgré quelques tentatives timides de nouvel assaut, n'a fait que croître et embellir. Il n'en est plus aux 40 millions par an de 1810, mais à 381,113,500 francs pour le prochain budget ! Vos cigares, vos cigarettes et vos pipes, messieurs, payent presque le budget de la guerre !

Et qui en souffre ? Qui s'en plaint ?

Voilà le roi des impôts, le Tsar des impôts !

Et uniquement par le Monopole, grâce au Monopole ! Sans lui, adieu les millions !

* * *

Voilà donc la leçon fournie par le Tabac, — plante importée d'Amérique, dont la culture, en France, n'avait jamais occupé, avant l'établissement du Monopole, plus de 14,000 hectares, et dont la fabrication ne se pratiquait que dans 300 usines, lorsque Napoléon rendit le décret de 1810.

Ne vous hâtez donc pas trop de conclure. Auparavant il faut tout voir, — et nous verrons le reste.

Jules Roche.

Le Monopole de l'Alcool [1]

II

« L'ESPRIT DES LOIS » ET LES ALLUMETTES

L'histoire du monopole du tabac fait ressortir quelques règles qu'on peut tenir pour des axiomes en matière d'impôts, et notamment les suivantes :

1º De simples taxes sur un objet de consommation ne peuvent jamais rapporter, toutes choses égales d'ailleurs, les revenus que procure à l'Etat le monopole de la fabrication et surtout de la vente de cet objet ;

2º Les moyens de perception et de surveillance étant beaucoup plus certains et plus précis sous le régime du monopole que sous le régime de l'impôt, la fraude y devient beaucoup plus difficile, sinon impossible ;

3º Une condition *essentielle*, *nécessaire* du monopole, c'est le droit pour l'Etat de limiter, de réglementer la production des matières soumises au monopole, conformément à la quantité que les manufactures ou les magasins de la régie peuvent employer ou livrer à la consommation.

On peut même considérer cette dernière règle comme la plus importante de toutes, comme la clef du monopole. Le baron Louis l'avait admirablement compris — après Napoléon et après les auteurs de l'édit de 1721 — et il faut voir, dans le rapport spécial lu à la Chambre des députés le 9 janvier 1819, avec quelle précision et quelle clarté M. de Barante met en relief cette vérité.

Il est un autre principe, un autre axiome de la géométrie fiscale, qu'il faut ici rappeler, qui résulte de toutes les tentatives et de toutes les expériences, et que Montesquieu — (eh ! oui, Montesquieu, dont vous ne pourriez aujourd'hui prononcer le nom à la tribune du Palais-Bourbon sans faire tordre de rire les grands hommes qui composent la minorité qui terrorise la majorité)—avait nettement aperçu et formulé : c'est que le monopole devient inévitable lorsque la taxe dépasse de beaucoup la valeur de l'objet taxé.

« ... Pour que le prince — dit-il — » puisse lever un droit si disproportionné » à la valeur de la chose, il faut qu'il » vende lui-même la marchandise et que » le peuple ne puisse l'aller acheter ail- » leurs... »

Ce que Montesquieu regrette, d'ailleurs, et déclare sujet à mille inconvénients ; mais solution forcée, si l'on veut maintenir et percevoir la taxe.

Vous vous apercevez, n'est-ce pas? que nous commençons à voir clair dans la question, puisque nous déterminons les « lois » d'après lesquelles nous aurons à raisonner pour résoudre le problème du monopole de l'alcool, et que ces lois sont obtenues par la bonne méthode, non point *a priori*, mais d'après l'observation et l'expérience.

Du reste, voulez-vous les voir une fois de plus surgir toutes seules d'une autre démonstration plus récente? Rien n'est plus aisé.

Regardez l'histoire du monopole des allumettes.

Ah ! ne vous récriez pas! Il ne s'agit point de savoir si les allumettes de la régie sont bonnes ou mauvaises, mais bien de savoir *pourquoi* et *comment* l'Etat a été conduit au monopole de la fabrication et de la vente des allumettes.

Ce n'a pas été de bon cœur, ni systématiquement, mais *malgré lui* : — parce que le monopole était devenu le seul moyen pour lui de percevoir l'impôt.

Il fallait ou renoncer à l'impôt — et le budget ne pouvait se passer de ses produits — ou établir le monopole, afin de percevoir l'impôt.

[1] Voir le *Figaro* du 22 octobre.

***

tait après la guerre de 1870. L'Assemblée nationale cherchait partout des urces pour subvenir aux charges formidables résultant de l'invasion et de la défaite. On imposait tout : l'huile, le papier, les voyageurs, la bougie, les valeurs mobilières, le sucre, le café, etc. On imposa les allumettes. On ne tenta point le monopole. On resta soigneusement dans la pratique générale des contributions. M. Thiers, chef du pouvoir exécutif, comme on disait alors ; M. Pouyer-Quertier, ministre des finances ; M. Bocher, le si distingué, si éloquent parlementaire que regrettent au Sénat tous les partis, et qui fut un des plus brillants rapporteurs de la Commission du budget de 1871, — personne, absolument personne n'eut même l'idée du monopole des allumettes.

Je me trompe : on n'en parla que pour le repousser dédaigneusement.

M. Bocher, dans son rapport, mentionne bien que certains fabricants, désireux de se faire exproprier et grassement payer, avaient indiqué que l'Etat devrait s'emparer de leur industrie et l'exercer lui-même, — mais il se hâte d'écarter sans examen un tel système.

« Les motifs qui s'opposeraient aujourd'hui — dit-il — à l'exécution d'un » pareil projet n'ont pas besoin d'être » développés... Aussi la Commission » n'a-t-elle pas cru devoir s'arrêter à » cette proposition. »

Et la loi du 4 septembre 1871 frappa purement et simplement les allumettes d'une taxe de 1 centime 1/2, 3 centimes, 5 centimes, etc., par paquet de 50, ou de 100, suivant les circonstances.

Cette taxe, d'après le gouvernement et la Commission, devait rapporter au Trésor environ 10 millions, — et même plus, avait dit M. Bocher.

Or, cette taxe de 1 centime 1/2 à 5 centimes, suivant les cas, représentait 300 à 400 0/0 de la valeur de la marchandise imposée ! C'était une proportion formidable, sans exemple parmi les autres matières frappées. Un tel impôt rentrait

à coup sûr dans la catégorie de ceux rangés par Montesquieu sous la bannière du monopole. Un prophète se rencontra descendu du Sinaï de la Croix-Rousse de Lyon, M. Ducarre — vieux républicain avec qui nous avions lutté sous l'Empire, aux temps chauds, — esprit vigoureux, indépendant, fort cultivé, d'un rare courage, — qui n'hésita pas à prédire le sort du nouvel impôt.

Etant données les conditions de fabrication et de vente des allumettes, dit-il, votre impôt ne fera qu'engendrer une « fraude à outrance ». Vos moyens de surveillance, de contrôle, de répression seront tout à fait impuissants. Par conséquent, « vous êtes condamnés à faire des » allumettes chimiques un monopole » comme celui du tabac ! » Et M. Ducarre conclut non pas en faveur du monopole, mais contre l'impôt. C'était logique.

On ne l'écouta point.

Ce qui doit arriver arrive à l'heure dite. L'impôt ne rendit rien. La fraude déjoua tous les calculs, toutes les ruses du fisc.

Nouvelle loi, le 22 janvier 1872.

Nouveau projet de loi, le 10 mai 1872, présenté par M. de Goulard, ministre des finances.

Mais avant même que ce second projet eût été discuté, l'invincible force des choses triomphait, et M. de Goulard déposait, le 25 juillet 1872, un quatrième projet de loi depuis et y compris celui de 1871, tendant à attribuer exclusivement à l'Etat l'achat, la fabrication et la vente des allumettes chimiques. C'était le monopole, formulé par Montesquieu et prédit par M. Ducarre !

Lisez la discussion, vous qui n'êtes point des vieillards qui l'ont entendue. Elle est curieuse, elle s'applique mot pour mot, sur une foule de partis, à la question de l'alcool, à la fraude dont on se plaint, aux bouilleurs de cru. Elle jalonne avec une précision parfaite une portion de la route que nous avons à parcourir aujourd'hui.

« Pourquoi l'impôt sur les allumettes, qui devait produire plus de 10 millions d'après les évaluations de 1871 — plus de 15 millions, d'après les calculs, pour

le budget de 1872 — n'a-il produit que
10,000 francs par mois à peine, soit
moins du tiers du rendement escompté?

» Parce que l'écart entre l'impôt et la
valeur de la marchandise est tel que la
fraude trouve ainsi un bénéfice énorme
à violer la loi. Il n'est pas d'industrie
plus facile, plus productive que de s'ap-
proprier l'impôt sur les allumettes, en
les fabriquant ou en les vendant en contrebande.

» Et rien de plus simple, de plus commode même en voyage que cette fabrication ou cette vente, sous le régime de la
liberté. Il n'est pas de « vignette », pas
de « bande de papier » qui tienne. On
fabrique des allumettes partout, dans
toutes les villes, dans tous les chefs-
lieux de canton, dans tous les villages,
dans tous les hameaux. Il faudrait des
millions d'agents de la régie pour surveiller!

» Si le Trésor perd tout, le public ne
gagne rien. On lui vend des allumettes
déplorables, fabriquées au coin d'un
bois, dans une mauvaise marmite, avec
un peu de phosphore, et il les paye plus
cher qu'auparavant, même en contrebande, parce que le fraudeur prélève au
moins partiellement l'impôt.

» Ainsi, perte et dommage pour tout
le monde.»

Tel est le résumé du débat de juillet
1872, qui se termina par le vote du monopole des allumettes (conformément au
rapport de M. Caillaux) par une majorité de 317 voix contre 161 ; — majorité
dans laquelle se trouvèrent des conservateurs comme MM. de Broglie et de
Bonald, de vieux républicains comme
MM. Duclerc, Léon Robert, Testelin, des
économistes libéraux comme MM. Henri
Germain, Flotard, Jules Simon, et même
— ô souverains pontifes de la science
sacrée, voilez-vous la face! — M. Wolowski! — M. Wolowski, l'économie
politique incarnée!

Voilà, j'imagine, des preuves suffi-
santes qu'on peut adopter un monopole
d'Etat, s'il est nécessaire et possible,
sans être révolutionnaire ni socialiste, et
nous pouvons désormais considérer le
terrain de la discussion actuelle sur le
monopole de l'alcool comme débarrassé

de ces broussailles qui ne font que rendre impossible un examen sérieux.

Quant au résultat du monopole des allumettes, vous le connaissez : il n'y a plus de procès, plus de vexations, plus de difficultés, et l'impôt, qui ne rendait pas 5 millions, rend aujourd'hui au Trésor, sous forme de monopole, un produit brut de 28 millions et un bénéfice net de près de 21 millions.

Et pourquoi ?

Encore une fois parce que le monopole établi est vraiment un monopole, permettant à l'Etat de mesurer la production aux besoins (puisqu'il produit lui-même), et lui assurant l'intégralité des bénéfices intermédiaires, puisqu'il est seul à pouvoir vendre.

***

La démonstration déjà faite par le tabac, ainsi confirmée par les allumettes, peut donc être considérée comme définitive, et les règles que je rappelle au début de ces lignes nous guideront désormais sûrement.

Mais il faut les compléter.

La Russie va nous fournir de précieux renseignements, — et qui surprendront bien des gens.

Jules Roche.

L'Éclair du 7 9bre 1896 (9ème année — n° 2903)

L'ACTUALITÉ

LA PHOTOGRAPHIE DE L'AME ET DE LA MORT

Les expériences de Belfait. — Les plaques du docteur Baraduc. — Les angoisses du pigeon. — Sa mort. — Ce qu'on voit sur les clichés. — Une manifestation de la force vitale

Les anciens sacrifiaient des pigeons pour tirer du sang fumant des augures. Plus moderne, le docteur Baraduc, sur le pigeon sacrifié qui palpite et se meurt, se penche et cherche la preuve de son âme. L'âme d'un pigeon !

Aux siècles derniers, à poursuivre de tels problèmes, le thérapeute aurait eu maille à partir.

avec le Saint-Office. Les temps ne sont plus de ces impitoyables juridictions, et le savant peut, s'il en a les moyens, soulever un des coins du voile qui nous cache le mystérieux au-delà.

On sait déjà à quel genre de recherches se livre, avec une entière bonne foi, le docteur Baraduc. Dans son laboratoire, si encombré d'appareils à produire la bienfaisante électricité, qu'on se croirait chez Mesmer (n'en a-t-il point retrouvé, mais conçu bien autrement, le génial baquet !) il ne s'en tient pas à donner aux organes affaiblis les douches qui les ranimeront, il ne sature pas seulement de lumière le corps qui s'exalte dans la gloire intense des rayons, il pénètre plus avant et plus subtilement dans le domaine, jusque-là si inexploré, de la force vital.

La force vitale

Il est convaincu — nous l'avons déjà dit — que l'âme particulière n'est qu'une participation de l'âme universelle des choses. Cette âme universelle est comme une mère attentive pour ce qu'elle nous a créés, en vertu d'harmonieuses lois, et qu'elle entretient, par un échange incessant de rapports entre elle et nous, nos énergies vitales.

Ces énergies, ou nous les appelons quand elles nous manquent ou nous les dépensons quand nous les avons en trop.

L'aiguille d'un petit appareil enregistreur, nommé *biomètre*, si nous présentons nos mains, est appelée quand, faibles, déprimés, nous avons besoin de récupérer de la force, et au contraire est repoussée quand nous avons de la force à dépenser.

Ce que l'appareil disait aux yeux des gens les plus sceptiques, la photographie à son tour l'allait dire. Des plaques posées en pleine nuit, sur le cœur ou sur le front, s'impressionneraient comme si notre corps était une ampoule de Crookes, fournissant à dessein, pour ces clichés, sa lumière cathodique.

Et les impressions enregistrées, — c'est là l'admirable, — seraient en concordance avec l'état d'âme du sujet. L'énergie spontanée ou cultivée, normale ou psychique, se traduirait en une sorte de projection qui criblerait la plaque de taches semblables à de petites perles, faisant quelquefois trou dans le gélatino. Au contraire, l'extase et la douleur, les calmes sentiments se dessineraient, et cela, toujours; en tourbillons, en stries, en nuages, en quelque chose comme des fumées de rêve, des vapeurs.

L'homme, de tous les animaux, était-il le seul qui, être pensant, pouvait donner l'attestation de ce phénomène ? Si sur le cœur d'un animal, on plaçait une plaque photographique : qu'est-ce que la plaque enregistrait ? Nous avons prié M. Baraduc de nous parler de cette expérience qui fut la dernière qu'il tenta.

Le pigeon crucifié

« Sur une planchette, nous dit-il, j'attachai un pigeon, en croix, maintenant les ailes et les pattes. Je le couchai, puis sur son cœur, je posai une plaque photographique. Je recouvrai plaque et pigeon d'un récipient, ayant en plus le soin de n'opérer qu'à la lumière rouge. La plaque fut développée. Elle était criblée de ces petites taches en forme de perles, ou de grains dont je vous ai parlé. »

L'animal terrifié, dans un suprême instinct de conservation, appelait au secours toute son énergie, et projetait au dehors, dans cette manifestation active, toute la force vitale dont il disposait. Tant qu'il fut dominé par la terreur et qu'il tenta cette défense, les plaques présentèrent les mêmes graphiques; mais il s'accoutuma à sa fâcheuse position, son cœur redevint normal, sa tension vitale périclita, et la plaque traduisit réellement avec la fatigue de ce petit être, maintenant passif la disparition de sa terreur.

L'occasion n'était-elle pas unique de voir — la victime offrant sa gorge blanche au couteau — ce qui se passe à l'instant de la mort ? Le médecin égorgea la douce bête.

En ce deuxième état, sur le cœur de l'animal, secoué du mortel frisson, la plaque est posée. Elle enregistre les ondes tourbillonnantes, qu'on retrouve sur toute plaque qui touche un membre blessé. La force n'est plus projetée, elle est appelée du dehors. L'être, dans sa faiblesse, invoque la maternelle nature, et comme les poumons l'air dont ils ont besoin, il cherche à emprunter de la vie pour sa vie. C'est l'inconscient appel à l'invisible.

La mort arriva. La plaque recueillit les derniers soupirs — ces fluides de la vie locale. Ils se dessinèrent, aussi différents des autres images, légers stratus, voiles diaphanes et vaporeux.

Enfin état dernier, sur le cadavre froid que souillait le sang figé, la plaque fut posée à nouveau. Mais la vie avait abandonné son enveloppe charnelle ; l'âme, la toute petite âme du pigeon était partie, et la plaque n'enregistra plus rien.

A Nancy

Les clichés de cette expérience qui fut faite à Belfait, près de Vichy, ont été exposés à Nancy, où les photographes avaient un congrès. Ce détail a son importance. Si les traces relevées sur les clichés n'eussent été que des traces accidentelles,

les professionnels s'en fussent aperçus. Ils ont reconnu, au contraire, que l'origine de ces manifestations photographiques échappaient à toute explication vulgaire.

Se hâter de conclure serait fou. Mais on peut bien tenter les expériences, les multiplier. Il en coûtera quelques pigeons, et c'est fâcheux encore que l'existence de ce modeste gibier de basse-cour soit assez précaire. Mais voudrait-on oublier que pour jouir de l'électricité que nous avons, il en coûta aussi beaucoup de grenouilles. Volta, pour avoir su enregistrer les frissons de la batracienne, déroba le feu du ciel. Est-ce que pour avoir photographié l'agonie d'un pigeon, le docteur Baraduc nous livrerait un jour, ô âme universelle des choses, le mystère de notre âme ?

Le Figaro du 10 9bre 1896 (4e année — 3me série — n° 31.)

Le Monopole de l'Alcool [1]

III

La Russie, la Suisse et les « mastroquets »

Les partisans du monopole de l'alcool en France tirent grand argument du succès de ce système en Russie. Ont-ils raison ? ont-ils tort ? Vous allez le dire vous-mêmes, lorsque vous aurez vu pourquoi et comment le monopole a été organisé en Russie.

Pourquoi ?

Est-ce pour obtenir des ressources financières nouvelles et considérables, permettant de supprimer tels ou tels impôts considérés comme mal établis ?

Nullement.

Le vrai, le seul motif fut *la suppression des cabarets !*

[1] Voir le *Figaro* des 22 octobre et 8 novembre.

Et ce motif se trouve en même temps la condition essentielle, le grand ressort du monopole.

C'est uniquement pour supprimer les cabarets que l'empereur Alexandre III a décrété le monopole de l'alcool — et c'est uniquement parce qu'il a supprimé les cabarets qu'il a pu faire fonctionner le monopole.

Vous voyez que je vous indique tout de suite la thèse — qui est bien différente de tout ce que vous avez lu jusqu'à présent dans les journaux qui ont traité le sujet. Et maintenant je la prouve.

Je me trompe : c'est M. le ministre des finances de S. M. l'Empereur et Autocrate de toutes les Russies, l'honorable et éminent M. S. Witte, qui va lui-même faire la preuve.

Dans le rapport officiel qu'il rédigea sur le budget de l'empire pour l'exercice 1895, il rappelle en effet les origines de l'établissement du monopole de l'alcool, qui devait fonctionner, pour la première fois, pendant cet exercice.

L'attention de S. M. Alexandre III, dit-il, s'était spécialement portée, dès le début de son règne, sur les ravages de l'alcoolisme. Jamais on n'avait entendu de plaintes aussi vives, aussi générales sur l'ivrognerie des classes inférieures, sur « la désorganisation de l'état moral

et matériel des populations » qui en résulte, dans les campagnes surtout. Le
défunt empereur mit donc à l'étude le
moyen de porter remède à une si fâcheuse situation, et de longues confé-
rences aboutirent à la loi du 14 mai 1885,
créant des fonctionnaires spéciaux chargés de veiller à la moralisation du commerce des spiritueux, et favorisant les
magasins d'eau-de-vie à « porte-pots »
aux dépens des cabarets, où l'on consomme sur place, afin de changer
les habitudes populaires et de diminuer
la consommation.

(C'est la loi que je vis fonctionner en
Russie, lorsque j'y allai étudier une première fois la question de l'alcool, en 1886,
et dont le ministre des finances d'alors,
M. Wischnégradski, eut l'obligeance de
m'exposer lui-même tous les détails. Je
me souviens que je pris la liberté de lui
témoigner quelque incrédulité sur le
succès de cette loi. L'événement justifia
mon scepticisme. La loi échoua.)

Devant cette impuissance du nouveau
système et devant les progrès de l'ivrognerie, Alexandre III, se pénétrant de
plus en plus de la conviction qu'il fallait
procéder à une réforme radicale, résolut
de substituer au régime de l'impôt celui
de *la vente directe des spiritueux par les
agents du fisc* et ordonna d'appliquer
d'abord le monopole aux provinces de
Perm, d'Oufa, d'Orenbourg et de Samara, — puis, s'il réussissait, à vingt-
cinq autres provinces du Sud, du Sud-
Ouest, du Nord-Ouest et du royaume de
Pologne. Ce monopole — dit M. S.
Witte — de la « vente directe des bois-
» sons alcooliques, *tant en gros qu'en
» détail*, donnera au gouvernement des
» armes réelles pour lutter contre les
» abus, *sauvegarder les bonnes mœurs,*
» empêcher la ruine des populations et
» protéger la santé publique ».

Voilà le secret du système! Je doute
qu'il soit fait pour recruter de nombreux
partisans au monopole de l'alcool en
France, parmi la clientèle électorale des
« réformateurs » professionnels. Mais
poursuivons l'examen du rapport de M.
Witte.

On ne saurait — continue-t-il — se dissimuler les immenses difficultés prati-

qués qu'il faudra vaincre pour créer de toutes pièces la nouvelle organisation. Il est hors de doute que la mise en œuvre du monopole des spiritueux constitue un des problèmes les plus ardus. Il met l'administration en contact immédiat avec des intérêts économiques si divers, avec des aspects si variés de la vie sociale, que « le nouveau système, sous sa forme idéale, ne pourra jamais être entièrement réalisé ». Quoi qu'il en soit, même sous la forme intermédiaire qu'imposent les difficultés pratiques de l'entreprise, la réforme radicale conçue par le défunt empereur ne tardera pas à rendre « mo-» ralement et matériellement d'immenses » services aux populations, *qu'elle sous-* » *trait à la funeste influence des débi-* » *tants* ».

Ainsi parle, avec autant de force et de sagesse que de sincérité, M. S. Witte.

Autour de lui, on est encore plus catégorique, plus explicite. Lisez plutôt le *Bulletin russe* publié à l'Imprimerie du ministère des finances, rendant compte, dans son dernier numéro, des résultats du monopole pendant l'année 1895.

Il déclare d'abord qu'il croit devoir rappeler les motifs qui ont fait adopter le nouveau système, le but poursuivi et les moyens employés pour l'atteindre, et continue en ces termes :

MOTIFS. La qualité détestable des produits mis en vente, les alcools rectifiés n'y figurant que dans une proportion infinitésimale ; les dangers offerts par les cabaretiers, qui, en Russie comme partout ailleurs, ne se recrutent que très exceptionnellement parmi les gens dont l'influence soit désirable ; la conviction que les alcools amylique, méthylique, butylique et *autres poisons violents sont moins dangereux encore que les patentés qui en tiennent boutique. Ce qu'il y a de pire dans le trois-six, a dit quelqu'un, c'est le mastroquet.*

BUT. Ne laisser entrer dans la consommation que des alcools rectifiés ; rendre impossible la vente à crédit ; *supprimer les cabaretiers dans les campagnes* et en réduire le nombre, dans les villes, *jusqu'aux extrêmes limites du possible.*

Le monopole se fait un honneur de ne pas chercher à grossir directement, immédiatement, les recettes du fisc. L'administration, tout en établissant les prix de vente de manière que le bénéfice du débit soit assez élevé

...compenser les effets d'une réduction,
...accentuée, de la consommation, se ré-
...à voir le produit des *Boissons* rester
...stationnaire ou même décliner quelque peu.

Voilà qui est net. Le rédacteur du *Bulletin russe* du ministère des finances ne
...che pas ses expressions au proto-
cole, mais il fait admirablement comprendre ce qu'il veut dire. Si ce pauvre
M. Cochery parlait ainsi des « mastroquets » dans son *Bulletin*, — cieux et
tonnerres ! que lui arriverait-il ?... Quelle
avalanche d'interpellations ! quel vote
écrasant de blâme et de flétrissure, avec
refrains de la *Carmagnole !*

Mais M. S. Witte est tranquille sur
les suites parlementaires de la franchise
de son *Bulletin*, — ce qui prouve qu'il y a
Bulletins et *Bulletins*, comme fagots et
fagots.

Nous voilà donc, en tout cas, bien
fixés sur le « Pourquoi » du monopole
de l'alcool en Russie. — Passons au
« Comment ».

***

Le monopole vient d'être expérimenté
dans quatre provinces : celles de Perm,
d'Oufa, d'Orenbourg et de Samara. Toutes quatre sont à l'Est, en pleine région
de l'Oural, limitrophes de l'Asie. Ce sont
des pays immenses, d'une étendue de
800,000 kilomètres carrés (près de 300,000
de plus que la France entière), et peuplés
seulement de 9 millions d'habitants. Le
seul alcool qui s'y consomme est l'alcool
industriel, — car on y est singulièrement
loin de la vigne et même du cidre ! La
surveillance de ! fabrication y est donc
facile et d'un mécanisme simple et uniforme.

L'État achète l'alcool suivant ses besoins ; il le rectifie lui-même, ou le fait
rectifier sous son contrôle ; puis il l'em-
magasine dans ses propres entrepôts, le
met en bouteilles de capacités diverses
(de 6 centilitres à 60 centilitres, etc.)
où il est réduit à 40 degrés, et le vend
enfin, dans ses propres débits, par ses
propres agents, payés à appointement
fixe, ne pouvant livrer que ces fioles officielles, bouchées, cachetées à la cire
avec le sceau de l'État et revêtues d'éti-
quettes indiquant la contenance, le de-

gré et le prix.

« L'usage des tire-bouchons est rigoureusement interdit dans les bureaux de
vente » — car il est défendu d'y consommer sur place.

Le débit au petit verre n'est permis
que dans les restaurants des villes —
dans les restaurants d'un certain ordre,
où les plats sont chers, et dans les buf-
fets des gares. Tout cela, bien entendu,
avec tout un régime de formalités, d'au-
torisations, de contrôles, comme on ne
peut se l'imaginer en France.

Dans ces conditions, et à ces conditions, le monopole pouvait réussir. Il a
réussi.

Non seulement le produit prévu au
budget — 10 millions de roubles — a
été obtenu, mais il a été dépassé ; et, simultanément, la consommation a même
légèrement diminué.

Le résultat de 1895, dans ces quatre
provinces lointaines, est donc excellent.
Mais que sera-t-il en 1896, étant donné
que le monopole va fonctionner dans
neuf provinces nouvelles ? Le *Bulletin
russe* lui-même refuse de généraliser les
premières opérations et dit qu'il convient
d'attendre.

Du reste, il n'est pas même question
d'essayer le monopole dans les régions
où l'on produit le vin ; dans ces magnifiques pays du Transcaucase, où les
vaillants Géorgiens, Mingréliens, Imé-
réthiens boivent royalement le jus divin,
enfermé dans ces outres colossales faites
de peaux de bœuf entières, qu'on voit
rangées comme d'innombrables trou-
peaux dormant, les pattes en l'air, dans
les caves profondes des cabarets, toutes
grandes ouvertes aux regards du passant.

L'expérience si restreinte et si particulière de la Russie ne prouve donc
qu'une chose, mais la prouve bien : c'est
que le monopole de l'alcool ne peut réussir qu'à la condition de porter *intégralement sur la vente*, et *sur tous les alcools*,
de toutes provenances et de toutes
sortes.

C'est, une fois de plus, la confirmation
éclatante des règles que j'ai montrées se
dégageant de nos monopoles du tabac et
des allumettes.

***

Ces règles, ces lois économiques naturelles dictées par les choses infaillibles et invincibles, et non point sorties de la plume d'un théoricien, l'échec du monopole de l'alcool en Suisse ne les prouve pas avec moins de force que le succès de la Russie.

L'ancien président de la Confédération, M. Numa Droz, a raconté lui-même trop complètement, dans la *Revue politique et parlementaire*, l'histoire, la cause, les circonstances de l'établissement du monopole, qui fut voté et organisé pendant qu'il était au pouvoir, pour que j'y revienne ici

Il me suffit de rappeler que le monopole de l'alcool, en Suisse, ne comprend que l'alcool industriel, qui est exclusivement l'alcool de pommes de terre, — et que l'alcool provenant « de la distillation » du vin, des fruits à noyaux ou à pépins et de leurs déchets, des racines » de gentiane, des baies de genièvre et » d'autres matières analogues » est *absolument excepté* de la nouvelle législation.

C'est-à-dire qu'il n'y a pas de monopole ! La porte laissée ouverte est si large que tout y passe. Et voilà pourquoi la Suisse, au lieu de percevoir les 8,820,000 francs qu'elle avait escomptés, a vu baisser le produit financier du système incohérent et contradictoire qu'elle a établi sous le nom trompeur de monopole, — et ne perçoit guère que 4 millions. C'est déjà beaucoup !

***

Nous avons fait le tour de la question; nous avons déterminé les données du problème, éliminé les éléments secondaires ou étrangers, précisé les faits, reconnu les lois générales positives, issues de l'observation et de l'expérience, qui doivent nous guider sûrement : — nous pourrons maintenant discuter et prendre notre parti, tandis que la Commission extraparlementaire achèvera d'élucider les détails, en confirmant par ses travaux, soyez-en sûrs, tout ce que j'ai avancé.

Jules Roche.

Le Figaro du 18 9bre 1895 (42e 3e Série - n° 322.)

Le Monopole de l'Alcool[1]

IV
LE VRAI DILEMME

Nous connaissons les règles nécessaires d'un monopole ; voyons maintenant dans quelles conditions se pose la question du monopole de l'alcool en France, et concluons.

L'alcool provient chez nous de sources multiples, très diverses, et il est obtenu par des procédés fort différents. Alcools de mélasse de l'Aisne, du Nord, du Pas-de-Calais ; alcools de betteraves de l'Oise, de Seine-et-Marne, de Seine-et-Oise — du Nord et du Pas-de-Calais, déjà nommés — n'ont rien de commun que le nom avec les alcools de vins du Gard, de l'Hérault, du Gers, des deux Charentes, — avec les alcools de cidres du Calvados, de l'Eure, de la Manche, de la Mayenne, — avec les alcools de fruits de la Meuse, de la Haute-Marne, des Vosges, etc., etc.

Là, quelques centaines d'usines, fabriquant de l'alcool plus ou moins grossier ou plus ou moins pur, plus ou moins voisin de la formule sacrée $C^4 H^6 O^2$, comme d'autres usines leurs sœurs fabriquent de l'acide sulfurique, ou du gaz d'éclairage, ou de la soude ; ailleurs, des centaines de milliers de cultivateurs (plus de 900,000 !), de propriétaires agricoles, de bouilleurs de cru ou de profession, distillant leurs vins, leurs marcs, leurs pommes, leurs cerises, chacun avec ses procédés, son tour de main, pour obtenir des eaux-de-vie, des kirschs, des cognacs dont un seul litre vaut tout un tonneau du plus parfait $C^4 H^6 O^2$ du Nord ou du Pas-de-Calais.

Le système à organiser chez nous devrait donc être, non point seulement le monopole de l'alcool, mais le monopole des alcools.

Par conséquent, aucune analogie entre une telle situation et celle de la Russie, celle de la Suisse, celle de la France elle-même lorsqu'il s'est agi d'établir le monopole du tabac ou celui des allumettes.

On n'eut affaire alors, chez nous, qu'avec un fort petit nombre d'intéressés, une fort petite partie du pays on aura affaire, pour le monopole de l'alcool avec tous les départements, toutes les communes, et avec 900,000 producteurs de la substance à monopoliser.

N'oublions pas que l'une des conditions essentielles du monopole c'est de surveiller et de limiter la production, d'en être en quelque sorte maître, surtout quand il s'agit d'une matière aussi facile à fabriquer que l'alcool, sous peine de voir les recettes s'enfuir par mille fissures. Les expériences du tabac et des allumettes sont décisives sur ce point.

Ce n'est pas tout.

On espère obtenir 800 millions de francs du monopole, au lieu de 260 millions produits par l'impôt, soit une plus-value de 540 millions pour le Trésor. Le chiffre est gros et je ne vois pas comment on peut le justifier ; mais ne le discutons pas pour le moment ; — quel que soit leur nombre, on ne peut prendre ces 540, ou ces x millions, que là où ils sont.

Or, où sont-ils ?

Uniquement dans l'écart entre le produit de l'impôt et la somme totale prélevée sur le public par les fabricants et les vendeurs d'alcool, c'est-à-dire dans les bénéfices réalisés par les producteurs et par les intermédiaires, marchands en gros et en détail, cafetiers, cabaretiers, « mastroquets » (comme on dit à Saint-Pétersbourg), de toutes catégories, qui vendent au public les alcools de toutes sortes.

C'est parce que l'État perçoit pour son compte toute la différence entre le prix de revient du tabac et le prix de livraison au consommateur, qu'il gagne 320 millions *nets* par an.

Pour gagner les 540 millions nouveaux à provenir de l'alcool, il faut donc que

(1) Voir le *Figaro* des 22 octobre, 8 et 10 novembre.

l'alcool, tous comptes faits, rapporte ces 540 millions aux intermédiaires — car il n'est pas question de réduire les profits des producteurs, — et prendre les moyens nécessaires pour que l'Etat s'empare de tous ces bénéfices. Or, ces moyens ne sont pas nombreux; il n'y en a qu'un : c'est que l'Etat soit seul vendeur, seul marchand d'alcool, comme il est seul vendeur et marchand de tabac et d'allumettes. On ne saurait trop insister sur ce point : la nécessité du monopole de la vente.

C'est ce monopole seul qui pourrait procurer les ressources considérables que l'on cherche, et c'est une chimère de penser, à ce point de vue, au monopole de la rectification.

La rectification ne peut porter que sur les alcools industriels; elle laisse *nécessairement* en dehors les alcools de vins, de cidres, de marcs, de fruits de tous genres. Nous connaissons ce système; je vous l'ai montré : c'est celui de la Suisse, le monopole restreint à une certaine catégorie d'alcools, — et par conséquent condamné à l'échec le plus certain; avec cette différence que, chez nous, les mécomptes seraient cent fois plus formidables que chez nos voisins, car ce serait la fraude générale, insaisissable, invincible, entraînant une véritable banqueroute budgétaire.

Il ne faut pas songer à sortir de là : monopole c'est monopole partout, et non point monopole ici et liberté là. Il n'y a pas de fractions de cette unité. Elle est entière ou elle n'est pas.

Voyez-vous le monopole du tabac ne portant que sur les tabacs exotiques, et tous les Français libres de cultiver et de vendre le tabac indigène, le tabac « national »? L'expérience en fut faite, autrefois, et je vous ai raconté ce qu'elle produisit !

Donc, pour établir le monopole de l'alcool : 1° nécessité de faire porter le monopole sur *tous les alcools*; — 2° nécessité de le faire porter sur *la vente*; — 3° et, pour le faire porter efficacement sur la vente et empêcher une fraude ruineuse, nécessité de *réglementer et de limiter la production* (sinon d'y procéder directement), comme on réglemente et on limite la production du tabac.

Tel est le programme. A ce prix seulement, on peut parler sérieusement du monopole de l'alcool. Que l'une de ces trois conditions essentielles fasse défaut, il n'y a plus de monopole, mais seulement des systèmes incohérents, contradictoires, ridicules, qui seraient presque tous aussi difficiles à établir que le vrai monopole et dont aucun ne résisterait à six mois d'expérience.

*****

Mais, étant donné que les conditions *nécessaires* du monopole de l'alcool sont ainsi déterminées, sont-elles *possibles*, sont-elles réalisables en France, les choses y étant ce qu'elles sont?

Examinons.

Pour limiter et réglementer la production, il faut d'abord interdire l'établissement de toute usine nouvelle d'alcool industriel et le développement, sans autorisation, de toutes celles existant; établir dans chacune d'elles le contrôle *permanent* pratiqué dans quelques grandes usines, et qui seul peut empêcher la fraude; c'est donc 250 distilleries industrielles à exercer nuit et jour : — soit.

Mais comment réglementer, limiter, surveiller la production des 6,537 distillateurs et bouilleurs de profession qui fabriquent des alcools, ou des eaux-de-vie, ou des kirschs, savoir : 500 à 600 avec des substances farineuses, des mélasses, des betteraves; — 2,300 avec des vins et des marcs; — 2,660 avec des cidres et poirés; — 840 avec des cerises, etc., etc. ?

L'exercice permanent, de nuit et de jour, par des agents sûrs, intelligents, fidèles, dans les 250 usines : bien ! Mais chez les 6,537 bouilleurs professionnels?...

Il faut un corps d'armée. C'est 20,000 à 25,000 agents de surveillance et de contrôle... Passons encore.

Voici l'armée — cette fois — l'armée immense des bouilleurs de cru, des propriétaires distillant leurs récoltes, fabriquant des centaines de milliers d'hectolitres d'alcools (l'administration dit tantôt 129,000 hectolitres, tantôt 215,000; en

...elle n'en sait rien, parce qu'elle [ne] [peu]t pas contrôler, et beaucoup de [pensent] que c'est plutôt 500,000 [0]00 hectolitres que 215,000).

[Eh] bien, comment surveiller ici? com[men]t réglementer? comment *limiter* la [pro]duction des 900,000 cultivateurs?

[Ce] n'est plus seulement 20,000 à [50],000 contrôleurs qu'il faudra au mo[no]pole, c'est presque autant que de [b]ouilleurs !

[C]ar, ne l'oubliez pas, pour obtenir les [80]0 millions de recettes, il faudra faire produire au monopole 540 millions de [p]lus qu'à l'impôt ; c'est-à-dire surtaxer [c]haque hectolitre de 363 francs, ce qui [p]ortera à 519 francs la taxe sur l'alcool, [au] lieu de 156 francs comme aujourd'hui.

Par conséquent, quiconque pourra [s]oustraire au monopole *un* litre d'alcool [g]agnera 5 francs 19 centimes ; — 2 litres, [1]0 francs 38 centimes ; — 100 litres, [5]19 francs. Ce sera la plus belle industrie [de] France. Donc, nécessité d'autant plus [é]troite de réglementer, de surveiller à un [li]tre près la production de la précieuse [de]nrée. Il faut encore que l'alambic de[vi]enne une sorte d'instrument prohibé, [d]ont la fabrication et le commerce soient [e]ux-mêmes rigoureusement surveillés [e]t réglementés.

[E]t si on recule devant ces mesures ; si [o]n les considère comme impraticables [m]atériellement ou moralement — ou [é]lectoralement — il faut renoncer à ré[g]lementer, à surveiller, à limiter la pro[d]uction — et alors, adieu veaux, vaches, [c]ochons, couvée ! Adieu le monopole !

*****

[J]usqu'à présent nous n'avons eu qu'à [r]églementer ; — nous arrivons à la [v]ente : ici, il faut opérer nous-mêmes. [L]a Russie nous a montré le chemin, [u]nique chemin : l'Etat doit vendre seul [l']alcool, comme il vend seul le tabac, par [la] raison bien simple que si la vente est [pe]rmise dans les 450,000 à 500,000 débits, [ca]fés, cabarets qui existent aujourd'hui, [et] dans les 800,000 qui existeront bientôt [p]our peu que la progression continue, [il se]ra matériellement impossible d'em[pêc]her ces débitants de vendre des al-

cools de contrebande. Au besoin, ils en fabriqueront eux-mêmes !

Actuellement, sous le régime de l'impôt et avec la taxe de 156 francs, ce n'est un mystère pour personne qu'un grand nombre de débits vendent vingt fois plus d'alcools de contrebande que d'alcools ayant payé les droits : ce serait bien autre chose avec le règlement du monopole ! Croire que l'on peut enlever aux débitants les bénéfices qu'ils réalisent comme intermédiaires et les obliger à vendre à prix coûtant, avec une simple petite remise, un litre d'alcool qui leur procurera 5 fr. 19 c. de bénéfice s'ils le vendent en fraude, c'est vraiment se bercer de trop séraphiques illusions.

Il faut donc que l'Etat soit marchand, seul marchand d'alcool, en gros et en détail, comme en Russie.

Mais, en Russie, le seul alcool produit, dans les quatre gouvernements où le monopole a fonctionné en 1895, c'est l'alcool industriel, l'alcool d'usine, ayant sensiblement la même valeur. L'opération qui consiste à vendre ces produits uniformes est simple, aussi peu commerciale que possible.

En France, c'est tout le contraire. Les alcools sont aussi multiples, aussi divers dans leurs qualités, dans leurs prix que dans leurs origines. De tel alcool de betterave à 25 francs l'hectolitre à tel « alcool » des Charentes à 50 francs la bouteille, c'est une gamme immense, infiniment variée, prêtant aux transactions, aux appréciations les plus complexes. Le commerce des spiritueux, en France, est un des plus vastes, des plus souples, des plus mobiles dans les évolutions nécessaires. On voit bien l'agent de l'Etat vendant le tabac, marchandise à types fixes et peu nombreux ; mais les alcools ?...

Comment M. Catusse déterminera-t-il toutes les qualités, tous les crus, tous les prix ; comment traitera-t-il avec tous les clients ; comment se livrera-t-il — lui ou ses agents — aux mille détails des opérations techniques et commerciales de la vente de tant de produits si différents ?

Dans son exposé des motifs du budget de 1895, M. S. Witte, ministre des finances d'un souverain tout-puissant, qui procède par oukases et non par lois, recule visiblement devant l'application du monopole aux provinces qui produisent le vin, et ces provinces russes sont elles-mêmes loin de pouvoir être comparées à la France : — comment M. Cochery, chez nous (vous entendez bien : chez nous !), s'y prendra-t-il pour résoudre un problème insoluble pour le Tsar ?

Et pourtant, il faut le résoudre pour établir le monopole !

****

Résumons :

Ou bien la Commission extraparlementaire qui siège rue de Rivoli trouvera les moyens pratiques :

1° Pour limiter et réglementer étroitement la production de tous les alcools ;

2° Pour organiser la vente directe par l'Etat, en gros et en détail, de tous les alcools.

Et alors, le monopole est possible.

Ou bien ladite Commission, ni aucune autre, ni personne ne trouvera ces moyens.

Et alors, le monopole est impossible.

****

Voilà donc le programme des travaux de la Commission extraparlementaire.

Qu'elle ne batte pas les buissons, qu'elle ne s'égare pas à côté. Il ne s'agit point de dépeindre les ravages de l'alcoolisme ; c'est entendu. Il ne s'agit point de célébrer les bienfaits des dégrèvements d'impôts qu'on pourrait opérer si l'on trouvait 500 millions de recettes nouvelles dans le monopole de l'alcool, ou sous le pas d'un cheval. Il s'agit exclusivement de répondre aux questions précises sommairement posées dans les quelques lignes qu'on vient de lire — (sans parler de bien d'autres fort graves, qui viendraient ensuite).

Si le gouvernement — ou quelqu'un quel qu'il soit — apporte les réponses positives nécessaires, eh bien qu'on décide résolument le monopole de l'alcool, et qu'on trouve au plus tôt l'Hercule — car il n'y faut rien de moins que le divin Alcide — capable d'entreprendre une telle besogne !

Sinon, qu'on en finisse avec un projet

reconnu irrésistible, qu'on cherche ailleurs un système moins séduisant mais capable de vivre, et qu'on relègue le monopole des alcools français au musée déjà si riche des espérances trompées, — entre la pierre philosophale et le mouvement perpétuel.

Jules Roche.

L'Éclair du 28 novembre 1896 (9me année. — n° 2924)

OPINIONS

LA BANQUE DE FRANCE

On examine le renouvellement du privilège de la Banque. Une grosse question, dont la solution peut peser sur l'avenir de ce pays ; — surtout si on renouvelle le privilège pour une longue suite d'années, — au lieu de faire comme l'Angleterre ; — de garder la faculté de dénoncer le contrat à brève échéance.

La majeure partie du public se fait une idée quelque peu inexacte de ce grand établissement financier. On s'imagine que sa principale fonction consiste à accomplir des opérations de banque à proprement parler : par exemple, à faire l'escompte, à accorder des avances sur titres, etc. C'est une singulière erreur. Depuis longtemps, ceux qui le gouvernent, ont restreint autant que possible toutes ces opérations, qui pourraient également appartenir à une industrie privée pour se borner à ce qu'on pourrait appeler la partie gouvernementale de leur rôle. Il suffit de jeter un coup d'œil sur le bilan hebdomadaire publié par l'*Officiel*, pour voir qu'ils n'emploient qu'une très petite fraction des trois ou quatre milliards représentés par les billets. Avec une générosité qu'on aurait tort sans doute d'attribuer au désintéressement, la Banque de France abandonne le meilleur de ses opérations aux grands établissements privés de crédit, ses rivaux, et laisse dormir, inerte et stérile, dans l'antre de ses caves, en amoncellements d'or et d'argent, la plus grande partie de cette somme fantastique. De là cette encaisse formidable, qui n'est point du tout nécessaire, quoiqu'on en dise, à la confiance du public dans le billet de banque, et dont l'énormité s'explique par de tout autres raisons.

A première vue, on la comprend mal. Les opérations que la Banque restreint de son mieux, bien qu'à l'origine elles aient été l'objet principal de sa création, sont les seules fructueuses pour le dividende. Si donc la Banque était dirigée surtout dans l'intérêt des actionnaires on les développerait autant que possible. Mais ce ne sont pas les actionnaires qui sont les maîtres dans cet établissement, pas plus que le représentant de l'Etat d'ailleurs. C'est un petit nombre de princes de la finance, auxquels la constitution actuelle de la Banque de France livre un pouvoir à peu près illimité.

C'est Napoléon qui a créé ce pouvoir bien malgré lui. Quand il fonda la Banque, il voulut l'avoir dans la main. Il jugea plus facile de la tenir, s'il n'avait besoin d'agir pour cela, que sur un petit nombre de personnes. Les gros financiers n'étaient pas alors les hautes puissances qu'ils sont devenus depuis. Le grand despote avait confiance, à bon droit, dans sa façon foudroyante de briser les résistances individuelles. Il organisa donc les choses de telle sorte qu'un nombre infime de très gros actionnaires eût seul voix au chapitre. C'est ainsi qu'une douzaine de potentats financiers se trouvent les maîtres de notre établissement national. Mais, depuis le début du siècle, la Haute Banque a pris, dans notre société moderne, le rôle d'un pouvoir prépondérant — et elle n'a plus Napoléon devant elle. En sorte qu'avec la transformation des hommes et des choses, la précaution prise pour assurer sa subordination, assure sa toute-puissance.

Or, qu'est-ce pour elle que l'établissement national dont elle dispose ? — C'est un instrument de gouvernement monétaire : — gouvernement français et international à la fois.

Nous nous servons de deux sortes de monnaies : la monnaie de métal, la monnaie de papier. C'est dans le cours du siècle que cette dernière est entrée dans les mœurs. Avec les grosses sommes que manie notre temps, l'or lui-même serait trop lourd et trop encombrant. Quoi de plus nécessaire, que cette mince et légère feuille de papier transparent, couverte de parures violettes, qu'un souffle emporterait, et qui représente jusqu'à trois kilogrammes du plus précieux des métaux ? L'usage en est peu à peu devenu universel. Non sans difficulté : car une grosse partie de la population a mis du temps à croire que ce chiffon de papier peut remplacer avec une valeur égale de beaux louis bien brillants et bien sonnants.

Or, de par son privilège, la Banque gouverne, comme elle l'entend, ces deux sortes de monnaies. Pour la monnaie de papier, cela va de soi : elle la fabrique, elle y met son nom, c'est sa chose. Il dépend d'elle de la rendre abondante ou rare. Dans

les limites de son droit d'émission, qu'elle fait
périodiquement augmenter; elle peut grossir ou
restreindre à son gré le nombre des billets qui cou-
rent de main en main. Mais, en même temps, elle
est maîtresse de la monnaie de métal, que la
monnaie de papier attire dans ses caves. Elle a pu
former ainsi un trésor incomparable de métaux
précieux, dont l'influence dépasse les limites de
la France, et s'étend sur le monde entier. Elle
peut jeter sur le marché, ou lui reprendre, la
quantité de métal monnayé correspondant à ses
convenances. Suivant qu'elle consentira cent ou
deux cents millions d'opérations de plus ou de
moins; suivant qu'elle payera ou se fera payer
avec un métal ou avec l'autre, ce sera tantôt l'or,
tantôt l'argent, qui sera abondant ou rare. Le
trésor métallique de la Banque est d'environ trois
milliards; c'est plus du cinquième de la valeur
totale des monnaies françaises existantes. On
pense si une telle accumulation, dans une même
main, exerce une influence décisive.

C'est pour assurer cette influence, que ceux qui
dirigent la Banque ont ainsi grossi l'encaisse. Je
disais que l'énormité d'un pareil amas de métaux
précieux n'était pas du tout une sécurité indispensable au billet; je pourrais dire plus : c'est le
contraire d'une sécurité. On sait que tout billet de
banque qui circule dans le public a forcément
pour contre-partie et pour garantie, entre les
mains du puissant établissement financier qui l'a
émis, ou du papier commercial très sûr, ou de l'or,
ou de l'argent. La portion des billets garantie par
le papier commercial que reçoit la Banque, ne
peut courir aucun risque. Le nombre des effets
impayés est moins qu'insignifiant : il est
infinitésimal. La perte encourue par la Banque pour ce motif peut être considérée à peu
près comme nulle. La portion des billets représentée par de l'or, ne court naturellement aucun
risque : cela va de soi. Mais celle qui est représentée par de l'argent ? Est-ce que tout le monde
ne sait pas que l'argent a perdu la plus grande
partie de sa valeur, qui d'ailleurs varie tous les
jours ? Si la Banque devait liquider demain, est-ce
que ceux qui seraient remboursés en pièces de cent
sous au lieu d'être remboursés en louis d'or ne seraient pas absolument lésés ? Or, il y a encore plus
d'un milliard de billets dans ce cas. L'insuffisance
peut donc porter sur des centaines de millions.

Non, ce n'est point pour la sécurité des billets
que l'encaisse a été si prodigieusement accrue.
C'est parce que, pour exercer dans toute son
étendue le gouvernement monétaire qu'exerce la
Banque de France, il faut avoir des quantités
énormes de toutes les sortes de monnaies. Et l'on

comprend sans peine les mobiles auxquels obéissent les grands financiers qui dirigent l'établissement. — Que leur importe le surcroît de profits qu'ils pourraient tirer d'un développement des opérations de banque proprement dites? — Cela peut préoccuper la masse des actionnaires; ils ont, eux, de solides raisons pour sacrifier ce gain, léger pour eux, à de plus vastes intérêts. Ou plutôt, ils ne sacrifient rien du tout. Ils sont tous banquiers pour leur compte. Ils héritent des affaires qu'ils empêchent la Banque de faire. Mais ce qui importe à ces hautes puissances financières, c'est d'avoir la haute main sur la question monétaire. C'est un véritable gouvernement, disais-je. — Oui; — et son pouvoir domine parfois, dans les choses essentielles, le pouvoir politique lui-même.

La force des États étrangers est liée à la question monétaire dans une large mesure: leur force militaire, comme leur force économique. N'a-t-on pas vu la Banque de France maîtresse de les aider ou de les abandonner à leurs difficultés intérieures? L'Angleterre a eu besoin, un jour, d'une grosse quantité d'or. C'est la Banque de France qui l'a fournie. Je ne le regrette pas: mais qui ne voit la puissance politique d'un établissement financier qui peut rendre ou ne pas rendre un tel service à une nation voisine? On a cru, à un moment, avoir des raisons de soupçonner que, sous l'influence du plus considérable des financiers, la Banque avait aidé l'Autriche, engagée dans la Triple-Alliance, à préparer le relèvement de son papier-monnaie déprécié, c'est-à-dire à acquérir une force nouvelle, même au point de vue de ses ressources de guerre. Le fait a été nié: la dénégation était-elle tout à fait probante? Je ne le cherche pas. Il suffit que la Banque ait les moyens de peser à ce point sur les affaires de l'Europe, pour que le pouvoir remis ainsi à un groupe de gros financiers soit effrayant.

Le pouvoir que donne le privilège du papier-monnaie l'est encore plus. Aux heures des suprêmes épreuves et des suprêmes périls, c'est avec le papier-monnaie que les nations peuvent se sauver. C'est avec le papier-monnaie que les États-Unis ont soutenu, il y a une trentaine d'années, cette guerre de géants qui restera l'admiration de l'histoire, et que, menacés de disparaître dans un désastre sans précédent, ils ont échappé, ils se sont acheminés vers leur prospérité actuelle. Nous, quand la France était vaincue et envahie, quand Paris était bloqué, quand les Prussiens marchaient sur Dijon et sur Le Mans, nous n'avions pas la clef de notre trésor de guerre: c'était la Haute Banque qui l'avait. L'effort désespéré de Gambetta était

trahi par le défaut de ressources : nos armées im-
provisées, mal armées, mal équipées manquaient de
tout. Gambetta s'adressait à la Banque et elle
refusait les millions sacrés de la défense. Gambetta lançait la fameuse dépêche : « Je briserai
la Banque ! » A quoi M. de Freycinet répondait :
« A la bonne heure ! Voilà du bon Gambetta. »
Enfin la Banque céda, — le moins qu'elle put —
et trop tard. Elle avait résisté assez longtemps
pour amener, par l'écrasement de la France, la
paix impatiemment attendue par ces hommes
d'argent. Quand elle consentit à donner quelque
chose, l'armée de l'Est était en déroute ; et Paris
pris à la gorge par la famine capitulait...

Est-ce qu'une nation peut laisser une puissance
d'État aussi redoutable que le gouvernement monétaire aux mains d'une poignée de gros manieurs
de millions, et à la merci de leurs intérêts financiers ?

Camille Pelletan.

Le Figaro du 29 9bre 1895 (42ème année - 3ème série - n° 334)

A

L'anniversaire de la mort d'Alexandre
Dumas fils et son inhumation définitive
dans le beau monument qui lui a été
élevé au cimetière Montmartre nous
remettent en mémoire ces vers du célèbre écrivain, sorte de testament rimé :

Je ne veux pas, quand je mourrai,
Que l'on me mette au cimetière.
Au milieu d'un champ labouré,
Sous un sillon, que l'on m'enterre !
Vivant, je n'aurai su rien faire,
Mais je m'en irai consolé
Si, mort, je puis rendre à la terre
De quoi produire un grain de blé.

Ces vers ont été écrits le 15 août 1863
par Alexandre Dumas fils au bas d'une
de ses photographies, offerte à un ami.

B

Divorce

le jeu — Cour de poitiers

Les fervents de la dame de pique liront
peut-être avec intérêt — je ne dis pas
avec profit, car le joueur est incorrigible
— les « considérants » de ce petit procès.

La Cour d'appel de Poitiers vient de décider que la passion du jeu est un cas de divorce :

Attendu, dit l'arrêt, qu'on doit considérer comme ayant un caractère éminemment injurieux pour une femme, la conduite d'un mari qui délaisse et déserte son foyer afin d'aller satisfaire, dans des tripots où il passe une partie de ses nuits, sa passion pour le jeu ; que c'est là une juste cause de séparation ;

Attendu que les documents du procès établissent surabondamment que, depuis plus de vingt ans, Delajeot se rendait fréquemment dans les cafés de Saint-Laurent-de-la-Prée et de Rochefort pour y jouer, et qu'emporté par un entraînement qu'il déclarait irrésistible, il s'acharnait à tenter la fortune, passant sa nuit entière à la table de jeu pour recommencer le lendemain, ne rentrant au logis, où sa femme restait abandonnée, qu'après deux et même trois jours d'absence, quand il avait perdu tout l'argent qu'il avait emporté ; que, lorsqu'il revenait, il faisait à sa femme des scènes continuelles ; qu'à différentes reprises, comme elle refusait de lui donner sa signature pour faciliter un emprunt, il l'a frappée brutalement.

Par ces motifs, réformant un jugement du Tribunal de Rochefort, la Cour de Poitiers prononce le divorce au profit de Mme Delajeot.

Voici donc la dame de pique condamnée par les Tribunaux au même titre que la dame de cœur !

Messieurs du tirage à cinq, prenez garde à vous !

Le Figaro — du 1er Xbre 1896 — (42e année — 3e série — n° 336.)

La Banque
de France

Le gouvernement a proposé aux Chambres de proroger jusqu'au 31 décembre 1920 le privilège concédé à la Banque de France ; certains députés proposeront au contraire de repousser cette

...gation et de constituer une Banque ...t, pour remplir la fonction aujour-...ui exercée par la Banque de France.

Déjà, les partisans de ce dernier sys-...me, usant de leur droit, ont commencé ...ur campagne et s'efforcent de conqué-...r l'opinion publique.

Ont-ils tort? Ont-ils raison?

Il suffit, pour le savoir, d'examiner où se trouve non pas l'intérêt de la Banque, mais l'intérêt de la France, — qui, seul, doit dicter la décision à prendre.

Cherchons-le donc.

Tout d'abord, qu'est-ce que la Banque de France? Que fait-elle en vertu de son « privilège », et que fait-elle en vertu de ses « droits »?

Bien des gens s'imaginent que la Banque de France est une création de l'Etat, qu'elle existe uniquement en vertu d'une concession, d'une autorisation émanant de lui, et qu'elle n'aurait qu'à retomber dans le néant le jour où la main toute-puissante de l'Etat se retire-rait d'elle.

Interrogez au hasard cent personnes dans la rue : quatre-vingts au moins, sinon davantage, vous répondront ainsi.

****

Cependant, rien n'est plus faux. La Banque de France est avant tout une so-ciété particulière, comme le Crédit lyon-nais ou telle autre banque par actions,— avec cette différence qu'elle sera bientôt centenaire. C'est le 24 pluviôse an VIII (13 février 1800) qu'un certain nombre de citoyens de grande position person-nelle, frappés de la situation critique où se trouvait alors le pays faute de crédit, résolurent d'établir en France une ban-que analogue à celles qui fonctionnaient déjà si heureusement en Angleterre, en Hollande et ailleurs, et signèrent en-semble les statuts primitifs dont l'article premier était ainsi conçu :

« Il sera établi une Banque publique » sous la dénomination de *Banque de* » *France*. Les fonds en seront faits par » actions. »

Ces statuts visaient toutes les opéra-tions qui constituent le commerce et l'in-dustrie des banques — escompte, recou-vrement, dépôt en comptes courants — et même l'émission de billets au porteur et à vue, dans des proportions telles qu'au moyen du numéraire réservé dans les caisses et des échéances du papier du portefeuille le payement de ces billets fût toujours immédiatement assuré. Le capital était fixé à 30 millions, en actions de 1,000 francs.

Parmi ces fondateurs de la *Banque de France*, dont l'acte de naissance était ainsi définitivement dressé, figuraient notamment M. Récamier, M. Mallet, M. Germain, etc...

Bien entendu, cette *Banque de France* était libre, sans aucune attache avec l'Etat, sans aucun privilège, sans aucun monopole.

La valeur, le crédit de ses administra-teurs, de ses « régents », étaient tels que son succès fut considérable, si bien que les consuls décidèrent que les fonds de la Caisse d'amortissement seraient versés à la nouvelle banque, et que les relations entre elle et l'Etat se développèrent rapi-dement.

L'Etat, vous le savez, était alors entre les mains d'un homme qui avait quel-que facilité, M. de Buonaparte. Ce Corse comprit bien vite tout le parti que le susdit Etat pourrait tirer dans son propre intérêt, pour la solidité de son crédit, pour l'étendue et la rapidité de ses ressources financières, d'un établisse-ment particulier possédant par lui-même une si grande force et jouissant d'une autorité si générale et si légitime parmi les négociants, les propriétaires, les citoyens du pays tout entier.

Il traita donc avec la *Banque de France* et lui concéda, par la loi du 24 germinal an XI (14 avril 1803), le privilège qui dure encore et dont voici la formule, d'après l'article premier :

« L'association formée à Paris sous le » nom de *Banque de France* aura le pri-» vilège exclusif d'émettre des Billets de » Banque aux conditions énoncées dans » la présente loi. »

****

Voilà les origines. Depuis, les actes législatifs intervenus n'ont fait que for-

tifier, étendre ce principe et ses conséquences, y compris les décrets du 27 avril
et du 2 mai 1848 qui fusionnèrent les
banques départementales (dont les billets n'avaient cours que dans leur département) avec la Banque de France.

Ainsi la Banque de France existe donc
bien par elle-même, en dehors de toute
concession de l'Etat, avec son titre,
avec ses droits tirés de la liberté du travail et de l'ensemble des lois générales.

Les Chambres peuvent, si elles le
jugent bon et utile, refuser de continuer
plus longtemps l'œuvre du tyran de
l'an VIII, dont la durée est une douleur
et un scandale pour les « réformateurs »
modernes : la *Banque de France* n'en
continuera pas moins d'exister, de fonctionner, sous son nom qui n'est pas,
hélas ! sans notoriété dans l'univers civilisé (ô abominations de la société capitaliste !), dans ses immeubles à Paris,
dans les départements, partout où elle
voudra, et d'y accomplir toutes les opérations auxquelles elle se livre aujour-
d'hui, — excepté l'émission des billets de
banque, parce qu'ils sont un papier-monnaie et que le droit de battre monnaie
métallique ou fiduciaire est un droit
régalien.

La personnalité civile de la Banque de
France ainsi déterminée, quelles sont
ses opérations? Quels sont ses bénéfices
et leurs causes ; quelles sont ses charges ;
quels services rend-elle à l'Etat?

Les opérations, vous les connaissez :
ce sont toutes celles d'une grande banque de dépôt et d'escompte quelconque,
— plus celles d'une banque d'émission.

Vous portez 1,000 francs d'or à la Banque de France et vous lui demandez en
échange 1,000 francs en billets. Elle est
obligée de vous les donner, gratuite-
ment, quoique ses billets fassent aujour-
d'hui prime sur l'or, à l'étranger. Elle
vous les donne, je suppose, en 10 billets
de 100 francs tout flambants neufs. Vous
les emportez. Il vous plaît, chez vous, de
les rouler en boulettes pour amuser votre chat, qui les met à peu près en lambeaux. Vous les rapportez le lendemain,
hors d'usage, à la Banque de France, et
vous lui redemandez vos 1,000 francs
d'or. La haute et puissante dame est

obligée de vous les rendre et de reprendre ses billets déchirés, qu'elle n'a plus
qu'à brûler.

Qu'a-t-elle gagné à ce double échange?
— Rien.

Qu'a-t-elle perdu ? — La valeur des dix
billets, soit environ 1 franc 50 centimes.

Ce n'est donc pas le métier de banque
d'émission qui lui rapporte quoi que ce
soit : il lui coûte, comme à quiconque ne
ferait que ce métier, — et c'est le seul
qu'elle fasse en vertu de concession de
l'Etat.

Mais elle ne fait pas que celui-là, heureusement pour elle, pour le public et
pour l'Etat lui-même : elle escompte;
elle prête; elle fait cent opérations diverses, d'après son droit naturel, et
moyennant intérêt ou rétribution.

Les 1,000 francs que vous avez déposés dans ses caisses, elle peut les remettre, aujourd'hui à 2 0/0 d'intérêt par an,
contre un effet de commerce revêtu de
trois bonnes signatures, payable à 90
jours au plus tard.

C'est là ce qu'elle fait pour des sommes considérables, dépassant en ce moment 812 millions de francs, et c'est pour
cela et par cela qu'elle réalise des bénéfices, qu'elle a accumulé des réserves
importantes, et que, grâce à ces bénéfices, à ces réserves, à son capital-actions
de 182 millions, à sa prudence et à sa
sagesse bien connues, à l'autorité personnelle de son gouverneur et de ses régents, elle a acquis dans le monde entier
un crédit supérieur à celui de beaucoup
d'Etats, égal à celui des plus puissants.

Ainsi, l'avantage que la Banque de
France tire de son privilège d'émission
vient uniquement de ce que ce privilège
lui procure une grande quantité de numéraire dont elle peut employer utilement une partie en opérations de banque libre.

***

Dans quelle mesure cet avantage est-il
profitable à la Banque? Quels services
l'Etat peut-il, en retour, exiger d'elle?

C'est là tout le champ des débats qui
se sont livrés entre la Banque et l'Etat,
lors des prorogations antérieures de son

privilège depuis 1803, et cette fois-ci,
entre M. Cochery et M. Magnin, lorsqu'ils ont rédigé la convention soumise
à la ratification du Parlement ; — et il
faut que l'Etat obtienne tous les avantages possibles.

C'est là ce qu'on peut discuter.

Mais ce n'est pas ce que discutent les
partisans du système de la Banque
d'Etat, puisque c'est le principe même
de la convention qu'ils condamnent.

C'est ce principe que nous pouvons
maintenant juger, puisque nous avons
précisé ce que la Banque de France est,
et ce qu'elle fait.

Tout le monde comprend que la faveur
du billet de banque vient de la certitude
où chaque porteur est que son billet sera
remplacé à toute heure par du numéraire, — et tout le monde comprend que
l'Etat, s'il se faisait lui-même directement
banquier *d'émission*, ne pourrait réaliser
quelque profit à ce métier que s'il se faisait en même temps banquier *escompteur*.

Demander l'établissement d'une *Banque d'Etat*, c'est donc demander que
l'Etat, qui est déjà gendarme, soldat,
juge — (ses vrais métiers) ; — qui s'est
fait voiturier, instituteur, professeur
d'art, inspecteur et réglementateur de
mille emplois de la liberté individuelle,
se fasse encore banquier !... qu'il prête
de l'argent à celui-ci, qu'il en *refuse* à
celui-là ; qu'il juge la solvabilité des négociants, des industriels, même des autres banquiers, dont il sera le concur-
rent et qu'il pourra sauver ou égorger
suivant son bon caprice.

C'est demander enfin qu'il renonce
aux services que lui-même retire de la
Banque de France, puisqu'elle sera
affranchie de toute obligation légale,
contractuelle, ou morale, envers lui.

Or, ces services sont considérables, il
serait puéril de se le dissimuler, et le
plus considérable de tous consiste dans
le fait que, par sa seule existence, la
Banque de France constitue aujourd'hui
une puissance telle que son crédit double celui de l'Etat en temps de paix et
qu'il subsiste dans toute son étendue en
temps de guerre, alors que celui de
l'Etat ne peut éviter les plus rudes attein-
tes.

Cette force de la Banque de France, que certains présentent comme un danger, est donc, au contraire, par la nature même des choses, un des plus précieux éléments de la grandeur, de la prospérité, de la solidité de l'Etat. Grâce au développement du système adopté en 1803, la France a deux crédits au lieu d'un seul, deux arsenaux financiers formidables, séparés l'un de l'autre quoique au service de la même cause, et l'indépendance qu'on reproche au second est une condition même de la valeur, de l'étendue de ses approvisionnements et des ressources que la nation peut y trouver aux jours des suprêmes épreuves. La priver de l'un de ces Trésors ce n'est donc point servir, mais compromettre gravement ses intérêts.

Telle est, sans entrer pour le moment dans les détails, la vraie physionomie de la question : il importait de l'indiquer tout de suite. Les observations, les faits qu'il est intéressant d'exposer n'en paraîtront désormais que plus clairs.

Jules Roche.

Le Figaro du 8 décembre 1895 — (42e année - 3e série - n° 343)

La Banque de France

II

LES BILLETS DE BANQUE DE L'ÉTAT

Le Français naît malin et vit badaud. Il suffit qu'on lui présente une sottise pour qu'il s'y précipite ; et, lorsqu'il fut victime de sa crédulité, il s'empresse de l'oublier, pour se laisser prendre une seconde fois et indéfiniment, de génération en génération, aux mêmes pièges. Ainsi font les poissons, toujours pris aux mêmes filets.

Les apôtres de la Banque d'Etat, qui nous présentent aujourd'hui leur projet comme une découverte et comme un bienfait, devraient savoir qu'elle n'est ni l'un ni l'autre, et que des expériences répétées et constantes dans leurs résultats montrent même au plus myope l'inévitable dénouement de leur système.

Donner à l'Etat la faculté d'émettre des billets de banque, c'est, quelques précautions que l'on prenne, quelque mécanisme que l'on imagine, l'exposer à la tentation d'en émettre au delà des facultés de remboursement immédiat ; et, l'exposer à cette tentation, c'est le condamner infailliblement à y succomber.

Cet oracle est plus sûr que celui de Calchas ; je n'en veux d'autre preuve que notre propre aventure et l'histoire de nos propres billets de banque d'Etat généralement plus connus sous le nom d'assignats. Cette différence de mot est même pour tromper bien des gens ; car

[...] des noms différents à une même chose ou le même nom à des choses différentes, est une des plus fécondes sources d'erreurs et d'idées fausses. Mais « billet de banque d'Etat » et « assignat » c'est tout un ; et pour savoir sûrement ce qui serait, rappelons-nous ce qui fut.

* * *

Nous avons aujourd'hui besoin d'argent ; on s'en aperçoit à chaque pas, dans la discussion du budget : nous roulons sur l'or en comparaison de l'état où se trouvait la France en 1789. Les besoins augmentant chaque jour, les ressources diminuant, le crédit se resserrant, les affaires se ralentissant, chacun se mit en quête de moyens pour trouver de l'argent. On ne savait pas alors aussi clairement qu'aujourd'hui que la prospérité des finances publiques tient surtout à l'ordre ; qu'elle est un phénomène psychologique presque autant qu'un fait matériel, et qu'il est chimérique de croire qu'on peut faire régner l'abondance dans un pays où règnent le trouble et la crainte.

L'Assemblée nationale, d'ailleurs aux prises avec des événements plus forts que la volonté des meilleurs de ses membres, n'en choisit pas moins l'une des pires solutions en imaginant d'instituer une véritable banque d'Etat, sous le titre de *Caisse de l'Extraordinaire*, à laquelle on attribuait des ressources spéciales — contributions patriotiques, ventes de domaines de la Couronne et de domaines ecclésiastiques jusqu'à concurrence de [?] millions, etc. — et qui recevait le droit d'émettre, pour une valeur correspondante, des billets de banque garantis par ces gages et qu'on appela « assignats », pour ne pas leur donner un nom discrédité dans le public, comme le nom de [banque] l'avait été lui-même par la mésaventure de la *Banque royale* de Law. Toujours la piperie des mots !

Les dispositions du décret du 21 décembre 1789 étaient bien différentes du [plan] que Necker avait présenté, comme [ministre] des finances, le 14 novembre [précédent]. Il s'était bien gardé d'entrer [dans] une telle voie ! Il avait proposé la [création] d'une véritable Banque de France — qu'il appelait *Banque nationale* — établissement autonome, existant par soi-même, en dehors de l'Etat, en vertu de ses fonds personnels, fixés à 150 millions de capital, avec une faculté d'émission de billets s'élevant à 240 millions, avec privilège pendant 30 années. Il avait montré, dans un Mémoire remarquable, comment un tel système ne ferait courir aucun risque à l'Etat, lui procurerait au contraire de précieux avantages, et au commerce les plus utiles secours : rien n'avait pu triompher des préjugés de l'Assemblée, habilement exploités par tous ceux qui, pour des raisons diverses, voulaient faire échec à Necker ou précipiter la course de la Révolution.

Vainement les représentations les plus fortes avaient été développées en faveur du plan du ministre. C'était Dupont de Nemours qui avait répliqué d'abord à un discours enflammé de Mirabeau et formulé, avec une admirable précision, les principes supérieurs qui doivent déterminer toute résolution du législateur en pareille circonstance.

Nécessité d'une banque pour établir le crédit ; nécessité, pour que la banque puisse fonctionner efficacement, d'inspirer au porteur de billets la conviction légitime qu'il lui est « impossible de perdre avec la Banque », et, par conséquent, nécessité pour la banque de ne mettre jamais un seul billet en circulation qu'en échange de numéraire ou de valeurs exigibles et certaines ; de là, impossibilité de confier ce rôle de la Banque à l'Etat, à la Nation, comme on disait alors, essentiellement impropre à exercer les fonctions si complexes du banquier ; — en résumé, « banque ou banqueroute », telle fut dans son ensemble l'argumentation et telle fut la conclusion littérale de Dupont de Nemours.

Ainsi parlèrent à leur tour vingt autres orateurs des plus puissants, des plus éclairés, des plus versés dans la science financière. Ainsi parla, entre autres, un député de Lyon, Nicolas Bergasse, qui avait plaidé naguère pour Beaumarchais, et dont le discours est une véritable prophétie des catastrophes qu'entraîna la création des billets de banque de l'État.

« Il me semble, avait-il dit en commençant, qu'il n'est besoin que d'un petit nombre de réflexions pour démontrer l'absurdité de tous ces plans (de création d'assignats), et surtout pour faire connaître les conséquences cruelles et malheureusement irréparables qu'ils entraînent après eux. » Il fait alors cette démonstration. Il prouve que le billet de l'État perdra rapidement son crédit ; que l'État sera entraîné à grossir ses émissions sans limites, au fur et à mesure même que son crédit diminuera ; que le commerce en sera ruiné à l'intérieur et plus encore à l'extérieur ; que tout travail sera tari, tout salaire déprécié ; que bien loin d'empêcher les spéculations dont parlent si bruyamment les adversaires de la Banque, le système de l'État-banquier non seulement ruinera le pays, mais « naturalisera dans tout le royaume l'agiotage et la mauvaise foi », et il termine enfin par une péroraison qu'il faut citer tout entière :

Je déclare, pour l'intérêt de la capitale et des provinces, pour l'intérêt du commerce et de l'agriculture, pour le maintien des propriétés et par respect des lois éternelles de la morale et de la justice, que je m'oppose à l'admission du projet que la Commission nous propose — (celui qui fut voté) ; — et, si nous pouvions le décréter, que je change mon opposition en protestation solennelle contre le décret qui sera porté, ajoutant que j'envoie dès ce moment le présent écrit soit comme opposition, soit comme protestation, d'abord à nos commettants, ensuite à toutes les Chambres de commerce, et enfin aux principales villes du royaume, voulant qu'il me serve de témoignage et de justification, lorsque les malheurs que je prévois seront arrivés.

Ni ce discours — qui ne fut pas inséré au *Moniteur* — ni les efforts de personne ne servirent de rien. Les adversaires de la Banque avaient prononcé de ces mots qui bouleversent les âmes faibles, et jamais les Assemblées, en aucun temps ni en aucun pays, ne brillèrent par le courage devant les pharisiens.

C'est ainsi que le projet de Necker avait été repoussé, et la création de la *Caisse de l'Extraordinaire* et de ses billets de banque décidée.

****

Jamais Isaïe, Osée, Ézéchiel, ni les plus illustres prophètes ne virent leurs prédictions aussi promptement réalisées que Nicolas Bergasse les siennes...

Le décret du 21 décembre 1789 est à peine promulgué en janvier 1790 que la sarabande des « billets de banque de l'État », car il faut les appeler par leur nom, commence !

On avait ordonné l'émission de 400 millions : que pouvait cette goutte d'eau ? Le 29 septembre 1790, c'est une nouvelle émission de 1,200 millions. En septembre 1791, — 100 millions de plus. Quelques semaines après, encore 100 millions. Le mois suivant, 200 millions de plus, et nous voilà, à la fin de 1791, à deux milliards, au lieu des 400 millions prévus deux ans auparavant.

Avec l'année 1792, le mouvement s'accélère. Le 4 avril, 50 millions, — une misère ! Le 13 juin, 150 millions. Le 31 juillet, 200 millions. Le 24 octobre — la Convention est arrivée, — 400 millions.

Nouvelle année, belle année 1793 : le 1ᵉʳ février, 700 millions de plus, d'un seul coup, — et désormais c'est l'avalanche ! Impossible de la suivre. Les décrets se précipitent les uns sur les autres comme les débris d'un monde qui s'écroule, au milieu du fracas de la guerre étrangère et des horreurs de la guerre civile, si bien que, en définitive, lorsqu'il fallut s'arrêter devant les ruines accumulées et tenter de ramener l'ordre, et que Ramel, ministre des finances, fit voter, le 30 pluviôse an IV (19 février 1796), la loi qui brisait la « planche aux assignats », il déclara qu'il avait été créé, depuis l'origine, pour 45 *milliards 578 millions* de billets de banque de l'État, et qu'il y en avait encore en circulation, à ce moment, pour environ 36 *milliards !*

Naturellement, vous le comprenez, une si formidable émission ne s'expliquait pas seulement par les besoins de l'État, mais par la dépréciation de son billet. Plus il avait besoin d'argent, plus il avait créé de billets ; plus il créait de billets, plus leur valeur réelle tombait au-dessous de leur valeur nominale ; — course insensée, au bout de laquelle se trouvait le dénouement prédit par Dupont de Nemours et par Bergasse. Vous savez ce que sont devenus les 36 milliards d'assignats et ce qu'ils valent.

Consultez les documents du temps, les affiches officielles indiquant la valeur des billets de banque de l'Etat : l'échelle de dépréciation est effrayante.

Peu de temps après la première émission, en 1790, ils tombent à 91 0/0.

En 1791, ils tombent encore, et descendent au minimum de 68 0/0 ;

En 1792, le minimum devient 52 0/0 ;

En 1793, il devient 20 0/0 ;

En 1794, il tombe successivement à 22 0/0, — à 15 0/0, — à 2 0/0.

En 1795, — lisez le tableau officiel de l'administration du département de la Seine, donnant les cours jusqu'au 1er thermidor an IV (19 juillet 1796), vous voyez que 100 francs en billets ne valent plus que *trois sous !*

Heureux succès de la conception financière du décret du 21 décembre 1789 : le sucre valant 470 francs la livre, le savon 252 francs la livre, la chandelle 140 francs la livre ; — un abonnement d'un an à la *Gazette nationale* ou à tel autre journal quotidien, — 5,000 francs !…

Ce n'était pas, cependant, que l'Etat eût manqué de moyens, ni reculé devant ces moyens, pour tenter de maintenir à ses billets de banque leur valeur nominale !

Il avait décrété successivement :

Le 11 avril 1793, *six années de fers* contre quiconque fixait ou proposait des prix différents selon que les payements étaient effectués en numéraire ou en billets ;

Le 1er août 1793, sur la proposition du bon Couthon, 3,000 francs d'amende et 6 mois de prison, — et en cas de récidive, 6,000 francs d'amende et 20 ans de fers, contre quiconque refusait les billets en payement pour leur valeur nominale ;

Le 4 septembre 1793, l'arrestation immédiate de toute personne ayant vendu ou acheté à des prix différents selon qu'ils étaient payés en numéraire ou en billets, — de toute personne ayant tenu des propos de nature à discréditer les billets, — et la *peine de mort* si ces actes avaient été accomplis « dans l'intention » de favoriser les ennemis de la République.

Lois, poursuites, amendes, prison,

guillotine, aucun pouvoir, aucune violence n'avaient prévalu contre la force invincible des choses.

Rien n'avait pu donner la valeur à des objets n'en ayant point, le crédit à des titres ne l'inspirant point par eux-mêmes.

En tout ceci, rien n'est changé ; rien ne peut changer ; rien ne changera. Voulez-vous recommencer ?...

Jules Roche.

L'Éclair du 7 mars 1897 — dixième année — n° 3023

OPINIONS

RETOUCHES NÉCESSAIRES

Pour faire une bonne loi, il ne suffit pas toujours d'une louable intention traduite en un langage clair, précis, ne prêtant à aucune équivoque ; il faut encore que le texte qui est innové soit mis en harmonie avec l'ensemble de notre législation, de telle façon que les bienfaisants effets qu'on en attend ne soient pas occasionnellement entravés par le choc en retour d'une disposition d'ordre général. Cette observation s'applique à bien des lois ; elle s'applique notamment à la loi du divorce, ainsi que vient de le démontrer une décision du Conseil d'État, fort intéressante à enregistrer, car elle touche à des intérêts qui ne peuvent manquer d'éveiller la sollicitude du législateur.

Un jeune conscrit de la classe de 1896, fils unique d'une femme divorcée dont le mari était décédé postérieurement au divorce, s'était vu refuser par le conseil de revision le bénéfice de la dispense prévue par l'article 21 de la loi du 15 juillet 1889 au titre de soutien de famille. Saisi de l'affaire par l'honorable M. Naquet, le général Billot a demandé au Conseil d'État un avis de principe et voici comment la section compétente a tranché la question :

Considérant que, pour réclamer l'application du paragraphe 2 de l'article 21 de la loi du 15 juillet 1889, l'intéressé doit être l'aîné des fils d'une femme actuellement veuve ;

Considérant qu'aux termes du deuxième alinéa de l'article 227 du code civil, le mariage se dissout par le divorce légalement prononcé ; qu'après cette dissolution, les divorcés perdent le titre d'époux et les avantages attachés à ce titre ; que, par suite, le décès du mari divorcé ne saurait mettre l'épouse divorcée dans la situation d'une veuve ;

Est d'avis :

Que le [illegible] décédé, ne saurait réclamer le bénéfice de la dispense prévue au paragraphe 3 de l'article 21 de la loi du 15 juillet 1889.

A ne considérer que la lettre de la loi, cette décision est irréprochable; mais qui ne voit qu'ici c'est la lettre qui a tort? Envisagée au point de vue de l'équité naturelle et du plus élémentaire bon sens, la décision du Conseil d'État ne saurait plus se justifier, parce qu'elle établit une distinction de droit entre deux situations qui sont, au point de vue du fait principal, identiques, et parce qu'elle va directement contre la volonté du législateur. Qu'a voulu le législateur, en effet? Il a voulu que la loi du service universel, si nécessaire à la patrie, mais si dure quelquefois aux pauvres gens, ne devînt pas une charge écrasante, une cause d'irrémédiable misère pour les familles dont le chef naturel a disparu; il a voulu qu'une malheureuse femme isolée, sans ressources, ne trouvant plus auprès d'elle aucune des relatives sécurités que lui apportait l'état de mariage, ne fût pas brusquement privée du seul appui sur lequel elle pouvait compter dans la vie. Est-ce que ce but serait atteint dans tous les cas où il doit l'être, si la jurisprudence admise par le Conseil d'État devait prévaloir et se perpétuer dans la pratique de l'administration militaire? Non, bien évidemment. Dans l'impossibilité de respecter l'esprit de la loi par l'application rigoureuse de son texte, il est donc devenu indispensable de modifier ce texte lui-même afin d'en faire sortir dans leur intégralité les justes effets qui en étaient attendus. C'est à quoi va pourvoir, nous l'apprenons avec plaisir, une proposition qui sera prochainement déposée par MM. Naquet et Le Hérissé.

Pendant que le législateur y sera, et puisque l'occasion s'en va présenter pour lui, peut-être fera-t-il bien d'examiner d'autres points sur lesquels il semble que la loi du divorce puisse recevoir d'utiles additions. Ne serait-il pas opportun, par exemple, de préciser la situation légale des femmes de fonctionnaires au point de vue de la reversibilité des pensions de retraite, en cas de divorce prononcé à leur profit? On sait que l'État paye à ses agents retraités des pensions qui sont, après décès, reversibles, pour partie, sur leurs veuves ou sur leurs enfants. Mais voici une femme irréprochable, au profit de laquelle le divorce a été prononcé; après divorce le mari meurt: la femme aura-t-elle droit à la reversion dont elle bénéficierait sans conteste si elle était « veuve de fonctionnaire » aux termes de la loi? La question est pas été, que nous sachions, jusqu'ici soulevée devant les tribunaux ; mais elle est déjà résolue négativement, en fait, par le ministère des finances, qui défend comme il peut les deniers de l'Etat.

Les deniers de l'Etat, c'est très bien ; mais l'Etat est ici juge en sa propre cause et il saute aux yeux qu'il sacrifie, sans la moindre vergogne, à ses commodités budgétaires des intérêts infiniment respectables et qu'il appartient au législateur de sauvegarder. Il résulte en effet de la pratique adoptée par notre administration financière que la femme du fonctionnaire divorcée dans les conditions que nous avons dites se voit, dans sa vieillesse, privée de moyens d'existence sur lesquels elle avait pu légitimement compter et qu'elle subit ainsi, au mépris de toute justice, les lourdes conséquences d'un état de choses créé, non par sa propre inconduite, mais par celle de son conjoint. Et quand cette considération qui est d'équité générale serait écartée, il resterait encore celles qui se tirent simplement d'un loyal règlement de comptes. Qu'est-ce que la pension de retraite ? C'est la rente d'un capital, grossi, il est vrai, d'un appoint de l'Etat, mais formé, pour la part principale, de prélèvements régulièrement exercés sur les appointements du fonctionnaire durant ses années de service, lesquels prélèvements ont eu pour effet de restreindre dans une mesure très appréciable le budget des dépenses du ménage. La femme du fonctionnaire a donc contribué par les privations auxquelles elle s'est soumise, conséquemment par son effort personnel, à créer le capital commun, dont une fraction lui appartient en propre, et de cette fraction elle ne peut être dépouillée sans qu'il y ait dol flagrant. En réalité, refuser d'appliquer à la femme du fonctionnaire divorcée avant veuvage, le divorce ayant été prononcé à son profit, la clause de réversibilité, c'est confisquer partiellement au profit de l'Etat le produit d'une assurance sur la vie contractée à leur profit commun par deux parties associées. Il y a là une vérité de l'ordre arithmétique que l'Etat a méconnue jusqu'ici et qu'il ne serait que strictement équitable d'introduire dans la loi.

Pousserai-je plus loin cette minutieuse investigation à travers les à côté de la loi du divorce ? Pourquoi, dans le cas de divorce prononcé pour cause d'adultère, la loi prolonge-t-elle, même après la mort de l'époux outragé, l'inhibition édictée contre le survivant d'épouser son complice ? A quoi bon, quand personne n'est plus là pour en souffrir, mettre encore obstacle à une solution qui, dans bien des cas, serait souhaitable à tous les points de vue, et d'abord à celui de la morale publique ? Et ce n'est pas seulement dans quelques détails d'application que la loi du divorce pourrait être avantageusement réformée. C'est aussi dans le principe même qui a dicté certaines de ses dispositions essentielles. Pour me limiter à un exemple, quel profit y a-t-il aujourd'hui à refuser à des époux mal assortis la faculté du divorce par consentement mutuel ? Il y a beau temps que la pratique coutumière a devancé en cette matière l'intervention du législateur. C'est une des plus joyeuses facéties de nos revues de fin d'année que le tableau de l'agence qui fournit à prix débattu des figurants de tout sexe pour adultère simulé. Et notez que, dans la vie courante, il n'est nullement nécessaire de recourir à ces moyens vaudevillesques. Entre époux décidés à se séparer on s'entend très bien et on a tôt fait de se procurer les sévices constatés dont le juge sévère a besoin pour prononcer son arrêt : abandon du domicile conjugal, outrage proféré devant témoins, au besoin on irait jusqu'aux voies de fait ; que ne subirait-on pas pour être libre ? Une petite avanie conjugale bien mise en scène et le tour est joué.

Votre interdiction est donc comme si elle n'existait pas. Supprimez-la et rien ne sera modifié en fait, sinon que les candidats au divorce n'auront plus besoin de se moquer des juges pour arriver à leurs fins. Trouvez-vous qu'il soit sage de faire de la loi matière à dérision pour les justiciables ? Non ? Alors remettez donc votre ouvrage sur le chantier et changez-y vous-même ce qui doit être changé et qu'au surplus le public a déjà changé sans vous. Revision dans le sens libéral de la loi du divorce, voilà une bonne matière à occuper cinq ou six séances de la Chambre. Elles seront pour le moins aussi utiles que celles que vous employez à faire monter le prix du sucre.

Alphonse Humbert.

Le Gaulois du 15 mars 1897 (31ᵉ année — 3ᵉ série — n° 5609)

UNE PAGE INCONNUE
DE
L'Histoire du Boulangisme

LA VÉRITÉ SUR UNE VISITE HISTORIQUE

DOCUMENTS INÉDITS

C'est ce soir qu'a lieu la répétition générale de la pièce de M. Pierre Denis sur le général Boulanger : *A la vie, à la mort !* Nos lecteurs savent que l'acte où l'auteur a fait peut-être la plus large part à la politique est le quatrième acte, dont l'action se passe à Saint-Brelade, dans le jardin de la villa du général.

L'action nous montre un certain nombre de boulangistes venus pour décider le général Boulanger à rentrer en France. Nous n'avons pas à rechercher ici quelle est la part d'imagination — légitime d'ailleurs — apportée par l'auteur dans la reproduction de cette scène, non encore représentée. Nous voulons, à propos de la mise au théâtre de cet épisode historique, raconter simplement et de la façon la plus scrupuleuse la visite des députés boulangistes à Saint-Brelade telle qu'elle a eu lieu, au mois de mai 1890, nous appuyant sur des faits inconnus jusqu'ici et contrôlés par des documents complètement inédits, d'une authenticité absolue.

Et d'abord voici les noms des cinq membres du Comité national — car ils étaient cinq — qui allèrent faire visite au général Boulanger : MM. Alfred Naquet, A. Laisant, Paul Déroulède, Georges Laguerre et Le Hérissé. L'objet de cette visite était de décider le général à rentrer en France.

Comment et pourquoi ?

Voici.

Les élections municipales de Paris du 27 avril 1890 furent, on s'en souvient, un véritable désastre pour le parti boulangiste. Le soir du scrutin, tandis que les membres du Comité national, réunis dans les salons de M. Georges Laguerre, 198, rue Saint-Honoré, apprenaient les derniers résultats, quatre membres du comité : MM. Alfred Naquet, Laisant, Paul Déroulède et Georges Laguerre, se retiraient dans une pièce voisine — dans le cabinet de travail de M. Georges Laguerre, pour préciser — et là, décidaient de partir dès le lendemain pour Jersey.

Le but de ce voyage ? Ramener le général Boulanger en France. C'était, selon eux, la dernière carte à jouer, c'était le salut de la cause. En effet, par la présence du général Boulanger à Paris, par l'effervescence à laquelle ce retour subit allait donner lieu, le parti boulangiste pouvait espérer sortir avec les honneurs de la guerre du scrutin de ballottage. Il restait au parti huit jours pour tenter un effort suprême. Il fallait en profiter et faire feu des quatre fers. Le général, en débarquant, était arrêté. Il se déclarait prêt à purger sa contumace et provoquait par ce fait un débat contradictoire. C'était une nouvelle procédure dans laquelle seraient impliqués les membres du Comité national. D'où un procès monstre qui lançait la cause boulangiste dans une phase nouvelle, éclatante.

La France tout entière prenait part à ce propos. C'était pour le boulangisme affaibli une résurrection.

— Il n'y a pas une minute à perdre, dit M. Paul Déroulède, le grand patriote. Partons-nous demain ?

— À la première heure, fit M. Alfred Naquet.

Rendez-vous fut pris à la gare Montparnasse, pour le train du matin à destination de Granville. Le lendemain, au moment du départ du train, on vit arriver M. Le Hérissé.

— Je sais que vous allez à Jersey, dit-il : « Je suis des vôtres ».

Le train partit. La conversation, comme on le pense bien, roula uniquement sur l'effort suprême qu'on allait tenter. M. Paul Déroulède résuma le grand débat qui allait être tranché par le général Boulanger, dans cette formule énergique :

— Paraître ou disparaître.

****

C'est dans ces dispositions d'esprit qu'on débarqua à Saint-Hélier. Le général Boulanger, averti par dépêche, était venu chercher les voyageurs au débarcadère. Le général était installé à Saint-Brelade de la veille.

— Vous venez avec moi à Saint-Brelade, dit-il. Je ne puis vous offrir l'hospitalité, car je ne suis installé que d'hier, mais je vous ai retenu des chambres à un hôtel non loin de la villa. Nous serons ainsi voisins. Et tout d'abord vous dinerez avec moi ce soir, n'est-ce pas ? Vite, en route !

Et l'on prit place dans la voiture qui attendait, une grande voiture de voyage à huit places, sorte de mail-coach couvert. En route, la conversation fuit la politique. A un moment même, comme le général, ramenant la conversation à un sujet moins épineux, racontait qu'il avait loué la villa de Saint-Brelade pour toute la saison, un des voyageurs en témoigna de la surprise.

— Alors, s'écria le général avec un mouvement d'impatience, je n'ai pas le droit de loger où je veux ?

A ce moment M. Paul Déroulède ne put maîtriser sa nature toute d'élan :

— C'est justement ce que nous venons vous dire, général. Nous venons vous arracher à un exil inutile et même compromettant pour notre cause en une heure si grave. Car enfin...

Mais on s'interpose. Le moment était mal choisi pour la discussion. Et l'on donna un autre cours à la conversation. Quelques minutes après, la voiture entrait dans le jardin de la villa. On descendit. Le général tint à montrer sa propriété aux visiteurs. Et l'on se promena dans les allées.

Mme de Bonnemain parut, souriante et charmante :

— Le général m'a dit que vous diniez avec nous, ce soir ? fit-elle. Je compte sur vous.

Et au bout de quelques instants, comme elle se trouvait à côté de M. Paul Déroulède un peu éloigné des autres, Mme de Bonnemain lui dit continuant une conversation commencée :

— Me faire votre avocat auprès du général ? Je vous en prie, ne me le demandez pas ! Je veux rester neutre en tout et pour tout. Ma ligne de conduite, c'est d'observer une réserve absolue sur tout ce qui touche à la politique.

Le tour du jardin fait, on entra dans le salon. Mme de Bonnemain avait disparu. Le moment de s'expliquer était venu. M. Alfred Naquet, en sa qualité de doyen, prit le premier la parole. Il fut catégorique, net, éloquent. Toutes les raisons qui avaient motivé cette visite à Jersey furent exposées au général Boulanger, qui resta inébranlable. Il répondait par phrases courtes, hâchées, qui formulaient toutes la même idée :

— Je ne rentrerai pas en France ; je veux choisir mon heure.

M. Georges Laguerre prit la parole. Il fut plein d'élan et de chaleur ; MM. Laisant et Le Hérissé vinrent à la rescousse avec beaucoup d'à-propos. Peines perdues. Le général resta inébranlable. A un moment, poussé à bout, excédé, il s'écria :

— Ce que vous me conseillez là est fou. Vous seriez des émissaires de Constans que vous ne parleriez pas autrement.

Et, comme pour couper court à toute nouvelle tentative, il dit d'une voix vibrante :

— Dieu lui-même, vous entendez bien, Dieu lui-même viendrait me dire de rentrer en France, je ne rentrerais pas !

*
* *

Alors, M. Paul Déroulède, qui avait pu maîtriser jusque-là son impétuosité, se leva, pâle d'émotion. Il reprit d'une voix d'abord tremblante, puis vibrante, éclatante, toute la théorie de la nécessité impérieuse du retour. Sentant la résistance du général grandir à chaque réplique, il s'échauffa, devint d'une véhémence extrême, lança à toute volée la phrase qui était par elle-

... un ordre, mieux que cela, un ultimatum :

— Paraître ou disparaître !

La scène fut indescriptible. M. Paul Déroulède sortit du salon avec fracas, mais fut ramené bientôt par MM. Alfred Naquet et Georges Laguerre, qui avaient couru après lui. La discussion était close. Les voyageurs manifestèrent le désir de se retirer chez eux.

— Mais il est bien entendu que vous dînez ici ? fit le général en leur tendant la main.

Et il les accompagna jusqu'à la grille du jardin.

Aussitôt rentrés à l'hôtel, les cinq membres du Comité national délibérèrent. Il fut convenu qu'ils remettraient le soir même au général leur démission en une lettre collective. On rédigea la lettre séance tenante. Ce fut la rédaction de M. Laisant qui réunit les suffrages. Le texte approuvé, chacun des membres en fit une copie. Les cinq copies furent signées par les cinq députés et mises dans cinq enveloppes différentes portant comme cachet les initiales et paraphes des démissionnaires. Il fut convenu que chacun garderait par devers lui une copie de la lettre et qu'aucune de ces copies ne serait ouverte sans l'assentiment unanime des cinq signataires. Il fut convenu, en outre, que la lettre originale serait remise au général Boulanger le soir après dîner.

Voici cette lettre. Elle est complètement inédite :

Saint-Brelade, 29 avril 1890.

Mon général,

Le résultat des élections municipales de Paris venant après celui des élections législatives a apporté dans nos esprits la démonstration d'une vérité profondément triste, mais que notre devoir était de vous signaler. Le courant d'opinion qui s'était établi si puissamment en faveur des idées du Parti national et de son chef n'existe plus. Les causes de cet abandon sont multiples; mais la principale est assurément l'abominable arrêt de la Haute Cour et l'œuvre de calomnie entreprise contre vous : campagne odieuse facilitée par votre absence.

Vous avez, avec raison, constamment réclamé des juges à la place des ennemis qui vous ont condamné. Mais puisqu'on persiste à vous refuser des juges réguliers, notre conviction profonde est que la seule issue qui vous soit offerte est de rentrer quand même en France, de vous présenter le front haut devant vos ennemis du Sénat, et de les braver, fort de votre innocence. Cette attitude fière et digne vous relèverait aux yeux de tous et sauverait l'avenir de notre parti.

Ces idées sont celles du Comité républicain national. C'est au nom de nos collègues que nous vous les avons soumises, en vous disant la vérité, si cruelle qu'elle soit, et en nous déclarant tout prêts à continuer vigoureusement la campagne si vous partagiez notre manière de voir. Votre avis a été différent du nôtre.

Impuissants à faire triompher notre pensée auprès de vous, nous avons un dernier devoir à remplir : remettre entre vos mains nos démissions de membres du Comité républicain national, dans l'impossibilité où nous sommes de poursuivre désormais l'œuvre de patriotisme et de relèvement national que nous avions entreprise à vos côtés.

Veuillez agréer, mon général, avec l'expression de notre respectueuse tristesse, l'assurance de nos amitiés personnelles bien sincères et bien persistantes.

A. LAISANT, A. NAQUET, Paul DÉROULÈDE, G. LAGUERRE, LE HÉRISSÉ.

A sept heures, les cinq voyageurs étaient de retour à la villa de Saint-Brelade. On se mit à table. La conversation fut des plus pénibles. On parla de tout, sauf de politique. M. Laguerre raconta son récent voyage à Constantinople. A un moment, le général Boulanger, assez triste jusque-là, eut une note gaie.

— Savez-vous comment s'appelle mon nouveau propriétaire ? fit-il. Leffondré ! —. Un nom de circonstance ! dit M. Laguerre en souriant.

Le moment semblait choisi pour revenir sur la politique. On n'en profita pas.

Au dessert, M. Naquet, qui s'était fort à propos souvenu que c'était ce jour-là l'anniversaire du général Boulanger, porta un toast au chef, « malgré les tristesses de l'heure présente ». Le général remercia brièvement. A dix heures, on se sépara, non cependant sans avoir promis de venir déjeuner le lendemain, avant le départ.

Le général accompagna ses invités dans le jardin. C'est à ce moment que M. Alfred Naquet lui remit la lettre.

— Mon général, lui dit-il, voici une lettre qui clôt la discussion que nous avons eue cet après-midi.

Le général Boulanger prit la lettre sans rien dire et quitta précipitamment les voyageurs en leur souhaitant bonne nuit.

***

A l'hôtel, les Cinq eurent une longue conférence qui devait aboutir à ceci : à quoi bon déjeuner chez le général ? Il était plus simple de prendre congé de lui dans la matinée : on éviterait ainsi un nouveau repas lugubre.

A neuf heures du matin, MM. Naquet, Paul Déroulède, Laisant, G. Laguerre et Le Hérissé se présentaient à Sainte-Brelade et faisaient part au général de leur volonté de quitter Jersey sans détail. Le général n'insiste pas davantage, mais il demanda à M. Laisant, vice-président du Comité national, de se charger d'une lettre qu'il devait remettre à Paris à une personne de confiance : par cette lettre, le général mettait quarante mille francs à la disposition des comités pour le scrutin de ballottage.

— Et où allez-vous ? reprit ensuite le général.

— A Saint-Hélier, et de là à Londres.

— Et vous descendez, à Saint-Hélier ?

— A la Pomme d'or.

— Je vous répondrai, fit-il.

Et il conduisit les voyageurs jusqu'à la grille du jardin. Comme la voiture s'ébrouait :

— Bon voyage ! dit-il.

Aussitôt rendus à Saint-Hélier, les cinq députés résolurent de quitter Jersey, coûte que coûte.

— Il ne faut pas rester ici une heure de plus !

Tel était le sentiment général. Mais il n'y avait aucun départ ce jour-là. On se décida à noliser une petite barque à destination de Guernesey. Au moment où les voyageurs s'embarquaient, un messager du général Boulanger leur remit une lettre. C'était la réponse à la lettre de démission. Voici cette réponse absolument inédite, comme la première lettre :

Jersey (Saint-Brelade)
Le 30 avril 1890.

Mes chers amis,

Vous êtes venus me poser un ultimatum. Je le regrette, car si je vous disais qu'après réflexion, peut-être verrais-je une idée à prendre, — mais idée à prendre à mon heure — dans votre avis de purger ma contumace, vous pourriez croire que j'agis de la sorte pour vous faire revenir sur votre détermination.

Je tiens toutefois à vous dire que vous êtes arrivés ici affolés par la défaite de dimanche, n'attendant même pas le scrutin de ballottage, abandonnant nos amis encore sur la brèche, et n'ayant pas l'air de vous douter que vous faisiez ainsi le jeu de nos adversaires.

Je vous connais trop pour penser un instant que vous me quittez parce que je suis momentanément vaincu : vous n'empêcherez pas nos ennemis, et peut-être certains de nos amis, de le croire. Je le regrette pour vous plus que pour moi.

Je n'accepte pas vos démissions. Si vous croyez devoir les maintenir malgré ces observations, je les accepterai plus tard. Peut-être d'ici-là aurez-vous réfléchi que le boulangisme n'est pas aussi mort que vous le dites. Il est malade certainement ; mais si vous n'écoutez pas mon avis, c'est vous qui lui aurez porté le dernier coup.

Agréez, je vous prie, mes chers amis, l'assurance de mes sentiments personnels les plus dévoués.

Général Boulanger.
MM. Laisant, Naquet, Laguerre, Déroulède, Le Hérissé.

***

La barque fit voile.

En route, M. Georges Laguerre dit :

— A Guernesey, il faudra que nous visitions Hauteville-House, la maison de Victor Hugo.

— Oui, fit M. Paul Déroulède, toujours en proie à la plus vive excitation, après la maison du petit homme, la maison du grand homme. J'en suis.

On visita, en effet, Hauteville-House, et l'on coucha à Guernesey, non loin de la demeure d'exil du poëte. Le lendemain, le bateau postal partait pour Southampton. On le prit. A Londres, la première visite fut pour M. Henri Rochefort. Avisé du voyage des cinq députés à Jersey, M. Lucien Millevoye était venu en Angleterre pour avoir des nouvelles. Il se montra très surpris et très ému du refus du général de rentrer en France. On raconte même que, à ce moment, une nouvelle idée surgit :

— Mais il ne reste plus qu'une chose à faire, fut-il dit, c'est d'enlever le général ! On l'entraînera à bord d'un yacht et on le conduira en France ! Tout le comité sera arrêté avec lui.

Il n'y avait plus pour les voyageurs qu'à rentrer à Paris. On dîna avec M. Henri Rochefort au restaurant Verrey dans Regent street. Le lendemain on prit le train à Charing-Cross. J'oubliais ! La veille, les voyageurs étaient allés visiter le Zoological Garden. M. Georges Laguerre y avait acheté un superbe perroquet, contre l'avis de M. Paul Déroulède qui, vaincu cependant par la joie d'enfant de M. Laguerre devant le bel oiseau, avait fini par dire :

— Je veux bien que vous l'achetiez, Laguerre, mais vous allez prendre toutes vos précautions pour qu'on ne le voie pas à notre arrivée en France.

— Pourquoi ?

— Parce que l'on ne manquera pas de dire que nous sommes partis pour aller chercher Boulanger et que nous ramenons un perroquet.

Et tout le monde de rire.

Le retour à Paris des cinq voyageurs s'effectua le soir même du scrutin de ballottage. Une heure après ils rendaient compte du voyage au Comité national réuni à l'hôtel Saint-James.

M. Paul Déroulède, se faisant le porte-parole de ses compagnons, lisait un document rédigé à cet effet par lui à Londres, et avec l'assentiment des intéressés donnait lecture des deux documents inédits que nous venons de publier. Les explications de M. Déroulède tendaient à la dissolution du Comité national, en face de la défaite irréparable du parti aux élections municipales et du refus catégorique du général de rentrer en France. Il y eut du pour et du contre. La réunion s'ajourna au lendemain, rue de l'Arbre-Sec.

Le matin de la réunion, M. Paul Déroulède pria à déjeuner MM. Naquet, Laisant, Laguerre et Le Hérissé. Il fut convenu que tous demanderaient la dissolution. Mais, à la réunion, M. Paul Déroulède s'inclina devant la majorité, qui se montrait visiblement hostile à la dissolution.

— Je m'incline devant le suffrage du plus grand nombre, dit-il. J'étais venu ici pour me séparer du général. La majorité estime qu'il y a lieu de continuer la campagne boulangiste. Je m'incline.

Mais les jours du Comité national étaient comptés. A quelque temps de là, la dissolution était prononcée. Le général Boulanger l'acceptait comme un fait accompli, résolu désormais à « n'avoir aucun intermédiaire entre lui et le peuple. »

Ce fut la dernière heure de sa vie politique.

**

Telle est la vérité historique sur l'entrevue de Jersey. Le reste n'est que légende. Ai-je besoin d'ajouter que je n'ai fait qu'œuvre de narrateur, me bornant à relater en toute impartialité le témoignage de certains acteurs — et des plus importants — de cet épisode curieux du boulangisme?

Aug. Geldemar

Le Figaro du 19 mars 1897 (43e année — 3e série — n° 28)

LE ROI LOUIS-PHILIPPE
ET LE DROIT DE GRACE

Mgr le duc d'Aumale a donné lecture hier, à l'Académie française, d'une notice appelée à faire une grande sensation, non seulement par le nom de son auteur, mais encore et surtout par le relief nouveau qu'elle donne à la figure du roi Louis-Philippe et par la question très humaine et très haute qui en fait l'objet. S'appuyant sur des notes manuscrites laissées par son père, et qu'il a placées hier sous les yeux de ses collègues, Mgr le duc d'Aumale a montré comment le roi Louis-Philippe comprenait et exerçait le *droit de grâce*, le soin qu'il apportait dans l'examen des dossiers qui lui étaient soumis, son souci de l'équité, la profondeur de son esprit juridique, son inlassable pitié et, dans certaines circonstances, sa grande fermeté.

Le prince nous dit tout d'abord comment il a été amené à écrire ces pages impressionnantes :

Le 12 mai 1839 — c'était un dimanche — mon frère Montpensier et moi nous faisions une partie, à Neuilly, avec des camarades de classe.

En montant en char à bancs pour retourner aux Tuileries, nous vîmes un peloton de lanciers qui venait nous chercher. Un mouvement révolutionnaire avait éclaté ; le chef de poste du Palais de Justice, le lieutenant Drouineau, venait d'être assassiné par le chef d'une bande d'insurgés.

Barbès, auteur du crime, fut condamné à mort par la Cour des pairs. Le Conseil des ministres insistait pour l'exécution. Le Roi ne pouvait se décider à suivre leur avis.

Un dimanche, après midi, j'étais dans le petit cabinet de ma mère qu'on appelait la *Scrivania*. Mon père entra tout en larmes. Il me tendit un papier : « Tiens ! lis cela à ta mère ». Et je lus :

Par votre ange envolée ainsi qu'une colombe,
Par ce royal enfant, doux et frêle roseau,
Grâce encore une fois ! Grâce au nom de la tombe !
Grâce au nom du berceau !

Victor HUGO.

12 juillet, minuit.

Le Comte de Paris n'avait pas un an : ma sœur Marie, l'artiste inspirée, venait de mourir.

Toute la scène me revint en mémoire avec ses détails, je revis la petite chambre, ma mère à son bureau, le Roi debout près d'elle, lorsqu'il y a peu de jours, en ouvrant une caisse contenant des papiers de mon père, mes yeux se fixèrent sur un dossier dont je connaissais l'existence, mais que je n'avais jamais vu. Et d'instinct, dans un gros tas de feuilles entièrement couvertes de l'écriture de mon père, ma main alla chercher celle que je voulais voir, et je lus :

14 juillet 1830. Un demi-siècle écoulé depuis le 14 juillet 1789 !

Barbès (Armand), 29 ans, condamné à mort par la Cour des pairs le 12 juillet 1839. Attentat contre la sûreté de l'Etat, homicide volontaire avec préméditation.

Contre l'avis du Conseil des ministres, j'ai commué la peine de mort en celle des travaux forcés perpétuels,

et, le 30 décembre 183? en celle de la déportation. (Cette dern... ase ajoutée par le Roi le 30 décembre.)

Est-ce le souvenir a prise de la Bastille qui entraîna mon père ? Conservait-il un certain doute, que les débats n'avaient pas complétement dissipé, sur la perpétration de l'homicide imputé à Barbès. Il ne s'est pas expliqué. Encore une fois, il avait fait grâce.

Le dossier retrouvé par Mgr le duc d'Aumale se compose de 57 feuillets grand format, couverts, au recto et au verso, de notes autographes du roi Louis-Philippe, écriture très serrée, lignes très rapprochées ; et d'un certain nombre de feuilles contenant des notes de même ordre et de même origine, mais de l'écriture du baron Fain, secrétaire du cabinet du Roi, destinées à combler quelques lacunes ou à constituer un exemplaire double.

Malgré leur aspect compact, ces notes sont toutes distinctes et généralement séparées par de longues barres tirées à la main.

Il y a une note pour chacune des 2,277 sentences de mort prononcées sous le règne de Louis-Philippe, depuis son avènement, au mois d'août 1830, jusqu'au 24 février 1848. Chaque note comprend les nom, prénoms, âge, profession de ou des condamnés (car une même sentence s'applique parfois à plusieurs complices), la date de la condamnation, la désignation de la Cour d'assises ou du Tribunal spécial, l'analyse des motifs de la sentence, le résumé plus ou moins développé des arguments présentés, de la discussion qu'ils soulèvent, les arguments nouveaux apportés par le Roi, enfin la décision prise.

40 feuillets, ou mieux 80 pages de ces notes autographes, réparties en 20 listes, sont consacrées aux 1,600 sentences à la suite desquelles le Roi a eu le bonheur de pouvoir, selon l'antique formule, « préférer miséricorde à la rigueur des lois ».

17 feuillets (34 pages) des mêmes notes autographes présentent, en dix listes, le résumé des 668 sentences de mort à la suite desquelles le Roi a eu le regret de « laisser libre cours à la justice ».

Ces 57 feuillets, soigneusement enliassés et enveloppés, n'étaient vus de personne ; ils restaient déposés dans un des deux grands portefeuilles de maroquin noir fermés à clef qui suivaient partout le roi Louis-Philippe, et que le dévouement d'un vieux serviteur a pu soustraire soit au pillage du 24 février, soit

Investigations qui ont suivi cette ... journée..

Je ne puis considérer ces carrés de papier, dit Mgr le duc d'Aumale sans un certain orgueil filial. Ils représentent un travail considérable, poursuivi avec une persévérance qui ne s'est jamais relâchée, au milieu des crises les plus graves, jusqu'à la dernière heure du règne.

Chaque soir, mon père attendait que les derniers visiteurs eussent quitté le salon toujours ouvert de ma mère; puis, après avoir écouté ministres, ambassadeurs, pairs de France, généraux, préfets; souvent après avoir soutenu de longues et vives discussions, bataillé avec l'Europe où l'opposition; quelles que fussent les angoisses de la politique extérieure, les difficultés de la politique intérieure, il rentrait dans son cabinet, et, à la lueur de la lampe, il passait une partie de la nuit à dépouiller les dépêches, les rapports du jour, surtout ceux du garde des sceaux sur les condamnés à mort. Jamais il ne s'est couché sans avoir examiné, pesé, mis par écrit toutes ses remarques, les motifs de sa décision ou de son doute s'il croyait devoir continuer l'examen, surtout s'il craignait de ne pouvoir sauver le condamné. Tous les mouvements de son esprit ou de son âme — que ce fût un souvenir de guerre ou de jeunesse, ou une de ces joies de famille que nul n'a su goûter comme lui, ou encore, hélas! une de ces douleurs qui lui perçaient le cœur — toutes ses émotions, qu'elle qu'en fût l'origine, le ramenaient à la miséricorde.

On ne se figure pas aujourd'hui quelle résistance rencontrait l'exercice du droit de grâce, quelle fermeté, quelle force de logique et même quelle éloquence il fallut à mon père pour maintenir la seule prérogative que la Charte lui assurât personnellement : « Le roi a le droit de faire grâce et celui de commuer les peines (article 58). » Dans sa ténacité à défendre à outrance ce droit absolu et imprescriptible, il a engagé des luttes et livré des combats oratoires qui parfois ont failli provoquer des crises ministérielles. Sa persévérance a fait prévaloir une doctrine aujourd'hui si bien acceptée qu'elle semble établie par une tradition ancienne : l'exécution de la sentence de mort est devenue l'exception; on publie que jadis c'était la règle. Cet adoucissement des mœurs est l'œuvre et l'honneur de ce grand homme de bien, « le roi de plein jour. »

Mgr le duc d'Aumale raconte comment son père exerça le droit de grâce lors des attentats contre la famille royale :

Louis-Philippe et ses fils furent l'objet de neuf tentatives d'assassinat. La première fut peu sérieuse. Celle du 28 juillet 1835 fut terrible. La machine infernale de Fieschi avait jeté sur le pavé, tués ou blessés, un maréchal de France, quatre généraux, un colonel et plusieurs officiers de l'armée, un lieutenant-colonel et plusieurs chasseurs de la garde nationale, des femmes, des ouvriers. Le spectacle était effroyable. Le maréchal Lobau, qui commandait la revue et marchait devant, revint tout ému vers le Roi : « Continuons, Monsieur le maréchal, » lui cria mon père en lui faisant signe de la main, et la revue continua. « Quel malheur que je n'ai pas été blessé! s'écriait le Roi quelques jours plus tard; j'aurais pu faire grâce! » Il ne le pouvait pas, et il inscrivit sur la liste des condamnations exécutées les noms de Fieschi, Pépin et Morey, avec plusieurs points d'exclamation.

L'année suivante, 25 juin 1836, comme le Roi, sortant en voiture par le guichet du pont Royal, se penchait hors de la portière pour saluer le drapeau de la garde nationale, Alibaud tira sur lui à bout portant. La balle frôla mon père et passa entre la Reine et ma tante, qui étaient dans le fond de la voiture. Le Roi ne put trouver de ministre pour contresigner une commutation, et il écrivit sur la liste fatale : « Alibaud! à mon grand regret! » — Il en fut ainsi pour Darmès (1840) et pour le garde forestier Lecomte (1846).

Mais le Roi put suivre le penchant de son cœur lors de la tentative de Meunier (27 décembre 18.. qui n'était pas sans analogie avec celle d'Alibaud : coup de pistolet tiré de près sur le Roi, qui, cette fois encore, penché sur le bord de la voiture, saluait le drapeau. La balle brisa la glace de devant, dont les éclats blessèrent légèrement mes trois frères au visage.

Le 25 avril 1837, l'assassin fut condamné par la Chambre des pairs à la peine des parricides. A peine la sentence prononcée, une femme âgée entre aux Tuileries et se jette aux pieds de la Reine. Marie-Amélie essaye de la consoler; le Roi entre :

« Votre fils s'est repenti, je veux qu'il vive; je n'ai pas attendu son pourvoi pour commuer sa peine. »

Comme la mère de Meunier balbutiait, accablée par l'émotion, le Roi ajouta :

« Rassurez-vous; votre fils sait déjà qu'il a sa grâce; le président de la Cour des pairs le lui annonce en ce moment. »

Et Louis-Philippe, relevant la pauvre femme, la fit asseoir sur un fauteuil; il ne la quitta qu'après l'avoir recommandée aux soins de ses officiers.

Les Codes des armées de terre et de

mer sont tellement prodigues de la peine de mort que les militaires et marins tiennent une grande place dans le dossier du Roi. Ils ont largement part aux bienfaits de la clémence royale. Il y a des cas cependant où le sentiment du devoir est plus fort que la bonté. Le Roi sait repousser les sollicitations qui lui paraissent inspirées par la faiblesse. Parmi les nombreuses commutations citées par Mgr le duc d'Aumale, prenons cet exemple remarquable de l'esprit juridique, de la conscience et de l'équité du Roi :

Hoffmann (Philippe), vingt-deux ans, fusilier au 1er régiment de la légion étrangère, condamné à mort le 5 mai 1845 par le 1er Conseil de guerre d'Oran comme chef de complot de désertion.

A la simple lecture du rapport qui me proposait une commutation en quinze ans de travaux publics, j'ai pensé que Hoffmann (qui n'avait pas déserté avec les six hommes qu'on l'accusait d'y avoir entraînés) était entièrement innocent, et que par conséquent il aurait dû être acquitté. J'ignorais alors — ce que pourtant on aurait dû relater dans le rapport — que le capitaine rapporteur, convaincu de l'innocence de Hoffmann, avait abandonné l'accusation contre lui et conclu à son acquittement. Aussi c'est par indulgence pour les membres du Conseil de guerre que je n'ai pas prononcé *grâce entière* ; mais comme j'ai voulu la faire en fait, tout en maintenant la forme d'une commutation, j'ai substitué *six mois d'emprisonnement à partir de la date du jugement* (5 mai 1845) aux douze qu'on me proposait, afin que Hoffmann, qui les a déjà subis, puisse être immédiatement élargi et renvoyé à son corps. — (Saint-Cloud, 4 décembre 1845).

Au dossier de Hoffmann sont jointes les trois pièces suivantes : 1° note du Roi en regard de la proposition du ministre de la guerre du 9 août 1845 ; demande de renseignements, doutes émis ; 2° informations prises par le ministre, lettre du 20 novembre 1845 ; rapport présenté au Roi par le garde des sceaux le 2 décembre 1845, annoté par le Roi, reconnaissance de l'innocence de Hoffmann. Signalons cette note du Roi :

Ce n'est pas de l'indulgence qui est due à Hoffmann, c'est justice. C'est pour les membres du Conseil de guerre qu'on peut réclamer de l'indulgence, et c'est ce que je leur accorde en ne prononçant pas grâce entière.

Lorsque la conscience du Roi com-

mandait de laisser libre cours à la justice, son impartialité ne tenait aucun compte ni de l'origine du condamné, ni des instances faites en sa faveur.

Plus loin, Mgr le duc d'Aumale écrit à propos de la torture et de la bastonnade :

Le Roi rappelait, non sans orgueil, que, dès les premières années de son règne, le dernier vestige de la torture avait disparu de notre législation. Le Code pénal de 1810 voulait que le parricide, avant de subir la peine capitale, eût le poignet coupé. La loi du 28 avril 1832 a supprimé cette mutilation comme une barbarie inutile.

Ces barbares usages du moyen âge, mon père s'indignait à la pensée qu'ils pourraient revivre en Algérie, qu'on tenterait d'y rétablir la question préparatoire sous forme de bastonnade, et que cette bastonnade y serait infligée à de malheureux prisonniers, non pas seulement par des officiers en campagne, vivant au désert, au milieu du tumulte, des surprises et des razzias, mais par des magistrats en robe noire, dans la capitale même de l'Afrique française.

Les joies de famille et les douleurs étaient aussi, pour le roi Louis-Philippe, des motifs de clémence.

En 1835, le duc d'Orléans fait un voyage en Corse. Le Roi saisit cette occasion pour commuer la peine de mort prononcée le 12 juin contre les Bonetti père et fils.

L'année suivante, même commutation en faveur de Thomas Pérotin, condamné à mort le 20 février 1836 par la Cour d'assises de la Charente-Inférieure :

« Il a tué son frère !! Mais ce serait la quatrième exécution à Saintes en quinze mois ! Ainsi, ma fête et l'anniversaire de la naissance de la Reine, 25 avril et 1er mai... ! Malgré bien des avis !!! »

En 1844, les couches de la princesse de Joinville furent un nouveau prétexte saisi par la clémence royale ; le 12 août, en réduisant de dix à deux ans la peine d'un détenu à l'atelier du boulet de Stora (Algérie), le Roi demandait au garde des sceaux une autre commutation en faveur de quatre soldats qu'il jugeait intéressants.

Voici maintenant la douleur !

Faivre (Pierre), dit *le Lièvre*, quarante-huit ans, tonnelier, né et domicilié à Frédéric-Fontaine, condamné à mort pour assassinat le 25 mai 1842 par la Cour d'assises de la Haute-Saône — Travaux forcés perpétuels.

Il a assassiné Christophe Maréchal, son voi-

... dans un guet-apens au fond d'une cave. Catholique père d'une nombreuse famille, il était indigne d'intérêt, et le premier rapport du garde des sceaux (Martin du Nord) concluait à laisser libre cours à la justice. Mais ayant eu à expédier ce triste rapport pendant que les précieux restes de mon fils bien-aimé (le duc d'Orléans) étaient encore dans la chapelle de Neuilly, je n'ai pas pu m'y décider; j'ai brûlé le rapport, voulant que cette cruelle circonstance valût la vie à ce misérable.

C'est encore peu après la mort du prince royal que le Roi écrivait la note suivante (10 décembre 1842) :

Marc-Antoine Martin, trente ans, chasseur au 2ᵉ régiment d'infanterie légère, condamné à mort le 31 août 1842, par le premier Conseil de guerre de la 1ʳᵉ division militaire pour voies de fait envers son supérieur.

Je me suis déterminé à réduire à douze ans de travaux publics la commutation proposée de quinze ans de travaux forcés, par des considérations que le maréchal ministre de la guerre et le garde des sceaux ont trouvées fondées.

1° Sans vouloir atténuer le crime commis par Marc-Antoine Martin, je ne pense pas que ce fût une tentative de meurtre, qu'il y eût intention de sa part de tuer le sergent Cantel, quoiqu'il soit évident qu'en le frappant Martin ait voulu se venger du rapport qui l'avait fait punir par son capitaine. La blessure était légère, peu profonde, et l'instrument était petit. Ce qui me confirme dans cette opinion, ce sont les exclamations de Martin : « Quel malheur ! Quelle funeste idée j'ai eue là ! Il eût mieux valu que je me tuasse que de faire du mal à quelqu'un ! » C'est enfin le repentir que Martin n'a cessé de témoigner depuis cet acte criminel.

2° Marc-Antoine Martin est un bon sujet, qui avait été exempt de punitions jusqu'à celle que le rapport de Cantel lui avait fait justement infliger, et lorsque son premier temps de service avait été écoulé, ses chefs l'avaient rengagé avec plaisir.

3° Il appartient au 2ᵉ léger ! Il y a fait cinq de ces glorieuses campagnes qui ont tant illustré le nom de ce brave régiment, et où mes fils ont été tant de fois associés à ses dangers et à sa valeur.

Que cela profite donc à ce malheureux Martin ! Qu'il sache, et que tout le régiment sache aussi, combien ce sentiment de mon cœur a pesé dans la balance pour me déterminer à adoucir sa peine et à lui épargner l'infamie des travaux forcés. J'aurais désiré que le devoir de donner force à la discipline me permît de lui infliger une moindre durée que celle de douze ans de travaux publics ; mais j'espère que sa conduite future autorisera le maréchal à me proposer, dans quelques années, la terminaison de sa peine, et, en la signant, je serai heureux de donner encore cette marque d'affection au 2ᵉ léger, et au souvenir du fils que je ne cesse de pleurer.

Nous n'ajouterons aucun commentaire à ces lignes émues. Le 2ᵉ léger avait eu Changarnier pour colonel. Le prince royal, le duc

de Nemours avaient eu l'honneur de prendre part à quelques-uns des faits d'armes de cet illustre régiment.

Après avoir ainsi montré comment son père « comprenait, défendait, exerçait le plus ancien, le plus glorieux privilège, la plus noble prérogative du roi des Français », Mgr le duc d'Aumale termine sa notice par cette belle page :

Les quelques pages qu'on vient de lire mettent en relief certains grands côtés du caractère de mon père : d'une part, le souci, toujours en éveil, de défendre les humbles et les faibles ; de l'autre, le profond sentiment du devoir, sa ferme volonté d'écouter avant tout la voix de sa « conscience royale », le respect de la vie humaine et le respect de la loi.

Quelques jours avant la chute de son trône, il s'appliquait encore à sauver la tête des condamnés. Et au milieu de la confusion du 24 février, à qui lui demandait je ne sais quelle signature illégale, il répondit froidement :

Je n'ai pas violé une seule fois la loi durant tout le cours de mon règne ; je ne commencerai pas à la violer à la dernière heure !

Six mois auparavant, je le laissais à Saint-Cloud, plein de verve et de vigueur. Je le retrouvai à Claremont, courbé, transformé, sans amertume, sans haine, mais frappé au cœur.

Quelque temps encore, il continua de languir ; puis, comme l'a dit un poète, il mourut de l'exil. Mais il léguait à sa patrie, si j'ose parler la langue d'Épaminondas, deux filles immortelles : l'enceinte de Paris, la neutralité de la Belgique.

Depuis la fin de la guerre de Cent ans, de la terrible lutte entre la France et l'Angleterre, tous nos rois ont successivement agrandi le sol de la patrie. Même le triste règne de Louis XV a vu l'annexion de la Corse et de la Lorraine. La présence à Paris, la fière attitude de Louis XVIII, seul, sans soldats, sans argent, au milieu de souverains ambitieux, de généraux insolents et d'armées victorieuses, a peut-être sauvé en 1814 la France du démembrement. Charles X a pris Alger.

Mon père a maintenu la paix et soumis l'Algérie. Il a fait plus ; il a remporté deux victoires qui n'ont pas fait couler une larme et qui valaient mieux qu'un agrandissement de territoire : les fortifications de Paris, la neutralité de la Belgique.

Oui, deux victoires ! Car, pour fortifier Paris, il a fallu triompher d'un mouvement d'opinion aussi violent qu'irréfléchi. J'ai entendu hurler contre les bastilles ; du balcon de la chancellerie, j'ai vu défiler la garde nationale aux cris de : « A bas les forts ! » Mon père et M. Thiers surent saisir au vol un moment d'émotion causée par une des crises périodiques de la question d'Orient. Devant un grand intérêt national, le Roi et le ministre patriotes savaient oublier leurs dissentiments ; l'accord de ces deux volontés, de ces deux voix éloquentes, assura le succès.

Et l'on ne sait pas bien encore par quels prodiges d'habileté et de ténacité la neutralité de la Belgique a pu être imposée à l'Europe coalisée et malveillante.

Songez ! Ce que la neutralité de la Belgique a permis de créer, de tenter et de faire en 1870-1871 ! Ce que l'ébauche de remparts élevés en 1840 a permis de créer, de tenter et de faire pendant les quatre mois d'agonie ! Et ce qui aurait pu advenir si nos malheurs n'avaient pas dépassé les prévisions des plus exagérés pessimistes !... Ma plume se refuse à continuer.

Mgr le duc d'Aumale, on le divine, a obtenu un très vif succès. Cette longue lecture ne l'avait point fatigué et c'est en souriant qu'il a reçu les félicitations de tous ses collègues.

Jules Cazdane.

Le Figaro du 21 avril 1897 (43ᵉ année — 3ᵐᵉ série — n° 111)

LE PROCHAIN PROGRAMME ÉLECTORAL

I

La Dictature

Les bonnes âmes se lamentent sur l'impuissance de la Chambre. Hier encore, M. Goblet, espérant vainement empêcher nos députés d'aller goûter aux champs en fleurs un repos si bien mérité, énumérait les projets qu'elle aurait dû et n'a pu voter. M. Méline lui répliquait triomphalement en évoquant l'interminable cortège des interpellations si compendieusement développées par ses amis, depuis le 12 janvier, et en exprimant l'espérance que la prochaine session sera plus féconde.

Les bonnes âmes, M. Goblet, M. Méline se trompent également, mais sur des points divers, si bien qu'en additionnant leurs erreurs particulières, on obtient l'exacte erreur totale dont ils sont dupes et victimes.

Autant il est juste de constater l'étendue et la profondeur du gâchis « parlementaire » où s'enlise la France, autant il est chimérique de supposer que le système actuel puisse produire d'autres résultats ; mais autant il est heureux que les Chambres ne puissent faire aboutir que peu de lois. Leur impuissance est un moindre mal que leur fécondité, car plusieurs de nos maux viennent de lois détestables, qui ont malheureusement abouti ; et plus l'évolution des choses existantes

… poursuivra, plus les lois nouvelles seront funestes, étant inspirées de plus en plus non point par le souci de servir utilement le pays — que personne ne représente, — mais par le souci de plaire aux électeurs en flattant leurs préjugés et leurs passions.

De quelque sujet qu'il s'agisse, armée, finances, administration, commerce, la considération dominante, sinon unique, est la raison électorale. Quelle disposition serait la plus efficace pour le bien public : qui s'en occupe? Laquelle sera le mieux accueillie par les électeurs et favorisera le plus sûrement la réélection du député? à la bonne heure! Le Palais-Bourbon est devenu la Cour. Tous les ravages psychologiques exercés jadis dans l'âme des courtisans des *Caractères* par le désir de briller aux premiers rangs des seigneurs tout à l'ombre et de plaire au Roi-Soleil, on peut les observer aujourd'hui chez la plupart des élus, — et même chez tous les électeurs aspirant à la gloire d'être élus.

La science contemporaine a découvert le microbe de la peste, le microbe du tétanos, celui du charbon, vingt autres, et, mieux encore, les moyens de les combattre et de les vaincre. M. Duclaux nous révélait récemment, dans un article admirable de la *Revue de Paris*, comment il faut donner aux globules blancs de notre sang une éducation spéciale leur apprenant à dévorer, dès qu'ils apparaissent, ces redoutables ennemis de l'homme. Quel Pasteur découvrira le microbe électoral et le *phagocyte* bienfaisant capable de l'exterminer?

Notre mal, du reste, n'est pas nouveau. Polybe l'a exposé, trait pour trait, point par point, avec une profondeur et une puissance de vue prophétique. Après avoir montré par quels moyens se forma et grandit la République romaine, il en arrive à prédire comment elle pourra décliner, suivant ainsi l'exemple de tous les gouvernements et de tous les peuples qui avaient précédé l'ennemie victorieuse de Carthage et de sa propre patrie.

« Pour moi — dit-il — rien n'est plus clair. Lorsqu'une république, après s'être heureusement délivrée de plusieurs grands périls, est parvenue à ce degré de force où ses adversaires ne peuvent plus rien lui disputer sérieusement, le peuple ne peut jouir longtemps de ce bonheur. Une ambition démesurée s'empare de tous les esprits ; on recherche avec une avidité excessive les honneurs et la conduite des affaires. Ces désordres faisant tous les jours de nouveaux progrès, la passion de commander et l'espèce d'infamie que l'on attachera à l'obéissance commenceront la ruine de la république ; l'arrogance et le luxe l'avanceront, et le peuple l'activera. Emporté par la colère et n'écoutant plus que ses erreurs, le peuple secouera toute autorité ; il se l'attribuera tout entière. Alors, le gouvernement gardera bien le beau nom de république, c'est-à-dire d'État libre et populaire ; mais ce ne sera que la domination d'une populace aveugle, ce qui est le plus grand de tous les maux. »

Ainsi le clair penseur devinait les désordres futurs où devait sombrer, devant Sylla et définitivement devant César, la liberté romaine.

Les puissants politiques qui avaient brisé le pouvoir des rois et fondé la République avaient pourtant imaginé une institution extraordinaire, afin de préserver la liberté ou de sauver la patrie menacées par des périls trop pressants : troubles intérieurs, conspirations des partis, révoltes civiles ou guerres étrangères ; — c'était la dictature.

Non point, certes, cette dictature, la seule que nous connaissions, la seule que ce mot évoque dans nos esprits, violente, brutale, née dans le sang et dans le renversement des lois ; mais la dictature régulière, organisée, systématique, constitutionnelle comme nous dirions, et tirant son nom de ce que le consul lui-même désignait, *dictait*, le nom du citoyen chargé de cette magistrature suprême.

Ce fut, on le sait, aux débuts mêmes de la République, moins de trente ans après la chute des rois, que les Romains instituèrent la dictature. Des troubles profonds agitaient l'État. Trente peuples ligués menaçaient la République, et les consuls s'efforçaient vainement d'enrôler les troupes. L'autorité du Sénat languissait, impuissante. Ni magistrats, ni censeurs, ni tribuns, ni préteurs, ni lois ne suffisaient à répandre la vie et l'action. Les plus fiers républicains comprirent qu'il fallait concentrer, pendant quelque temps, dans les mains d'un seul homme tous ces lambeaux du pouvoir dispersés, pour que l'unité lui rendît une énergie indispensable au salut de la patrie. Le Sénat lui-même décréta qu'il serait nommé un «dictateur», un «maître du peuple», investi pour six mois du pouvoir suprême. Il pourrait tout. Rien ne pourrait contre lui. Le consul Cominius le choisirait sans retard, la nuit prochaine, après l'observation des auspices, le milieu de la nuit étant le moment le plus favorable pour les interroger ; le dictateur, ne pouvant monter à cheval, en sa qualité de chef de l'infanterie, déjà la reine des batailles, il choisirait son « maître de la cavalerie », et il marcherait, dans Rome même, précédé de vingt-quatre licteurs portant les faisceaux avec les haches !

Tel fut le décret du Sénat, rendu l'an de Rome 251, soit 501 ans avant J.-C., conservé par Tite-Live, par le récit de Marcus dans les *Lois* de Cicéron, par dix autres auteurs, par le *Digeste* lui-même.

Le premier dictateur, aussitôt élu, fut T. Lartius, un des consuls en exercice, et dès qu'il apparut, le lendemain matin, dans les rues de Rome, l'ordre se rétablit subitement.

Il était devenu impossible de chercher à mettre en conflit les différentes autorités de la République, d'exploiter les rivalités des deux consuls, les ambitions ou les jalousies des membres du Sénat. Il n'y avait plus qu'un chef, une volonté, un ordre, une force. Les enrôlements se réalisèrent immédiatement. Les Sabins, tremblants à la nouvelle de la résolution de Rome, s'empressèrent d'envoyer au dictateur des ambassadeurs pour demander la paix.

La dictature légale était fondée, et ses bienfaits démontrés.

Elle subsista dans la « Constitution » romaine pendant trois cents ans, mise en jeu toutes les fois que la paix intérieure ou la sécurité extérieure se trouvèrent gravement compromises. C'est par elle que la liberté et la République furent sauvées, en 437, lors de la fameuse conjuration du brillant Sp. Mælius, célèbre par la beauté de son cheval, et qui, après s'être acquis une popularité immense par les libéralités, les largesses, les distributions de blé qu'il faisait à la multitude, grâce à l'argent que lui fournissaient ses amis, avait préparé le renversement de la République et le rétablissement de la royauté à son profit. Le péril était devenu si pressant que les consuls Quinctius Capitolinus et Agrippa Ménénius Lanatus et le Sénat tout entier n'hésitèrent point : ils appelèrent d'urgence à la dictature, malgré ses quatre-vingts ans, le sage et intrépide Quinctius Cincinnatus, qui, déjà deux fois, avait sauvé Rome, comme dictateur, et s'était retiré dans son champ, quittant le glaive pour la charrue.

Cincinnatus pria les dieux immortels de ne pas permettre que sa vieillesse, dans une telle crise, attirât sur la République ni affront ni dommage, et obéit à la désignation du consul. Le lendemain, le conspirateur était abattu, la liberté hors d'atteinte, et Cincinnatus, se démettant presque aussitôt de la dictature, retournait à son champ.

C'est par la dictature encore que la République put déjouer les vastes complots ourdis contre elle à Capoue, en même temps que les révoltes éclataient de toutes parts, à Lucérie, chez les Samnites, dans la Campanie ; de même qu'auparavant, pendant ces années terribles qui virent nos aïeux envahir victorieusement l'Italie, sous la conduite de Brennus, et faire trembler si profondément Rome pour son indépendance, il avait fallu, pour sauver la patrie, élever cinq fois à la dictature ce Furius Camille, resté dans l'histoire des grands citoyens comme l'exemple d'un homme « vraiment unique en toute fortune », et qui mérita si justement le titre de Second Fondateur de Rome.

Puis un jour vint, après la chute de Carthage et le triomphe définitif de Rome sur le monde, où le recours exceptionnel à la dictature fut abandonné.

Remarque saisissante ; paradoxe apparent, mais logique profonde des choses :

lorsque cette institution tomba en désuétude, on vit peu à peu naître et se multiplier, jusqu'à déchirer l'Etat, les difficultés et les désordres politiques décrits par Polybe, si bien qu'il semble que la dictature constitutionnelle fut la compagne fidèle, pour ne pas dire la garantie, de la liberté des Romains et de la prospérité de la République, puisqu'un siècle après sa disparition, on vit surgir — non plus pour six mois, par décret du Sénat, par désignation du consul et avec la consécration des auspices, mais par coup de force — la dictature prolongée et sanguinaire de Sylla et disparaître la liberté, puis bientôt la République.

Nous sommes aujourd'hui aux prises avec des problèmes politiques et sociaux non moins graves que ceux qui tourmentèrent la République romaine, malgré les différences des temps et des conjonctures, et dans l'impossibilité démontrée d'agir.

Nul ne saurait proposer le remède, devenu impossible pour cent motifs, que le Sénat romain sut imaginer et pratiquer si heureusement pendant trois siècles. Ceux qui l'espèrent rêvent.

Et pourtant l'œuvre de salut pour la France, nécessaire à accomplir, n'est pas moins urgente que lorsque Brennus et nos pères, ou lorsque les conspirations, les discordes civiles, les entreprises de destruction sociale menaçaient Rome; et jamais l'anarchie et l'impuissance des pouvoirs publics ne furent si profondes entre les Sept Collines qu'elles ne le sont dans notre troisième République, — malgré de si nombreuses bonnes volontés, et de si loyales intentions chez quelques-uns des divers gouvernants.

N'est-il donc point de remède?

N'est-il donc plus d'espérance ?

N'avons-nous plus qu'à attendre, résignés, le dénouement fatal dans l'imbécillité ou dans la servitude?

Non !

Notre salut est dans nos mains. Nous n'avons qu'à vouloir. Et je dirai ce qui reste à faire — pour la France et par la liberté.

Jules Roche.

Le Figaro du 29 avril 1897 (43ᵉᵐᵉ année - 2ᵉ série - nᵒ 119)

II (1)

La Parodie parlementaire

Les ennemis du régime parlementaire tracent chaque jour le tableau le plus lamentable de notre système politique et de ses funestes résultats pour la France : quelles que soient leur verve et la virulence de leurs critiques, ils restent au-dessous de la vérité. Le mal est si étendu, si profond ; nous y sommes depuis si longtemps plongés, que nous n'en apercevons plus la gravité et les ravages réels. Même quand nous croyons en avoir le plus nettement conscience, nous nous faisons illusion sur notre état, et les plus alarmistes médecins Tant-Pis sont eux-mêmes dupes d'un optimisme et d'un endurcissement intellectuel, fruits de l'accoutumance, qu'ils ne soupçonnent point. Les incidents de chaque jour dispersent aussi notre attention, nous empêchent de la porter sur l'ensemble des événements pendant une certaine durée, d'en apercevoir les liens, les caractères, les conséquences produites et les prochaines ; si bien que les phénomènes les plus monstrueux, qui feront la stupeur des historiens futurs, nous échappent aussi complètement que s'ils se déroulaient dans une autre planète.

Nous nous épuisons en gémissements sur l'embarras de nos finances, la routine de nos administrations, l'anarchie de nos pouvoirs publics, et nous en accusons les cieux et la terre : nous oublions que, depuis la troisième République, nous avons changé 39 fois de gouvernement !

(1) Voir le *Figaro* du 21 avril.

... et même du 4 septembre 1870 au ... 1896, comptez bien : vous trouverez *trente-neuf* ministères, trente-neuf cabinets, trente-neuf gouvernements ... en établissant cette nomenclature ... le nombre des ministères pris en bloc. Si l'on compte les changements ... dans les départements ministériellement considérés, on trouve des ... encore supérieurs : aux finances, par exemple, la liste publiée en tête du *Bulletin* de ce ministère indique 47 changements !

Changez 47 fois, ou même 39 fois (ou même beaucoup moins), en vingt-six ans, les administrateurs, les directeurs de nos Compagnies de chemins de fer, de la Banque de France, du Crédit lyonnais, du Creuzot, du *Bon Marché*, du *Louvre*, de l'épicerie Potin ; de quelque société industrielle, commerciale, financière, de quelque entreprise, de quelque ferme, de quelque domaine agricole, de quelque magasin, de quelque boutique, de quelque « caboulot », de quelque « roulotte » que ce soit, et vous m'en direz des nouvelles !

Vous verrez quelle décadence, quelle ruine, quelle banqueroute remplaceront partout, sans même attendre dix ans, la prospérité la plus solide et la plus brillante !

Et il ne s'agit pas ici d'une entreprise privée, quelque vaste, quelque complexe qu'elle puisse être : il s'agit d'un pays tout entier de 38 millions d'habitants, avec ses 5 milliards de budgets, son armée, sa flotte, ses intérêts économiques présents et futurs dans l'univers, ses relations extérieures avec tous les peuples ; il s'agit de lutter pour la vie avec les nations les plus puissantes, les plus redoutables, servies, quelquefois, par les gouvernements les plus habiles, les plus forts, maîtres du temps et de l'heure ; il s'agit du gouvernement de la France enfin, — de la France, entendez-vous bien ? avec toute son histoire derrière elle ; avec son patrimoine incomparable de gloires, de grandeurs, d'efforts, de sacrifices, d'œuvres sublimes parmi le genre humain ; il s'agit de conserver tout cela, de le « restituer » dans son intégrité, de l'agrandir (car qui ne grandit pas tombe) et de léguer à ceux qui viendront après nous plus que nous ne reçûmes, — au moins, certes ! tout ce que nous reçûmes.

Et pour accomplir dignement cette tâche, ce devoir national historique et sacré, nous n'avons rien trouvé de mieux que de changer 39 fois en un quart de siècle les gouvernements chargés d'une si formidable mission !

Quel peuple fut jamais frappé d'une telle démence ?

Que sont, auprès de cette frénésie de désordre, de cette fureur d'anarchie, les extravagances byzantines racontées par Procope ou par Comnène et préludes de la chute finale ?

Considérez les sept assemblées qui se sont succédé chez nous depuis 1871 : l'Assemblée nationale elle-même n'a guère été plus sage que les Chambres venues après elle. Une fois M. Thiers renversé, du 24 mai 1873 au 23 février 1876, en moins de trois ans, elle a déterminé quatre changements de ministère. Mais la Chambre de 1881, en quatre ans, en a renversé six et elle est morte sous le septième ! De novembre 1881 à novembre 1885, c'est donc sept gouvernements différents, — ceux de Jules Ferry, de Gambetta, de Freycinet, de Duclerc, de Fallières, de Jules Ferry de nouveau, de Brisson, soit une durée moyenne de *sept mois* pour chaque gouvernement. Sept mois ! cela ne suffit même pas à un valet de chambre pour bien connaître son service dans une nouvelle maison.

De même, la Chambre élue en 1885, (qui acclama puis conspua Boulanger), soutint, abattit, releva, renversa, approuva successivement *sept* ministères opposés — Brisson, Freycinet, Goblet et Boulanger, Rouvier, Tirard, Floquet, re-Tirard — et, par-dessus le marché, renversa un Président de la République. Qui s'en souvient ?

N'avons-nous pas vu, depuis le mois de novembre 1893, la Chambre actuelle tour à tour applaudir et traîner aux gémonies le cabinet Dupuy, le cabinet Casimir-Perier, le second cabinet Dupuy, le cabinet Ribot, le cabinet Bourgeois, le cabinet Méline, *six* gouvernements en *trois ans et demi* ; mieux encore, amener la chute du Président de la République qu'elle avait élu, — et tout cela en attendant peut-être les surprises prochaines ?

Connaissez-vous dans Paris — non point aux Champs-Elysées, ni place Vendôme, mais aux quartiers des Grandes-Carrières, de la Goutte-d'Or, du Combat ou de Javel — une maison croulante, une baraque lépreuse où le propriétaire ait changé, pendant le même temps, aussi fréquemment de concierge ?

Et vous voulez, à ce régime, que la France joue son rôle dans le monde, qu'elle y fasse figure, qu'elle y soit honorée, recherchée, redoutée, respectée ; que ses affaires se développent, que son crédit s'affermisse, que la confiance et l'esprit d'initiative animent ses enfants et les poussent à l'action ; que l'âme de la nation s'échauffe, s'élève, redouble de vaillance, ainsi que le destin l'exige ?

Vous voyez que les critiques des adversaires d'un pareil système politique n'ont rien d'exagéré, et que les malédictions de leur patriotisme exaspéré ne s'expriment qu'en ton mineur.

****

Il ne faudrait pas croire que ce désordre et cette anarchie « parlementaires » soient le fruit et le monopole de la République.

Le régime parlementaire a fonctionné chez nous sous la Restauration, sous la monarchie de Juillet ; il se trouva alors dans des circonstances ambiantes infiniment plus favorables, en présence de difficultés singulièrement moindres : il ne donna guère de plus heureux résultats qu'aujourd'hui.

Discordes intérieures des assemblées, rivalités des groupes et des sous-groupes, jalousies et rancunes personnelles, intrigues de couloirs, turbulences des médiocrités ambitieuses, courtisaneries électorales, conspirations des partis coalisés contre le cabinet au pouvoir et conspirations des membres du même cabinet les uns contre les autres pour se créer une situation personnelle privilégiée et se ménager une place dans la combinaison ministérielle prochaine ; instabilité prodigieuse des cabinets et, par là même, impuissance gouvernementale, impossibilité absolue, même matérielle, de toute méthode, de toute prévoyance, de toute œuvre de longue haleine : tel est le spectacle que nous offre l'histoire parlementaire française, en traits non moins saisissants dans le passé que dans le présent.

Regardez les règnes de Louis XVIII, ce roi d'esprit si fin, si subtil, si avisé, et de Charles X, si jaloux de ses prérogatives, si autoritaire : de 1814 à 1830, en quinze ans — ce long espace de la vie humaine, ce court espace de la vie des peuples, — vous trouvez cinq Chambres et *dix* ministères.

Certes, dix ministères en quinze ans ce n'est pas 39 en vingt-cinq ans ! mais enfin ce n'est qu'une moyenne de dix-huit mois par gouvernement, et, si l'on met à part le ministère de Villèle, qui dura 7 ans, il reste 9 cabinets en 8 ans, ce qui n'est point trop indigne d'une comparaison avec la période de sarabandes ministérielles où nous avons le bonheur de vivre.

C'était, diront les panégyristes, le début du régime parlementaire ; la France, les députés n'y étaient point habitués : il leur fallait le temps de l'éducation.

Soit.

Fit-on mieux sous Louis-Philippe, après les leçons de 1816, de 1827, de 1830, après l'expérience de quinze années ?

Nullement. Deux ministères pour la Chambre de 1830 à 1831 ; deux pour celle de 1831 à 1834 ; *six* pour la Chambre de 1834 à 1837, qui était joliment dans « le train », n'est-ce pas ? En définitive, en comptant bien, *dix-huit* changements de ministère en moins de dix-huit ans : voilà le bilan. Je ne dis rien des « dessous », de l'histoire des coulisses parlementaires de cette époque ; je connais peu d'études plus affligeantes. Ce n'est point, cependant, les hommes de valeur, de savoir, de courage, de dévouement, qui manquèrent sous Louis-Philippe, ni sous la Restauration, pour servir efficacement et grandement la France. Ce fut le « régime » qui les frappa de diminu-

goût de tête, qui les usa, qui étouffa leurs qualités, les condamna à des fautes nuisibles au pays comme à eux-mêmes.

Passons sur la deuxième République, sur les *douze* ministères qui se précipitèrent de 1848 au 2 décembre 1852 ; sur le second Empire, sur les *cinq* ministères qui se succédèrent, après l'âge du pouvoir personnel, pendant l'âge « libéral... » de 1863 à 1870, y compris le ministère Palikao, qu'il faut bien mentionner pour obéir aux règles de la statistique. Aussi bien, il n'était pas alors question, malgré le décret du 19 janvier 1867 et le sénatus-consulte du 8 septembre 1869, d'appliquer intégralement les principes sacro-saints du parlementarisme.

En résumé, depuis la fin du premier Empire, depuis que la France a voulu chercher dans le régime parlementaire l'appareil de son *self-government* ; depuis qu'elle a cru assurer la direction de ses destinées et la jouissance de ses libertés en organisant, sous des formes d'ailleurs diverses dans leurs détails, ce qu'on appelle chez nous le régime représentatif, la souveraineté nationale, la responsabilité ministérielle, elle n'a fait que s'épuiser en vains efforts, de crises ministérielles en crises ministérielles, de révolutions en révolutions, se débattre en convulsions qui usent peu à peu sa clairvoyance, son esprit, sa raison, le génie de sa race, et lui préparent quelque subit et lamentable dénouement, tandis que grandissent et prospèrent ses rivaux.

Tels sont les fruits du régime. Aveugle qui ne le voit point !

Mais ce régime est-il bien le « régime parlementaire » ? N'en est-il pas au contraire la grotesque et dangereuse parodie ?

En adoptant tels organes du mécanisme général, n'avons-nous point oublié tel ou tel autre, plus essentiels encore, et dont l'absence dénature et fausse tout l'ensemble ?

C'est là ce qu'il faut rechercher.

Jules Roche.

LE YOGHI

Peu de personnes connaissent le dessinateur anglais Michaël Joshua Hawks ; mais les très rares initiés à son étrange talent lui gardent dans leur estime artistique une place éminente, tout à fait très rare aussi. Ils pensent, et je suis du nombre de ceux-là, que ce talent est proprement du génie, et que Hawks deviendrait célèbre du jour au lendemain s'il se décidait à publier son œuvre visionnaire, en particulier ses *Horror's illuminations*.

C'est, en dessins à l'encre rehaussés de couleur, et sur plaques de talc, le tableau complet, phase par phase, des épouvantements de la peste. Déjà terribles quand on les regarde à la lumière du jour, posés à plat sur des feuilles de papier, ces dessins semblent animés d'une vie fantômatique quand Hawks vous les montre en transparence, à la fulgurante clarté de sa lampe où passe un brusque jet de magnésium incandescent. Impossible, alors, de ne pas pousser un grand cri d'effroi, qui s'achève aussitôt en un cri d'admiration. A quoi Hawks vous répond d'ordinaire :

— Il n'y a pas à m'admirer. J'ai copié la nature, et rien de plus.

Mais cette réponse ne fait que vous étonner davantage ; car on sait, lui-même l'avouant avec un sourire de mystification, qu'il n'a jamais quitté Londres et n'a pu, par conséquent, étudier sur nature ces tragiques scènes de peste, toujours représentées en ses dessins comme se passant dans l'Inde. Et si on le lui objecte, il se contente d'accentuer son sourire et d'ajouter :

— Sans doute : et, pourtant, ce qui est là-bas, je l'ai vu ici, quoique cela n'y soit pas, en vérité.

On lui pardonne volontiers ces bizarreries, puisqu'on l'admire, et puisqu'en même temps on l'aime. Car, à part cet enfantin désir de vous mystifier, Hawks est un charmant compagnon, tout comme s'il n'était pas un très grand artiste.

Ayant eu l'occasion de lui rendre un important service, et sa reconnaissance m'en ayant récompensé par un redoublement de bonne grâce, je crus pouvoir lui reprocher un jour, tout amicalement, son petit défaut. Notre argot parisien l'égayait et je n'hésitai pas à lui glisser ma critique sous cette forme :

— Pourquoi diable, avec vos intimes, garder ces allures de fumiste ?

Il prit un air grave, crut sans doute que j'avais été blessé de le trouver *fumiste* à mon endroit, et répliqua dans un rude *shake-hand* :

— Vous avez raison. Je n'ai pas le droit, au moins avec vous, de paraître cela. Il faut vous prouver que je ne le suis point.

Puis, tristement :

— C'est vous qui l'aurez voulu.

Une heure plus tard, nous descendions de cab à l'entrée d'un *lane* où nous étions arrivés après de tortueux détours dans le quartier de Brompton Hill Road. Nous étions, durant tout le trajet, restés silencieux, sur la prière de Hawks. Il semblait mal à l'aise, moralement autant que physiquement. Le temps, ce jour, était affreux. Une pluie de neige fondue dans le brouillard jaune grelottait tout à la fois et l'on était fait.

— Buvez une gorgée de ce cordial, me dit Hawks, comme nous quittions la voiture.

Il m'avait tendu une gourde plate, en argent. J'avalai une gorgée d'une liqueur amère et chaude.

Au bout de cinquante pas environ faits à pied, nous entrâmes dans une petite et noire taverne. Le patron était un Hindou. Hawks lui dit quelques mots à voix basse. Nous montâmes ensuite au premier étage, où l'Hindou nous installa dans une obscure chambre, meublée seulement d'un large divan, et qu'éclairait une veilleuse à globe laiteux.

Hawks avait apporté un carton contenant ses *Horror's illuminations*. Il me dit de regarder longuement les plaques de talc en transparence devant cette lueur blafarde.

compte bien les tableaux dans
[...], ajouta-t-il, pour en contrôler l'exactitude en les comparant
à la réalité.

Quand j'eus fini:

— Prenez l'heure à votre montre, et
notez-la, ainsi que la date du présent jour, sur votre calepin.

Obéis. Il était quatre heures vingt
[minutes] de l'après-dîner, le 12 décembre

Comme j'achevais d'écrire sur mon
calepin, au moment où je relevais la
tête, un homme était devant nous, sans
que je l'eusse vu, ni entendu entrer.

Il se tenait à genoux, assis ou plutôt
accroupi, à même ses talons, la face en
avant, le corps entièrement à nu. Ce
corps était d'une maigreur ascétique, les os
perçant la peau parcheminée. La face,
perdue sous l'avalanche d'une énorme
chevelure blanche, qui mêlait ses flo-
cons à ceux d'une barbe non moins
blanche et non moins énorme, la face
semblait toute réduite aux deux yeux,
pâles, fixes et hagards.

Hawks prononça d'un accent impé-
rieux une brève phrase, en une langue
étrangère, où je perçus seulement le
mot de *Yoghi*. Brusquement les regards
du *Yoghi* plongèrent dans les miens. En
même temps me remonta dans la gorge
la saveur ambre et chaude de la liqueur
de tantôt. Et je me sentis à la fois
comme ivre de cette liqueur et comme
hypnotisé de ces regards.

Néanmoins, il n'était ni dans le sommeil de l'ivresse, ni dans celui de l'hypnose; car j'entendis très distinctement
la voix qui me disait:

— Regardez les modèles qui me serviront à dessiner mes *Horror's illuminations* d'après nature. Vous pouvez, vous
aussi, les voir comme je les vois moi-
même. Cela est là-bas, et cela n'est pas
ici et cependant cela est copiable ici et
maintenant.

Je dormais si peu que je répondis à
lui, en raisonnant avec une parfaite
lucidité:

— Oui, en effet, je vois. Sans doute,
le cordial est à base de haschisch, et
ils s'amplifient, jusqu'à l'absolue ap-
parence de la réalité, les tableaux con-
templés tout à l'heure sur vos plaques de
talc.

Car je les voyais vivre, positivement,
et j'en suais une sueur froide, de tres-
saillante horreur.

C'était dans un village aux huttes de
bambou, sous de grands arbres à pana-
ches de palmes ou à larges feuilles plates, près d'un immense fleuve encombré
de plantes monstrueuses et dont les rives
s'effondraient en vaseux marécages, et
tout cela parmi les flamboiements d'un
dur soleil qui versait une pluie de dia-
mants.

Dans les huttes, dont les parois m'é-
taient transparentes, des hommes, des
femmes et des enfants gisaient, en proie
à un hideux mal, dont se manifestaient
tous les stigmates : rouges anthrax al-
lumant des charbons ardents sur les
dos, les épaules, au creux des aisselles,
aux plis des aines; pustules gangreneu-
ses s'écaillant en escarres brunes; tu-
meurs et pétéchies de pâle pourpre;
faces convulsées et frappées de stupeur;
langues et lèvres fuligineuses; enfin,
tout ce qui faisait crier d'effroi et d'admiration devant l'effroi si magistralement exprimé dans les géniales, visionnaires et EXACTES *Horror's illuminations*
de Hawks.

Oui, oui, ce que je *voyais*, c'est bien
ce qu'il avait rendu.

Je n'en pouvais douter. Mais, moi, je
le voyais à travers le haschisch ou l'hypnose, sans doute, et *d'après ses dessins*.
Lui, lui, avant de faire ses dessins, où et
comment avait-il trouvé la matière première nécessaire à ses visions de haschisch ou d'hypnose?

Je le lui demandai, presque avec fureur. Il me répondit, et presque froidement:

— Je vous répète que cela est, là-bas.
Ce *Yoghi* vous fait voir à distance cela.
Mais cela est. Cela, il le déchaîne à sa
volonté, pour que je le copie. Compre-
nez-vous, enfin, comprenez-vous? Ce
Yoghi s'appelle l'*Homme-peste*.

Ici, dans mes souvenirs jusqu'alors si
bien liés, se creuse un trou. Sûrement,
sous l'influence de la liqueur ou de
l'hypnose, j'ai perdu conscience pendant

un temps. Pas pendant un temps bien long, toutefois ; car, je me retrouve descendant de cab, à la porte de Hawks, et lui disant, en colère :

— Décidément, cher ami, vous êtes un grand artiste ; mais aussi, un mauvais ami. Vos mystifications habituelles étaient, à la rigueur, excusables. Celle-ci ne l'est plus. Vous moquer de moi à ce point, c'est trop. Adieu !

Il essaie de répliquer. Il veut me prendre les mains, me faire entrer chez lui. Je refuse. S'il m'eût avoué qu'il avait voulu être *fumiste* jusqu'au bout, j'eusse pardonné encore. Mais il s'entête à s'en défendre ; il continue à me prendre pour plastron. C'est intolérable, vraiment, n'est-ce pas ? Je m'en vais, indigné.

A six semaines de là, je recevais, sous une bande dont l'adresse avait été écrite par Hawks, un numéro du *Indian News*, où était encadré au crayon rouge un article médical.

On y narrait que la peste avait brusquement éclaté dans le village de Pendjah-Sloe, à la suite d'une tornade, éclose à l'improviste et sans aucun prodrome météorologique, en plein ciel serein. On avait pu circonscrire l'épidémie et en arrêter l'essor. Elle semblait avoir eu pour cause, inexplicable d'ailleurs, cette tornade, inexplicable elle-même. Le rédacteur se livrait là-dessus à de curieuses théories touchant la mystérieuse corrélation de certaines épidémies avec les cataclysmes atmosphériques ; il donnait, à l'appui, des chiffres, et notamment la date et l'heure exactes où avait surgi la tornade et apparu la première manifestation du fléau.

Cette date était le 12 décembre 1804. L'heure de là-bas correspondait à l'heure londonienne suivante : quatre heures vingt minutes de l'après-midi.

Et alors ? Le *Yoghi* était-il simplement un voyant à distance, m'ayant fait assister à sa vision dans ce que les occultistes appellent le *miroir astral* ? Ou bien était-il plus encore, était-il le formidable *mahatma* du mal que Hawks nommait l'Homme-Peste ?

Je n'ai jamais osé conclure ; et lorsque je réfléchis sur cette étrange aventure, si *convaincu* que je sois de l'avoir

Le Figaro du 17 mai 1897 (43ᵉ année — 5ᵉ série — n° 137)

LE PROCHAIN PROGRAMME ÉLECTORAL[1]

III

LE GOUVERNEMENT PARLEMENTAIRE

Lorsque nous avons établi en France
le régime parlementaire, nous avons eu
la prétention d'imiter l'Angleterre : le
spectacle qu'elle nous présente n'a cependant guère de ressemblance avec
celui que nous offrons à l'ironie du
monde.

Assurément nous trouvons chez nos
voisins comme chez nous un chef d'État
irresponsable, un pouvoir exécutif exercé
par des ministres responsables, un pouvoir législatif représenté par deux Chambres ; mais ce n'est là que la superficie
des choses. Allons au fond.

Le gouvernement anglais est-il mobile
et éphémère comme chez nous ? Le Per-
san de Montesquieu pourrait-il écrire
aujourd'hui de Londres, comme de Paris,
sous le Régent, à son ami de Smyrne :
« Les ministres se succèdent et se dé-
truisent ici comme les saisons » ?

Voit-on la même Chambre des communes élever et renverser successivement 12 à 14 ministères, ce qu'elle ferait
si elle pratiquait pendant les sept années
de durée légale le même « régime parlementaire » que nos Chambres des députés pendant leur quatre années d'existence ?

Voit-on la même Chambre des communes, composée des mêmes hommes,
former tour à tour les majorités les plus
contradictoires, appuyant pendant six
mois un ministère libéral, pendant les
six mois suivants un ministère socialiste, pendant les six mois qui succèdent
un ministère composite, pendant les six
mois d'après un ministère radical, pendant six mois plus tard un ministère d'ar-
lequin, et ainsi de suite, de semestre en
semestre pendant toute la législature, si
bien que Pascal perdrait son génie à
chercher le moindre « roseau pensant »
parmi cette foule en perpétuelle méta-
morphose, où il compterait en revanche
tant de « toupies hollandaises » ?

C'est un spectacle tout contraire que
nous montrent les cabinets et les Parlements britanniques.

La reine Victoria, couronnée en 1837,
va célébrer le mois prochain la soixantième année de son règne ; la Chambre
des communes qui siège actuellement
est la 14ᵉ depuis son avènement : or, le
cabinet Salisbury est le 20ᵉ de ceux qui
ont gouverné l'Angleterre depuis la
même date.

Chez nous, depuis 1837, nous comp-
tons 66 ministères, et nous en compte-
rions bien davantage sans les dix-huit
années du second Empire.

Depuis 1868, il y a eu *sept* Chambres
des communes, y compris la Chambre
actuelle élue au mois de juillet 1895 — et
le cabinet Salisbury est également le
septième de la même période. (On sait
que nous sommes, en France, au *trente-
neuvième* ministère depuis le 4 septembre 1870.) C'est-à-dire que, pendant ces
vingt-neuf dernières années, on compte,
en Angleterre, le même nombre de gouvernements que de Chambres.

Chaque Parlement n'a eu qu'une politique et par conséquent qu'un gouverne-

ment, — ou qu'un gouvernement et par conséquent qu'une politique ; — ou, du moins, lorsqu'il a changé sa politique ou changé son gouvernement, il a mis fin du même coup à sa propre existence et a dû se présenter devant la nation pour faire juger par elle sa conduite.

Ainsi :

La Chambre élue en 1868 reçoit du pays une majorité démocratique ; aussitôt la Reine constitue le cabinet Gladstone ; des motifs politiques, une nouvelle loi électorale (sur le vote secret) l'amènent à provoquer des élections générales en 1874, et la nation choisit, cette fois, une majorité conservatrice : la Reine nomme aussitôt un ministère à son image, présidé par M. Disraeli. Cela dure encore six ans.

En avril 1880, retour du pays aux démocrates ; de nouveau, majorité démocratique et ministère démocratique, avec M. Gladstone. La majorité se désagrège en juin 1885 et M. Gladstone se retire ; le pouvoir passe aux conservateurs, à lord Salisbury, la Chambre ayant encore deux ans de vie ; pensez-vous que cette Chambre ayant adopté en 1880 une politique déterminée va soutenir une politique contraire, va donner ce spectacle déconcertant de députés, de mandataires chargés d'une mission par leur souverain et en accomplissant une autre ?

Pas du tout. La Chambre qui a changé d'avis — (c'était son droit, elle a bien fait si elle a cru devoir le faire) — va expliquer ses motifs devant le seul juge, le seul maître : la nation. C'est la question irlandaise qui a déterminé la crise : lord Salisbury ne se sent pas le droit de décider. Il ne cherche pas à s'appuyer sur une majorité nouvelle, qui comprendrait ses amis sans doute, mais aussi, inévitablement, des hommes élus pour soutenir — et qui ont soutenu — une politique contraire à la sienne. Et tout le monde va devant le grand juge : devant les électeurs.

La question est claire, puisqu'elle est bien posée ; elle est bien posée puisqu'elle est posée au bon moment, tout de suite, quand les événements sont précis et présents à tous les esprits, quand toutes les responsabilités sont nettement déterminées.

Voilà le bon sens, la sincérité, la probité politiques. A la bonne heure ! On ne joue pas au plus fin. On n'équivoque pas. On ne dissimule rien. On ne se traîne pas en compromissions, en marchandages, en ruses humiliantes. On va droit au but, en plein champ de bataille, au grand soleil de la vérité et de la liberté, comme il convient à un peuple capable et digne de se gouverner, à des députés et à des ministres qui sont de vrais hommes d'Etat et non point des coureurs de suffrages.

Les élections de janvier 1886 donnent raison à M. Gladstone. Il reprend aussitôt le pouvoir, avec la nouvelle Chambre. Mais les divisions intérieures, les dissentiments sur la question irlandaise, qui avaient amené la rupture de 1885 entre la majorité et son glorieux chef, renaissent. La Chambre des communes rejette le 7 juin 1886 le *bill* présenté par Gladstone.

Que fait la Reine ? — (J'allais dire le Président de la République...)

Cherche-t-elle à constituer un cabinet différent, devant gouverner avec la nouvelle majorité qui s'est formée pour renverser M. Gladstone ?

Pas du tout. Une fois encore, elle s'adresse au pays, seul souverain, et comme c'est à M. Gladstone personnellement que le pays avait témoigné sa confiance six mois auparavant, elle le maintient au pouvoir. C'est devant lui que la Chambre, dissoute, se retire.

La question irlandaise s'est précisée, s'est éclaircie ; les détails se sont accusés ; les conséquences de telle ou telle résolution sont devenues manifestes : il faudra bien, cette fois, prendre un parti définitif. Le pays a compris : il abandonne les dangereuses conceptions de M. Gladstone et donne la majorité à ceux qui l'ont combattu et dont le chef est lord Salisbury, par la grande manifestation électorale de juillet 1886.

Nouvelle Chambre et nouveau ministère Salisbury. En voilà pour six ans, jusqu'en janvier 1892. Et ainsi de suite. Une Chambre : un cabinet. C'est la loi des deux unités.

...voulez-vous une preuve plus écla-

...nous est fournie par la retraite de ...Gladstone en 1894. Le cas est absolu...ent significatif.

...La Chambre élue en juillet 1892 l'avait ...avec une majorité de 40 voix contre ...lord Salisbury. C'est par 350 voix contre ...40 qu'elle avait adopté, le 11 août, la ...motion de « non-confiance », présentée ...par M. Asquith, déterminant ainsi, dès ...les premiers jours de son existence, la ...politique qu'elle voulait suivre sous la ...conduite de M. Gladstone ; — et celui-ci ...avait constitué aussitôt son ministère.

...Les choses duraient depuis près de ...deux ans, lorsque, en mars 1894, l'illus...tre homme d'État, chargé d'années, de...mande que le fardeau des affaires soit ...confié à un plus jeune combattant et se ...retire.

...Voilà un changement de ministère : la ...Chambre va donc être dissoute ?

...Nullement. Ce n'est pas le cas. Rien ...n'est changé dans la politique. La ma...jorité issue des élections de 1892 ne s'est ...point disloquée ; elle n'a pas modifié ses ...opinions, sa direction, ses vues géné...rales ; elle n'a pas retiré sa confiance au ...cabinet, ni repoussé une de ses proposi...tions essentielles ; les partis subsistent ...dans le même état qu'auparavant, ils ...sont ce qu'ils étaient : il n'y a qu'un ...grand homme de moins ; — mais enfin, ...il était mort, il faudrait bien vivre sans ...lui.

...Aussi, la Reine ne prononce pas la dis...solution. Il n'y a pas de question à faire ...juger par le pays, mais seulement à rem...placer, à la tête d'une armée restée fidèle ...et disciplinée, le généralissime disparu. ...La Reine se borne donc à donner à lord ...Rosebery, désigné par la majorité elle-...même, la succession de M. Gladstone, si ...bien que le cabinet Gladstone continue ...sous un autre nom.

...Mais voici que les difficultés augmen...tent, les dissentiments surgissent peu à ...peu, la confiance et l'entente réciproques ...du gouvernement et de la majorité s'al...tèrent, et enfin arrive un jour, le 21 juin ...où la Chambre, pour manifester sa

désapprobation de la politique ministérielle, notamment dans les questions étrangères et dans la question militaire, diminue de 100 livres sterling le traitement du ministre de la guerre, par 132 voix contre 127.

La rupture était nette. Lord Rosebery n'hésite pas : il se retire.

Cette fois, c'était bien un changement de politique. L'armée des premiers jours s'était démembrée ; il fallait arborer un autre drapeau, choisir un autre chef, organiser un autre état-major : la Reine appelle aussitôt lord Salisbury, le 22 juin.

Mais celui-ci songe-t-il à gouverner avec la Chambre qui vient de condamner la politique de son rival, l'appelant ainsi lui-même aux affaires ?

Il semble que tout l'y convie. Un Français n'hésiterait pas : il apporterait devant la Chambre une « déclaration » énumérant les « réformes » qu'il veut accomplir, et il trouverait pour l'applaudir, pendant vingt à vingt-cinq semaines, ces bataillons de « ministériels » qui, de père en fils (intellectuellement parlant), acclament et renversent tous les gouvernements depuis Robespierre.

Il nous paraîtrait, à nous, d'autant plus naturel, pour le nouveau ministère, de continuer à gouverner avec la Chambre que celle-ci, élue depuis trois ans seulement, doit jouir encore de quatre ans d'existence.

L'idée n'en vient à personne en Angleterre, ni à la Reine, ni à lord Salisbury, ni à ses amis, ni à ses adversaires, ni au plus humble des électeurs.

A nouvelle politique, nouveau gouvernement, mais aussi et par là même nouvelle Chambre ! Et le premier soin de lord Salisbury est de demander à la Reine, qui l'accorde aussitôt, la dissolution de l'Assemblée même qui vient de le faire remonter au pouvoir, en abandonnant la politique qu'elle avait d'abord approuvée conformément à la volonté nationale en 1892.

Je les ai vues — ces élections générales de 1895, — je les ai suivies de près sur divers points du Royaume-Uni. Ah ! la belle bataille, claire, ardente, bien conduite des deux côtés ! Vous n'avez pas oublié le triomphe éclatant de lord Salisbury ! Et le voilà qui gouverne, depuis lors, avec une majorité inébranlable, sachant ce qu'il veut, ce qu'elle veut elle-même avec lui, où il la conduit, armée fidèle à son chef fidèle.

Mais qu'une heure sonne où le pacte sera rompu ; où, pour un motif ou pour un autre, l'accord cessera entre le cabinet et la majorité ; que cet événement se produise demain, dans huit jours, le terme du mandat de la Chambre étant encore éloigné de plus de cinq années ; qu'une majorité contraire à la politique de lord Salisbury, plus forte encore que celle qui le soutient aujourd'hui, se forme pour le renverser : — cette majorité nouvelle va-t-elle donner naissance à un nouveau cabinet qui gouvernera avec elle ?

Personne ne verra ce spectacle !

La Chambre de 1895 peut — même à bon droit peut-être — abandonner quelque jour le cabinet auquel, d'accord avec la nation, elle a donné jusqu'à présent sa confiance : elle en mourra avec lui.

La vie de l'un mesure la vie de l'autre.

Que lord Rosebery, que sir William Harcourt, M. John Morley, M. Shaw-Lefevre, M. George Russel, etc., voient leurs idées reconquérir la faveur de l'opinion et la majorité dans le Parlement ; qu'ils soient eux-mêmes chargés du gouvernement : ils seront les premiers à dissoudre la Chambre et à consulter la nation.

***

Voilà donc le fait ; il suffit de regarder pour le voir : — solidarité du cabinet et de la Chambre des communes.

Quand celle-ci tue celui-là, elle se tue.

D'autre part, vous avez vu combien se prolonge la durée des gouvernements et combien la « stabilité ministérielle » est assurée.

Quelle est la relation de ces deux ordres de faits matériels, leur rapport de cause à effet ?

Nous l'examinerons plus tard. J'entends d'ici vos observations, vos si, vos mais, vos car : attendez, je vous prie. Nous avons d'autres faits importants à constater. Quand ils seront exactement *préciste, déterminés, nous discuterons* *utilement et nous trouverons aisément* la loi des phénomènes.

Il n'y a pas deux méthodes de cher-cher la vérité.

Jules Roche.

Le Figaro du 24 mai 1897 (43ᵉ année — 3ᵐᵉ série — n° 144)

LE PROCHAIN PROGRAMME ÉLECTORAL [1]

IV

La Solidarité ministérielle

Nous avons constaté chez les Anglais deux faits importants : 1° leurs gouvernements durent longtemps : par exemple, depuis 1868, le premier cabinet Gladstone a duré 5 ans 3 mois ; le cabinet Disraeli, 6 ans 2 mois ; le deuxième cabinet Gladstone, 5 ans 2 mois ; le premier cabinet Salisbury, 6 ans ; le second, actuellement, dure depuis bientôt deux ans et ne paraît pas près de mourir ; — leurs Chambres des communes, toutes les fois qu'elles tuent un gouvernement, meurent du même coup.

Il est un troisième fait, non moins intéressant et non moins différent de ceux que nous observons en France : les ministères anglais sont *solidaires*, et quand l'un d'eux tombe, il disparaît tout entier. Il n'en reste jamais de bon morceau. Aucun des ministres faisant partie du cabinet renversé ne reparaît au pouvoir dans le cabinet qui lui succède.

Prenez les listes des différents ministères, depuis celui du comte de Liver-pool, qui dura quinze ans s'il vous plaît (de 1812 à 1827), jusqu'à celui qui gouverne, vous ne trouverez peut-être pas deux ou trois exceptions.

C'est là vraiment la solidarité ministérielle, condition nécessaire du gouvernement à plusieurs, et sans laquelle il n'est pas d'unité, de loyauté, de travail commun, d'efforts efficaces possibles. Pour traverser heureusement les glaciers parlementaires parsemés de si profondes et si dangereuses crevasses, il faut que tous les ministres sentent qu'ils sont attachés à la même corde sous la conduite du guide chef, et qu'ils doivent se sauver — ou périr tous ensemble !

Lisez maintenant les litanies ministérielles publiées dans notre *Bulletin des lois*, depuis 1871 et même depuis 1814 : vous trouverez presque toujours dans le cabinet nouvellement institué plusieurs membres du cabinet auquel il succède, après l'avoir fait culbuter. Je ne veux pas citer d'exemples : tout le monde les connaît ; il en est même de fameux. Le résultat de cette coutume, si contraire aux prescriptions constitutionnelles, est facile à deviner ; il suffit de connaître un peu le cœur humain pour s'en douter : au lieu de suivre une politique générale, chaque ministre a la sienne, songe avant tout à soi-même, se préoccupe d'éviter tout ce qui pourrait lui susciter quelque difficulté, quelque ennemi, cherche à se créer des amis dans le camp des adversaires du cabinet auquel il appartient, afin de pouvoir trouver place dans leurs rangs le jour où ils seront vainqueurs.

Par une pente rapide, les plus habiles arrivent même à préparer sans scrupule, de leurs propres mains, la chute de leurs collègues, pour mieux assurer leur survivance individuelle. Cela n'est point une perfidie,

(1) Voir le *Figaro* des 21, 29 avril et 17 mai.

une trahison déshonorant son auteur, mais une preuve d'adresse, un art estimé et qui place haut, dans la cote parlementaire, l'ingénieux mortel expert en ce genre d'exploits. Le souci du bien public, la forte volonté, que les philosophes naïfs tiennent pour les qualités maîtresses de l'homme d'État, ne sont dès lors, on le comprend bien, que les dons les plus funestes. Plus ils se manifestent chez l'homme chargé du pouvoir, plus ils précipitent sa ruine : le ministère le plus court fut celui de Gambetta. La souplesse d'esprit, la promptitude à changer d'allure ; l'art de dire « oui » à chacun, surtout de ne dire « non » à personne ; de persuader à chaque parti, à chaque groupe qu'il est le « préféré » ; de murmurer tendrement à Mathurine qu'on s'engage avec elle, et passionnément à Charlotte que c'est elle seule qu'on veut : voilà les conditions nécessaires du succès pour un chef du gouvernement en France. La plupart de ses collaborateurs imitent un si bel exemple, mais l'imitent pour leur compte personnel, au besoin contre chacun de leurs collègues et contre leur chef lui-même. Et c'est ainsi que les cabinets sont renversés tous les six mois les uns sur les autres, comme des capucins de cartes, autant par les intrigues réciproques des ministres qui les composent que par les ambitions des députés qui ne sont point ministres et brûlent de le devenir ou de le redevenir.

Pourquoi donc n'avons-nous pas adopté la règle des Anglais, — dites-vous ?

Pardon ! nous l'avons si bien adoptée qu'elle est promulguée en toutes lettres, solennellement, dans notre Constitution. « Les ministres — dit l'article 6 de notre loi constitutionnelle du 25 février 1875 sur l'organisation des pouvoirs publics — sont *solidairement* responsables devant les Chambres... »

Rien ne manque à l'évangile, — sinon d'être observé ! On dirait même qu'il n'est écrit que pour nous permettre de goûter plus de plaisir à le transgresser. C'est la joie nationale des coups de canif dans le contrat.

Mais comment les Anglais ont-ils assuré l'observation des règles de leur Constitution établissant la solidarité ministérielle ?

Leurs règles ? leur Constitution ? Mais ils n'en ont point d'écrites !

Vous pouvez fouiller tout l'arsenal de leurs lois — (et Dieu sait s'il est riche ! on y entasse textes sur textes depuis le treizième siècle !...) — vous n'y trouverez pas un article, pas une ligne, pas un mot sur la *solidarité* des membres du ministère.

Vous n'y trouverez même pas le moindre *bill* relatif au cabinet, à sa formation, à ses droits ; son nom même est légalement inconnu au pays qu'il gouverne ! Si bien que l'un des plus illustres chefs de gouvernement anglais, M. Gladstone, a pu justement écrire en 1878 dans la *North American Review* ces lignes qui nous semblent extraordinaires et qui ne sont que rigoureusement exactes : « Le cabinet vit et agit par tradition, sans qu'on puisse citer une seule ligne de loi écrite ou de Constitution pour déterminer ses relations avec le monarque, avec le Parlement, avec la nation, ou les relations de ses membres entre eux ou avec leur chef. »

Ce qui n'empêche point les choses d'être, et d'être ce que vous avez vu qu'elles sont.

Sans texte, sans loi, sans Constitution, le cabinet anglais existe, et il est le gouvernement le plus puissant, le plus investi d'autorité morale et de pouvoir effectif qu'on puisse rencontrer, sans même exclure le Tsar de toutes les Russies et l'empereur allemand.

Sans texte, sans loi, sans Constitution, il est devenu homogène (après avoir été composite, mixte, bigarré, concentré), et solidaire parce qu'il était homogène ; et il est resté homogène parce qu'il est solidaire.

Sans texte, sans loi, sans Constitution, il se trouve que la Chambre fixe sa politique générale dès les premiers jours de son installation, consacre le ministère auquel elle accorde sa confiance et confie sa direction, et que la durée de ce pacte mesure du même coup la durée de la vie de la Chambre.

Tel est le point d'évolution où est aravec l'Angleterre, pour la plus grande gloire et le plus grand profit de ses intérêts nationaux et de la liberté de chaque citoyen.

Que ce mécanisme si simple et si délicat, si puissant et si souple à la fois; que « ce beau système ait été trouvé dans les bois », suivant le mot de Montesquieu : le croira qui voudra. Pas plus que Voltaire, je n'ai jamais rien aperçu de semblable dans les retraites de la forêt Noire, quelque nombre de fois que je l'aie explorée.

Qu'il ait même été conçu de toutes pièces, rationnellement, par un prodigieux Aristote, sachant mesurer, apprécier, juger, combiner les intérêts, les droits, les devoirs, les passions des hommes de toutes classes : vous savez bien que non. Nul Moïse n'apporta aux libres citoyens de la libre Angleterre ces Tables de la loi; nulle Égérie ne les inspira; nul Minos ne les promulgua; nul Sieyès ne les médita, — puisqu'elles n'eurent jamais les honneurs du marbre ou de l'airain, ni même de la lettre moulée.

Elles sont le produit successif, pénible et lent de l'expérience, avec ses tâtonnements, ses insuccès, ses recommencements, ses « pas à pas », ses erreurs, ses progrès et ses reculs alternatifs. Elles sont bien plus que la loi écrite : elles sont la loi vivante, — consacrée, garantie par la coutume, par les mœurs publiques qu'elle a créées et qui la conservent à leur tour.

Il fallut près d'un siècle aux Anglais, même après avoir décapité leur roi et proclamé leur indépendance et leurs droits, pour arriver à comprendre qu'un ministère, chargé de gouverner un grand pays, ne peut pas être composé d'hommes professant des principes contraires, des opinions opposées, mais qu'il doit être *homogène*, afin d'être capable de penser, de vouloir et d'agir.

Il leur fallut un second siècle pour comprendre que les ministres, quelque soin qu'on ait pris de les choisir dans le même parti, ne peuvent rester unis, *homogènes*, que si le sort des uns est lié au sort des autres, que s'ils sont *solidaires*,

dans la vie et dans la mort !

Pendant ces épreuves séculaires, parmi les troubles qu'elles entraînèrent, jamais nos voisins ne perdirent confiance dans la liberté et dans la raison, pas plus qu'ils ne cherchèrent de solution précipitée dans ces thèses abstraites que se plaisent à fabriquer de toutes pièces, au mépris de toute observation, au mépris de la nature humaine et des passions éternelles de notre cœur, les astrologues et les sycophantes, toujours si funestes aux peuples assez crédules pour les suivre. Leur patience, leur persévérance furent récompensées. Depuis cent ans, les Anglais jouissent du gouvernement le plus libre, le plus durable, le plus fort qui soit au monde, grâce surtout aux trois principes qui se sont dégagés peu à peu de la pratique et qui n'ont cessé, depuis, d'être appliqués, sauf de très rares et passagères tentatives contraires : — ministères homogènes; ministères solidaires; responsabilité des ministères devant les Chambres, mais aussi des Chambres devant la Nation, seule souveraine, et par conséquent dissolution de la Chambre lorsqu'elle change de politique générale.

Voilà ce qui s'appelle le régime parlementaire.

On voit combien le système incohérent, désordonné, destructeur, que nous pratiquons depuis si longtemps hélas! et qui n'a de nom dans aucune langue, diffère en tout point de ce régime.

Est-il possible de l'établir chez nous?

A quelles conditions et par quels moyens le pourrait-on?

Nous voici arrivés au nœud de la question, et je l'examinerai en toute sincérité d'esprit et de langage.

Mais il est nécessaire de jeter un coup d'œil sur certains autres faits, pour toucher à pleines mains les conséquences du gouvernement parlementaire régulier, logique, pratiqué par les Anglais, et celles de l'anarchie où nous nous épuisons.

Jules Roche.

Le Figaro du 2 juin 1897 (43e année — 3e série — n° 153)

LE PROCHAIN PROGRAMME ÉLECTORAL [1]

V

DEUX RÉGIMES : DEUX BUDGETS

Le bourgeois français se vante d'être un sage, tout aux affaires, fuyant la politique comme la peste. Il ne s'aperçoit pas que ses affaires dépendent de la politique, et que le premier de ses soucis devrait être de contribuer, pour sa part, à procurer au pays le meilleur gouvernement possible.

J'ai montré que l'Angleterre a trouvé les moyens d'établir chez elle le plus puissant gouvernement, par la liberté, tandis que la France cherche encore : vous allez voir les conséquences matérielles, financières — touchant par conséquent dans ses intérêts privés chaque particulier — de la politique différente des deux pays.

Certes, il est bon d'étudier à la loupe, comme on le fait dans nos Commissions parlementaires, le budget de chaque année. Ce beau zèle est louable. Mais ce n'est point en examinant une année qu'on peut juger la situation financière d'un peuple. Il faut plus de reculée, pour un si vaste tableau.

Le cabinet Salisbury l'a bien compris. Lorsqu'il a voulu, à la fin du mois dernier, caractériser la physionomie du règne de la reine Victoria, dont l'empire britannique tout entier va célébrer avec tant d'éclat, le 20 juin prochain, le soixantième anniversaire, il a fait présenter au Parlement, par le chancelier de l'Echiquier, un résumé de l'histoire des finances anglaises pendant ces soixante dernières années. Aux acclamations enthousiastes de tous les partis, sir Michaël E. Hicks Beach a montré ce que l'Angleterre dépensait en 1836 pour acquitter les charges annuelles de sa Dette publique, et ce qu'elle dépense aujourd'hui pour le même objet.

Le seul rapprochement de ces deux chiffres — parmi tant d'autres indiqués par le chancelier de l'Echiquier — a suffi pour faire apparaître à tous les yeux, comme sous un jet de lumière, les progrès prodigieux, l'extraordinaire prospérité de l'Angleterre pendant le présent règne.

A la mort de Guillaume IV, les intérêts de la Dette publique du Royaume-Uni s'élevaient à 698 millions de francs : ils ne figurent plus au budget de 1896-97 que pour la somme de 448 millions ; — soit une diminution de 250 millions de francs dans la charge annuelle.

L'impôt à percevoir par tête d'habitant, pour payer l'intérêt ordinaire de la Dette, était de 27 francs en 1836 ; il n'est plus aujourd'hui que de 11 francs, grâce, d'une part, à la diminution absolue de la somme à fournir et, d'autre part, à l'augmentation de la population, qui a passé de 24 millions 1/2 d'habitants à plus de 40 millions, — pendant que la population de la France, forte de 33 millions 1/2 d'habitants en 1836, est arrivée seulement à 38 millions.

Quant aux dépenses totales du budget anglais, elles ont augmenté, comme dans tous les pays, mais beaucoup moins, relativement. Elles étaient de 1,273 millions en 1836 ; elles sont de 2,767 millions. Plus du double.

Hélas ! pourquoi ne pouvons-nous pas nous féliciter d'avoir seulement doublé nos dépenses pendant la même période ? Regardez notre budget. Il était de 1,065 millions en 1836, — inférieur par conséquent de plus de 200 millions à celui des Anglais : il s'élève d'après la loi de finances, pour l'année courante, à 3,387 millions, — ayant ainsi plus que triplé et dépassant de 620 millions celui de nos voisins, plus nombreux et plus riches que nous.

Ne dites pas, comme on le répète trop

communément, que cette différence est
due à nos charges militaires : elles sont
moins élevées en France qu'en Angleterre. Lisez, en effet, les budgets des
deux pays ; vous trouverez les chiffres
suivants :

En France, pour 1897 :

Budget de la guerre...... Fr.		628.551.397
Budget de la marine........		258.167.273
Ensemble........Fr.		880.718.670

En Angleterre, pour 1897-98, d'après
l'exposé même du chancelier de l'Echiquier :

Budget de la guerre......Fr.		462.560.020
Budget de la marine........		563.364.360
Ensemble........Fr.		1.025.924.380

Il est vrai que les chiffres anglais doivent être diminués, pour être comparés
aux nôtres, de certaines dépenses pour
pensions qui figurent chez nous à la
dette viagère. Les dépenses militaires
proprement dites de l'Angleterre n'en
restent pas moins plus élevées que les
nôtres. Ce n'est point là, c'est dans la
Dette publique, où se répercute, où se
résume toute la politique d'un peuple,
qu'il faut chercher l'explication principale de la différence entre les finances
de l'Angleterre et celles de la France.

***

Allons donc plus loin que sir Michaël
Hicks Beach et prenons la dette anglaise
et la dette française au moment même
où se terminèrent la tragédie et l'épopée
qui remplirent en Europe la fin du dix-
huitième siècle et les quinze premières
années du dix-neuvième. C'est à la même
époque, d'autre part, que le régime parlementaire, avec les trois caractères qui
le constituent, venait de se fixer pleinement en Angleterre.

Alors, après 1815, après la chute du
colosse, chaque pays fit ses comptes et
dressa son bilan.

L'Angleterre victorieuse avait à régler
les frais de la lutte engagée par elle
contre nous depuis 1793. Pendant vingt-
deux ans, elle n'avait cessé, sauf le court
intervalle de la paix d'Amiens, de combattre elle-même et de susciter parmi
les peuples des combattants contre la
France. Ces longs efforts avaient enfin
abouti à Waterloo ; mais ils lui coûtaient
cher : sa Dette publique totale se trouva
en effet portée, en capital nominal, de
6 milliards (en 1793) à plus de 23 milliards au 1er janvier 1816 — et, en charge
annuelle, de 234 millions à 808 millions
de francs.

La France, vaincue et démembrée,
liquida également sa situation. Les opérations nécessaires ne furent terminées
que par la loi de 1823, et l'ensemble de
la Dette consolidée se trouva fixé, au
1er janvier 1824, à la charge annuelle de
197 millions, en rente 5 0/0, correspondant à un capital nominal de 3 milliards
940 millions. Avec les charges annuelles
de la Dette viagère et de la Dette remboursable à divers titres, le total inscrit
au budget atteignait 294 millions pour
l'année 1824.

Voilà donc les points de départ des
deux Dettes publiques établis : en Angleterre, 808 millions par an, et 22 milliards
en capital ; en France, 204 millions par
an, et 5 à 6 milliards en capital.

Le temps a marché. Les institutions,
les mœurs, les gouvernements successifs et si divers, la politique enfin des
deux pays ont produit leurs résultats, en-
gendré leurs conséquences multiples,
logiques, y compris la guerre, qui se
traduisent fidèlement dans les livres du
Trésor et dont voici le résumé :

Au 1er avril 1897, la Dette publique totale de l'Angleterre s'établit ainsi, en
capital : Dette consolidée, 14,821 millions ; Dette non fondée, 205 millions ;
Dette remboursable (*annuités termi-
nables*), 1,135 millions. Au total, 16,161
millions, entraînant l'inscription au
budget du crédit de 448 millions, indiqué plus haut, plus 182 millions pour
l'amortissement : c'est le chancelier de
l'Echiquier lui-même qui parle ainsi.

Depuis la liquidation de 1816, l'Angleterre — seule au monde d'ailleurs — a
donc réalisé sur sa Dette une diminution
considérable.

Ouvrez maintenant le budget de la
France.

Notre Dette consolidée, à elle seule,
nous coûte 608,680,000 francs par an, —

ne comprenant, bien entendu, pas même un centime pour l'amortissement, — et correspondant à un capital de 22 milliards.

Ajoutez la Dette remboursable, avec ses 396 millions de charge annuelle, et la Dette viagère, avec ses 231 millions; — c'est un total de 1,250 millions pour la charge annuelle de notre Dette publique totale, en l'an de grâce 1897, correspondant à un capital d'environ 35 à 36 milliards.

Tandis que l'Angleterre faisait descendre sa dette de 22 milliards à 16 milliards, nous avons donc fait monter la nôtre de 5 ou 6 milliards environ à 35 ou 36 milliards au moins, — soit une augmentation de 30 milliards en France, contre une diminution de 6 milliards en Angleterre.

C'est-à-dire que, pendant que les Anglais diminuaient leur Dette de plus du quart, nous avons plus que sextuplé la nôtre !

Et aujourd'hui, tandis que chaque Anglais doit payer 11 francs par tête et par an pour la Dette publique de son pays, chaque Français, moins riche pourtant, doit payer 33 francs par tête et par an, pour le même objet.

Toute la politique des deux nations et de leurs gouvernements — (car les nations ont leur responsabilité comme les gouvernements et comme les Chambres) — depuis quatre-vingts ans, et surtout, en ce qui nous concerne, depuis cinquante ans, est dans ces chiffres !

***

Je sais bien que notre Dette publique jouit d'une contre-partie; que notre système de travaux publics mettra dans les mains de nos petits-fils un patrimoine industriel considérable — le réseau de nos chemins de fer, — et que l'Etat anglais ne peut compter sur aucun héritage de ce genre.

Mais qui fera le compte de ce que peuvent rapporter et coûter, en définitive, à la fortune publique le système anglais et le système français, en matière de travaux publics, comparés l'un à l'autre ?

Qui nous dira le sort réservé par les surprises de la science au mode actuel des transports par voie ferrée — dans plus d'un demi-siècle ?

Qui nous dira surtout le sort que nous préparerons nous-mêmes, par nos lois, par notre administration, par notre politique, aux milliards futurs des échéances de l'an 1950 à l'an 1960 ?

Il n'est pas d'héritage qui ne puisse être dévoré d'avance par un appétit trop vorace, ou par une prodigalité trop imprévoyante ! Pouvons-nous oublier que nous avons englouti, sans même respirer, les bénéfices des deux conversions successives de notre emprunt de guerre ? Les avait-on assez escomptés, ces bénéfices ? Avait-on assez calculé les dégrèvements qu'ils permettraient de réaliser au profit des contribuables ?

Eh bien, qu'est-il arrivé ?

Nous avons converti le 5 0/0 en 4 1/2, puis le 4 1/2 en 3 1/2, et nous avons ainsi diminué de 102 millions par an la charge des intérêts de notre Dette consolidée. Or, ces intérêts s'élevaient ensemble, en 1883, avant la première conversion, à 741 millions. Ils devraient donc, aujourd'hui, être tombés à 639 millions: — ils s'élèvent, au contraire, à 693 millions 1/2. C'est-à-dire que nous avons de nouveau augmenté notre Dette d'une charge annuelle de 54 millions.

Qui oserait garantir que, le bénéfice éventuel du retour à l'Etat de nos chemins de fer ne subira pas le sort du bénéfice de nos conversions : celui d'une fraise dans la gueule d'un loup ?

Cela suffit, n'est-ce pas ? « Les chiffres, répétait Gœthe, ne gouvernent pas le monde, mais disent comment le monde est gouverné. » Ceux que vous venez de lire racontent trop éloquemment notre histoire et notre politique.

***

Ah ! j'allais oublier de vous rappeler qu'en Angleterre le Parlement n'a pas le droit de proposer la moindre dépense, et que ce droit, depuis une résolution du 11 décembre 1706, renouvelée et confirmée en 1868, n'appartient qu'au gouvernement seul. On a vu souvent la Chambre des communes repousser des dé-

jamais vue en de-
mander ni en voter spontanément !

Panurge ne connaissait que soixante
et trois manières de trouver de l'argent ;
en France, l'initiative parlementaire n'a
pas cessé d'inventer chaque jour une
nouvelle manière de vider la bourse du
contribuable.

Vous voyez bien, de plus en plus, que
notre système n'a aucun rapport avec le
régime parlementaire.

Décidément comment y arriver ?

Est-ce par la revision de la Constitution ?

Jules Roche.

Le Figaro du 11 juin 1891 (45ᵉ année — 3ᵐᵉ série — n° 162.)

UN PROCHAIN PROGRAMME ÉLECTORAL [1]

VI

LA REVISION
DE LA CONSTITUTION

Pour croire à l'efficacité de la revision
de la Constitution, il faut d'abord croire
à l'efficacité des constitutions. J'y crois.

Bien entendu, comme il convient de
croire : *Sit rationabile obsequium*. Ma foi
n'est donc pas aveugle, mais regarde et
raisonne autant que possible. Il n'est pas
douteux qu'une constitution bien faite
est une chose excellente, par le motif
fort simple que, « si les lois suivent les
mœurs », il n'est pas moins vrai que
« les mœurs suivent les lois », pour
parler, en passant, comme Montesquieu.
L'influence heureuse ou funeste exercée par les institutions sur les habitudes d'esprit, sur la manière de penser
des citoyens et des gouvernants, ne sau-

(1) Voir le *Figaro* des 21, 29 avril 17 24 mai
et 3 juin

rait être contestée. L'organisation politique et parlementaire des Anglais développe chez eux l'esprit d'initiative et le
sentiment de la responsabilité, conditions essentielles du gouvernement libre
et des nations puissantes : les *pacta con-
venta* et le *liberum veto* institués après
les Jagellons firent pénétrer si profondément dans les âmes — déjà trop bien
disposées — l'esprit d'anarchie, qu'ils
perdirent la Pologne longtemps si florissante. Il serait donc puéril de mécon-
naître l'importance de la constitution
d'un pays.

Les Français ne sont pas, du reste, enclins à cette erreur.

S'il faut juger du degré de confiance
que nous accordons aux constitutions
par le nombre de nos entreprises pour
fabriquer la meilleure possible, nous
sommes certainement le peuple le plus
convaincu de l'efficacité d'une telle
œuvre.

Mais s'il faut juger de l'efficacité des
constitutions par leur durée et par leurs
bienfaits, personne n'a prouvé autant
que nous leur inutilité. Depuis un siècle,
nous avons promulgué au moins 25
constitutions ou actes constitutionnels,
y compris la revision de 1884. Cela nous
donne en moyenne une constitution ou
disposition constitutionnelle tous les
quatre ans ! On ne vit jamais à coup sûr,
dans l'histoire de l'espèce humaine, un

peuple si prolifique en constitutions.

Nous n'en sommes pas moins le pays le plus mal gouverné — ou l'un des plus mal gouvernés, pour n'humilier personne — qu'on puisse voir dans le monde.

En revanche, regardez les États-Unis : la Constitution fédérale qui les régit est la seule qu'ils aient jamais adoptée. Elle dure depuis le 17 septembre 1787, et n'a subi qu'un petit nombre de modifications de détail, toutes conformes à ses principes.

L'Angleterre est encore plus pauvre — en constitutions. Nous pouvons au moins lire la charte des États-Unis ; elle est rassemblée en un tout méthodique. On l'imprime en brochure. Le plus subtil archiviste-paléographe chercherait vainement la Constitution du Royaume-Uni. Depuis le début du treizième siècle, quelles « Tables de la loi » nos puissants voisins ont-ils écrites ? La *Grande Charte* et la *Charte des forêts*, signées vers 1215 par le roi Jean sans Terre ; la *Pétition des droits* de 1628 ; la *Déclaration des droits* de 1689, voilà tous les documents écrits qu'on peut trouver en Angleterre : trois constitutions, ou mieux bases de constitution (car il n'y a là que des principes) en sept cents ans : c'est vraiment une sobriété faite pour surprendre chez nous les amateurs si nombreux et si passionnés de constitutions et de revisions ! Et pourtant les Anglais ont résolu le problème gouvernemental dont nous cherchons encore la clef, et ils jouissent, pour leur liberté individuelle, de garanties que nous sommes contraints de leur envier.

Il n'est donc pas indispensable de posséder dans un tabernacle un livre sacré, où soit écrite en lettres d'or la sorte de loi solennelle appelée « Constitution », pour avoir les institutions, les règles politiques que cette Constitution écrite a pour but d'établir.

L'essentiel n'est pas l'écriture mais la règle, et surtout la pratique de la règle.

Peu importe donc que les institutions soient rédigées en formules magnifiquement imprimées, si elles ne sont pas observées ; — et il n'est pas indispensable qu'elles soient rédigées et imprimées pour qu'elles existent, ment, par la tradition, par et pour qu'elles soient fidèlemen quées : — voilà les vérités bien si et trop oubliées que nous montrent l toire et l'observation.

Aucun peuple n'a eu plus de consti tions écrites que nous : aucun n'en moins gardé ni moins respecté.

Aucun peuple n'a moins de Consti tion écrite que les Anglais : aucun n'en de plus réelle, de plus durable, de pl féconde.

Cela dit, examinons un autre côté de la question.

***

Qu'arriverait-il, si nous procédions à la revision de la Constitution — proposée sans doute par des révolutionnaires avérés qui ne cherchent « que plaies et bosses », mais aussi considérée comme nécessaire par des esprits très distingués et fort bien intentionnés ?

Ah ! je ne me fais pas d'illusion et je ne crois pas qu'il soit possible à ceux qui ont vu le Congrès de 1884 de s'e faire la moindre : les « esprits distingués » seraient avalés comme une muscade par les énergumènes et les violents et l'Assemblée nationale serait à peine réunie qu'elle deviendrait la plus abominable foire aux sottises et aux fureurs qu'on ait jamais vue au cirque Fernando !

Lors de la revision de 1884, les Chambres et le gouvernement étaient bien différents de ce qu'ils sont aujourd'hui.

Le Sénat était l'assemblée éminente — qu'il est resté d'ailleurs ; — mais alors sans mélange, sans le moindre élément grossier et perturbateur. Il comptait des hommes d'opinions fort diverses assurément, quelques-uns même passionnés pour leurs idées, mais tous profondément respectueux du droit, de leur dignité personnelle, des règles d'une discussion sérieuse et loyale. Aujourd'hui, il est entré quelques loups dans la bergerie, et il ne faut pas beaucoup de loups pour mettre une bergerie en déroute — ou en désordre !

La Chambre « basse » était moins sage que la « haute », certes, mais pourtant ne comptait guère que des « parlemen taires »; les plus agités, les plus violents opposants d'alors paraîtraient, dans la Chambre d'aujourd'hui, des petits maîtres tout à l'ambre.

Le gouvernement était composé d'hommes jouissant personnellement, soit par leur valeur, soit par leurs services, d'une très grande autorité sur les députés et sur les sénateurs: Jules Ferry, Waldeck-Rousseau, Méline, Martin-Feuillée, Adolphe Cochery, Raynal, Tirard, Fallières, etc.; les partis étaient organisés, disciplinés, dirigés par des chefs expérimentés, actifs, résolus, écoutés; — tout cela relativement, — bien entendu. Le Sénat et la Chambre s'étaient mis préalablement d'accord, par délibérations séparées, sur les points à reviser; toutes les précautions avaient été prises; la majorité ministérielle était considérable.

Et, cependant, quel tumulte, quels hurlements, quelles violences de charretiers ivres, dès la première heure de la réunion du Congrès de Versailles! Quel témoin de ces scènes les a oubliées? Qui, les ayant vues et déplorées, pourrait, sans avoir perdu la raison, prendre sur lui d'en donner de nouveau le signal, aujourd'hui surtout?

Il s'en fallut de rien que le Congrès de 1884 n'échouât dans la plus humiliante impuissance: que serait-ce donc avec les Chambres actuelles, dans le désordre d'idées qui règne, dans la désorganisation absolue où est plongée la Chambre des députés, dans l'impossibilité certaine où se trouverait le président du Congrès de faire respecter même l'ordre matériel?

Il faut, en effet, parler net.

Quel est, actuellement, le principal agent de l'anarchie gouvernementale?

Qui a dénaturé, vicié la Constitution de 1875, en supprimant, ou en subordonnant (ce qui revient au même) le pouvoir exécutif; en réduisant le Président de la République à n'être plus qu'un appareil enregistreur automatique, une sorte d'anémomètre de l'observatoire de Montsouris, marquant avec une égale indifférence le souffle des zéphyrs et la furie des cyclones?

Qui s'est emparé, peu à peu, de tous les pouvoirs, usurpant toutes les fonctions, toutes les activités, tous les droits; se mêlant de trancher tous les problèmes, militaires, financiers, sociaux, sans rien savoir, d'emblée, « de chic »; fabriquant des lois sur les sujets les plus redoutables, comme un couplet de chanson pour le Chat-Noir; portant la main sur tout, brouillant tout, bousculant tout, détruisant tout sous prétexte de tout « réformer »?

Qui donc, enfin, a fait et fait le plus de mal?

Tout le monde répond: c'est la Chambre des députés.

C'est elle qui est devenue la cause et le siège de la maladie.

Et c'est à elle, à cette malade — que dis-je? c'est à la maladie elle-même que l'on demanderait le remède et la guérison!

C'est la Chambre — aujourd'hui contre-balancée au moins dans une certaine mesure par le Sénat — que l'on rendrait, par la revision, presque souveraine maîtresse du pouvoir législatif et constituant!

Car, il ne faut pas s'y tromper: la minorité violente, radicale-socialiste de la Chambre, qui fut pendant six mois la majorité avec le ministère Bourgeois, deviendrait sûrement la majorité dans une assemblée aussi désordonnée, aussi désorientée, que le serait le Congrès de Versailles. Les plus énormes folies y seraient le mieux accueillies. Les groupes les plus bruyants y régneraient en maîtres, comme il arrive infailliblement dans toute foule, et le Congrès ne serait qu'une cohue, sans doctrine, sans méthode, sans cadres, sans chefs, livrée à tous les hasards, proie certaine des plus audacieux et des plus forcenés. Lorsque la Convention se réunit, le groupe des hommes qui érigèrent plus tard la Terreur et la guillotine en système ne comprenait pas plus d'une soixantaine de membres parmi 750; on sait ce qu'il devint et comment il asservit toute l'assemblée.

Ainsi, confier la revision de la Constitution au Congrès, ce serait la confier à la Chambre, et particulièrement à la minorité radicale-socialiste de la Chambre.

Or, il s'agit de réprimer les empiétements, les usurpations de pouvoirs de la Chambre;

Il s'agit d'empêcher la Chambre de

renverser tous les six mois un gouvernement ; de mettre fin à un système qui organise le désordre en transformant chaque député en candidat perpétuel au ministère ;

Il s'agit d'enlever à la Chambre le droit de ruiner le budget par l'initiative parlementaire ;

Et c'est aux députés eux-mêmes que l'on s'adresserait pour accomplir une telle entreprise?... Mais leur premier soin serait de profiter de ce surcroît de pouvoir pour briser les derniers liens qui les gênent, et pour consommer leur usurpation de la souveraineté nationale !

Laissons donc la revision à Gribouille — et cherchons ailleurs.

Jules Roche.

Le Figaro du 19 juin 1897 (43e année — 3e série — n° 170)

LE PROCHAIN PROGRAMME ÉLECTORAL [1]

VII

Le véritable appel au peuple

La conclusion logique des observations que j'ai présentées doit se dégager spontanément aux yeux de ceux qui ont bien voulu les lire.

Nous vivons dans l'anarchie — le pire des maux.

Nous ne pouvons y mettre un terme ni par la dictature organisée, comme jadis les Romains de la belle période républicaine, ni par la revision de la Constitution — devenue absurde — qui engendre elle-même cette anarchie.

[1] Voir le Figaro des 21, 29 avril, 17, 24 mai, 3 et 14 juin.

« La France ne peut espérer ni en un sauveur chimérique, ni en ses institutions causes du mal, ni en ceux qui exercent le pouvoir à son détriment : que lui reste-t-il donc?

Elle.

Elle seule. Et c'est assez, si elle veut.

Vous avez vu que les Anglais, avant de posséder le gouvernement libre et fort dont ils jouissent, ont passé par les mêmes, que dis-je? par de pires épreuves et par de pires troubles que nous, et qu'ils ne sont arrivés au système fonctionnant si bien chez eux, depuis un siècle, qu'après avoir établi successivement, par la seule force des mœurs et de la coutume, les quatre principes suivants : — ministère homogène ; — ministère solidaire ; — Chambre responsable ; — initiative parlementaire étroitement réglée et ne pouvant s'étendre aux propositions financières.

Supposez que ces principes soient appliqués chez nous : tout changera à l'instant.

Vous ne verrez plus ces cabinets composites, sans doctrine, sans idées, sans méthode ; donnant eux-mêmes l'exemple de l'anarchie, des rivalités de personnes, de l'intrigue perpétuelle ; répandant autous ceux, de proche en proche, jusqu'au fond du pays, l'esprit d'égoïsme, le désordre, le mépris du devoir ; inspirant enfin à tous ceux qu'anime quelque patriotisme le dégoût de la politique, l'horreur pour le régime auquel on attribue tous ces maux.

La Chambre des députés ne sera plus cette foire aux portefeuilles, cette cohue d'agités pour lesquels le régime parlementaire n'est que l'institution d'une prime permanente à l'instabilité gouvernementale et au charlatanisme électoral.

Au contraire, les partis se formeront, les hommes se grouperont solidement selon leurs idées directrices, leurs affinités naturelles, leur caractère, leur « tempérament », comme a dit spirituellement M. Denys Cochin. D'un côté : ceux que guident surtout la raison, l'expérience, le sentiment des responsabilités, l'esprit de tolérance, le désir de concorde nationale, le noble goût de la liberté ; de l'autre : ceux qu'entraînent l'esprit d'aventure ou de système, le besoin de dominer, de paraître, de « se trémousser » ; l'amour du bruit, de l'oripeau, de la déclamation ; la piperie des mots, les illusions de la jeunesse, l'inexpérience de la vie.

Car, il ne faut pas être dupe des apparences, ce qui classe les hommes, les rapproche ou les éloigne, même dans les assemblées, où la fiction veut qu'ils se catégorisent uniquement d'après des dogmes abstraits, ce n'est pas seulement leurs opinions politiques, c'est aussi leurs sentiments et leurs passions, dans le sens élevé du mot. L'idée est volontiers tolérante ; mais la passion, exclusive. Sans doute, en des temps orageux, quand les grandes batailles se livrent pour les drapeaux et pour les croyances, les partis politiques s'organisent spontanément sous l'action d'autres forces. On le vit bien à l'Assemblée de Versailles. Mais, quand l'heure des victoires décisives et des défaites historiques a sonné, quand il faut, bon gré mal gré, de tous côtés, prendre son parti des faits accomplis, l'homme intime reprend son rôle, et ce rôle est souvent considérable.

La France en est là. Ses assemblées aussi, grandes et petites. Il ne reste qu'un parti obéissant à d'autres lois morales : c'est celui qui monte à l'assaut de la civilisation et que forment les barbares des invasions nouvelles — invasions intérieures, plus dangereuses et plus redoutables que toutes celles des Huns, des Goths et des Northmans, dont les ravages, au moins, ne furent que passagers.

Et quand les partis seront ainsi déterminés, la discipline nécessaire s'établira naturellement ; ils prendront conscience d'eux-mêmes ; celui qui aura la majorité saura soutenir fidèlement le cabinet chargé d'appliquer sa politique ; l'industrie des « toupies hollandaises » sera radicalement supprimée, ne pouvant plus s'exercer puisque la Chambre ne pourra changer de politique générale et renverser le gouvernement qu'elle aura une fois établi sans retourner devant les électeurs.

De là : l'esprit de suite, la possibilité d'entreprendre, de conduire et d'achever ; le sentiment de la responsabilité et l'instinct puissant de la conservation, même chez les députés les plus téméraires, qui réfléchiront à deux fois avant de décréter la crise électorale conséquence logique et inévitable de la crise ministérielle.

Il faut bien connaître, en effet, la psychologie particulière du député. Elle est identique — n'en déplaise aux plus farouches démocrates — à celle du roi Louis XI, de qui le bon Commines écrivit :

« Car onques homme ne craignit plus la mort, et ne fit tant de choses pour y cuider mettre remède, comme luy... »

Témoin l'aventure de son médecin, Jacques Coictier, qui, menacé de disgrâce et peut-être de la potence, lui dit un jour :

— Je sais bien qu'un matin vous m'envoyerez comme vous faites tant d'autres ; mais, par-la... ! (un grand serment qu'il jurait), vous ne vivrez point huit jours après ! » « Ce mot l'espouvantait fort, ajoute Commines, et tant qu'après ne le faisait que flatter et luy donner... »

Soyez-en sûrs : le jour où la Chambre des députés, héritière du roy Louis onziesme, saura qu'elle peut bien « envoyer » son ministère, après l'avoir choisi (que le chef s'appelle maistre Coictier ou maistre Méline, ou de tout autre nom), mais qu'elle ne vivra point huit jours après, elle le choisira bien d'abord, et aura grand soin ensuite de sa santé, par souci de sa propre existence; elle le comblera même de faveurs, ainsi que le terrible roy son malin docteur franc-comtois !

Et ce jour-là, mais ce jour-là seulement, le pays aura enfin la stabilité gouvernementale — première, indispensable, essentielle condition de tout gouvernement — un épicier qui dure faisant par là même plus de besogne qu'un génie mort aussitôt que né.

Ce jour-là seulement, aussi, la nation verra clair, comprendra ce qu'elle fait, saura ce qu'elle approuve ou condamne, ce qu'elle veut ou repousse, puisqu'elle votera sur un fait précis, d'ordre général, caractérisant toute une politique.

*****

Mais, puisque nous ne pouvons attendre une telle réforme de la volonté du Président de la République — dont on a fait tomber le pouvoir constitutionnel en quenouille, — ni de la revision de la Constitution — qui briserait la quenouille avec tout le reste, — a qui faut-il donc s'adresser ?

Je le répète : au peuple lui-même. Au peuple directement.

C'est à lui de dicter sa volonté aux élections prochaines ; mais pour qu'il veuille, il faut qu'il sache et comprenne ; et pour qu'il comprenne, il suffit qu'on lui parle clairement et sincèrement.

Jusqu'ici, on l'a plus trompé qu'éclairé. Jamais monarque ne fut plus dangereusement et plus honteusement flatté.

En réalité, depuis vingt-cinq ans, le peuple français n'a eu que deux idées et deux volontés très nettes D'abord, il voulut la paix, en 1871. Puis, non moins clairement, il voulut la République. Il eut la paix. Il a la République. Libre à chacun de disserter, d'apprécier ces faits. Ils sont. Et personne ne peut les empêcher d'être. La sagesse est donc, pour tout le monde, de les prendre comme ils sont.

Puis, confusément, le peuple français voulut un gouvernement. Il poussa même fort loin cette volonté, en 1887 et 1888, mais dans un chemin où elle ne pouvait hélas ! que s'égarer.

Il continue de vouloir un gouvernement. Son instinct, là, ne le trompe point. C'est l'instinct même de la conservation et de la vie.

Mais il ne sait comment s'y prendre.

Et comment le saurait-il ? Qui lui en indiqua les moyens ? On égare son attention, on pervertit son jugement et son intelligence. Lisez le fatras du « Barodet », ces milliers de professions de foi et de proclamations dont on gorge tous les quatre ans les électeurs, jusqu'à donner aux plus robustes une abominable indigestion : que verrez-vous ?

Les plus grossières promesses, les plus abondantes litanies de « réformes » destinées à transformer le monde ; des programmes inspirés par le Paphlagonien des *Chevaliers* d'Aristophane : presque jamais un mot sérieux, loyal, raisonnable sur les conditions nécessaires du gouvernement et sur les conséquences de la liberté.

C'est là, pourtant, qu'il faut en venir. C'est une question de vie ou de mort.

Il faut le dire, le répéter, le crier au peuple, tous les jours, partout, sur tous les tons : — c'est lui-même qui est en jeu. C'est son propre sort, son avenir, son histoire, tout ce patrimoine national dont il est si justement orgueilleux ; c'est le sort, les biens, la sécurité, l'indépendance de chacun. C'est de défendre, de conserver ou de perdre tout cela qu'il s'agit. Et la France, au milieu des nations rivales grandissant et du formidable progrès des peuples nouveaux, se trouve sur le bord de l'irrémédiable décadence, faute de gouvernement ! Personne, personne, personne ne peut la sauver ! Elle est l'arbitre unique de son destin. Elle est libre et seule, comme Siegfried dans la forêt, entre le nain perfide et le monstre dévorant, mais armée de l'épée divine et du talisman souverain : la liberté et la raison.

Qu'il se sauve donc, ce généreux, ce

vaillant peuple des Francs, qui traversa tant d'épreuves et accomplit tant de prodiges que le monde vit dans son épopée « les gestes mêmes de Dieu ! »

Qu'il fonde enfin le gouvernement dont il a besoin ; qu'il établisse l'ordre, la durée, la sincérité, où règnent la confusion, l'agitation, l'équivoque — et tout le reste viendra par surcroît !

Et pour cela, qu'il impose partout aux candidats de tous les partis l'engagement d'appliquer les principes supérieurs que j'ai rappelés plus haut et que les choses elles-mêmes — impartiales et infaillibles — nous montrent comme les conditions nécessaires du seul gouvernement aujourd'hui possible chez nous.

Que cela soit aisé ; je ne le dis point. Mais c'est la seule entreprise efficace qu'on puisse tenter.

Ou cela, ou rien.

Oui ; qu'on ne s'y trompe point : ou cela se fera, ou les gens de cœur et de bonne volonté, les bons Français, les candidats, les Comités, les associations diverses des partis, s'entendront pour adopter ce programme simple, clair, précis ; et alors le succès, sûrement, récompensera les efforts accomplis ; — ou cela ne se fera point, par veulerie, par indifférence, par incapacité de penser et de vouloir ; et alors nul ne peut prévoir où nous précipitera le redoublement d'anarchie qui suivra les élections futures.

Il ne suffit pas à un peuple d'avoir conquis la liberté, bien suprême : il importe surtout qu'il sache s'en servir, pour en vivre.

Sinon, il en meurt.

Jules Roche.

Le Figaro du 23 juin 1897 (43ᵉ année — 3ᵉ série — nᵒ 124)

Un Péril national

Il ne suffit pas, aujourd'hui, d'avoir appelé sur une question l'attention du gouvernement et des Chambres ; il faut appeler celle du public, en qui seul il reste assez de force pour déterminer un acte. Il n'y a plus, ailleurs, que des paroles.

Or, il s'agit de conjurer un véritable péril national ; et, pour cela, d'accomplir une sorte de révolution, bien simple d'ailleurs, bien facile et profitable à tout le monde.

Je veux parler des Caisses d'épargne, — dont le nom n'éveille dans l'esprit que des idées de paix, de travail, d'économie de sécurité. Elles constituent pour la France un des plus grands dangers qui la menacent. Vous allez le comprendre.

Que se passe-t-il lorsqu'un brave homme va porter 5 francs à la caisse d'épargne de son village ?

La caisse prend ces 5 francs, mais ne les garde pas. Elle ne les emploie pas non plus elle-même à quelque usage industriel, financier, commercial, de façon à leur faire rapporter un bénéfice lui permettant de payer au brave homme l'intérêt de 3 0/0, par exemple, qui lui sera servi. Elle est *obligée*, par la loi, d'envoyer ces 5 francs à Paris, quai d'Orsay, nᵒ 3, à M. le directeur de la Caisse des dépôts et consignations.

Cet honorable directeur reçoit ainsi, chaque jour, une quantité considérable de pièces de 5 francs, et c'est lui qui est obligé d'en servir l'intérêt aux Caisses d'épargne.

Il faut donc qu'il le gagne, cet intérêt.

Comment le gagne-t-il ?

Il envoie à son agent de change l'ordre d'acheter de la rente française. Cet agent de change reçoit donc, à son tour, les pièces de cinq francs venues de tous les coins de France, les passe à ses collègues qui ont des titres de rente à vendre, prend ces titres et les envoie au directeur de la Caisse du quai d'Orsay, qui les enferme dans un coffre, après les avoir fait inscrire *au nom* de son établissement : « Caisse des dépôts et consignations, etc. »

Quant aux pièces de cinq francs qui ont servi à cette opération, elles sont rentrées dans le torrent de la circulation, et reviendront peut-être quelques jours plus tard, pour repartir encore, et ainsi de suite.

Il en est de même pour *rembourser*.

Quand le brave homme qui a porté cinq francs à la caisse d'épargne du village veut les reprendre, cette caisse ne les a plus puisqu'elle les a envoyés à Paris. Elle les redemande donc au quai d'Orsay, qui ne les a plus lui-même, puisqu'il a acheté de la rente.

Heureusement que, en fait, les choses ne sont point ainsi. Les Caisses d'épargne reçoivent plus d'argent nouveau qu'elles n'ont à rembourser d'argent ancien. L'argent qui entre fournit donc celui qui doit sortir, et même davantage. De son côté, la Caisse des dépôts n'emploie pas tout l'argent des Caisses d'épargne en achats de rente ; elle place au Trésor, en compte courant, les fonds nécessaires pour les éventualités courantes, et peut ainsi réserver jusqu'à 100 millions.

De sorte que le brave homme qui réclame ses cinq francs les a tout de suite.

Mais qu'une crise survienne : une révolution, comme en 1848 ; une guerre, comme en 1870, tout change !

Les déposants qui réclament leurs fonds sont beaucoup plus nombreux que ceux qui en apportent de nouveaux ; les caisses d'épargne locales, privées de ressources, sont obligées de réclamer à la Caisse des dépôts ; celle-ci est obligée elle-même de réclamer au Trésor ; — et comme le Trésor est accablé de demandes de toutes sortes et de tous côtés, il se trouve promptement à sec et dans l'impossibilité matérielle de rendre aux déposants des Caisses d'épargne l'argent qui leur appartient et dont ils ont besoin. Il ne peut pas s'en procurer en vendant les rentes achetées par la Caisse des dépôts, car il écraserait encore da-

... le marché public affaibli et ne ferait qu'aggraver le désastre.

Il est donc forcé de suspendre ses payements envers les déposants des Caisses d'épargne — et de ne rembourser que peu à peu, par fractions, par échelons.

C'est là, encore une fois, ce qui se passa en 1848 et en 1870.

Mais, en 1848, le total des sommes dues aux déposants des Caisses d'épargne ne dépassait guère 350 millions ; en 1870, c'était 700 millions.

Aujourd'hui, c'est près de 4 milliards 1/2.

***

Oui : 4 milliards 1/2 ! Tout l'or (peut-être davantage), tout l'or qui existe en France, tant à la Banque de France et dans toutes les caisses publiques que chez tous les particuliers. Voilà ce que représentent les dépôts aux caisses d'épargne privées et postales. Et c'est à lui, le Trésor de l'Etat qui doit rembourser tout cela !

Eh bien ! supposez que la guerre éclate, une grande guerre continentale, obligeant la France à mettre en ligne toutes ses forces.

Ce serait bien autre chose qu'en 1870, soit comme dépenses à faire par l'Etat, soit comme répercussions profondes dans chaque famille.

Ce n'est plus une armée de 300,000 hommes qu'il faudrait transporter, approvisionner ; ce n'est plus 100,000 mobiles ; ce n'est plus même 600,000 soldats improvisés, comme après le 4 Septembre, qu'il faudrait lancer aux frontières ; c'est avoir tout d'abord une armée active de plus de 2 millions d'hommes, avec les réservistes, et, aussitôt après — pour ne pas dire en même temps — une armée territoriale de plus de 1,200,000 hommes. En tout, 3 à 4 millions de soldats, et plus de 600,000 chevaux.

Sans doute, nous avons les armes, les munitions, les approvisionnements — pour un certain temps.

Il n'en resterait pas moins une dépense de « première mise » formidable, et une énorme dépense journalière d'entretien.

En 1870, il fallut à la Délégation de Tours jusqu'à 10 millions par jour. Les 5 premiers mois de la guerre coûtèrent environ 1 milliard 1/2, soit une moyenne de 300 millions par mois (déposition de M. de Roussy, p. 69 et 70). La dépense de 1871 fut également de 1,500 millions.

Calculez vous-même, maintenant, ce qu'exigerait d'argent — dès les trois premiers mois — une guerre actuelle, avec 3 à 4 millions de soldats !

Ce n'est pas tout.

La mobilisation générale appelant sous les drapeaux, dès le premier coup de tocsin, tous les Français aptes au service, de 20 ans à 45 ans, presque toutes les familles perdraient leur soutien, ou l'un de leurs soutiens.

Parti, le père qui nourrit la nichée.

Parti, le fils qui nourrit les vieillards.

Parti, le grand frère qui nourrit les orphelins.

Il faudra bien réclamer, d'urgence, et obtenir l'argent mis en réserve pour les mauvais jours.

Bien plus.

Ceux qui resteront, les tout jeunes, les femmes, les hommes de plus de 45 ans : — croyez-vous qu'ils pourront travailler, continuer de gagner au moins quelque argent, quelque salaire ?

Mais il n'y aura plus de travail, plus d'industrie, plus de commerce — ou presque plus ! Dans telle usine, occupant 1,000 ouvriers, dont 500 femmes, faites sortir 300 hommes, il faudra fermer l'usine et jeter sur le pavé les 700 qui restent.

Si bien que toute la population française non appelée aux armes sera relativement condamnée au plus redoutable chômage, en même temps qu'aux angoisses tragiques qui déchirent, en ces temps terribles, les cœurs les plus résolus.

Ah ! c'est alors qu'il faudra « mobiliser les capitaux » du Trésor, pour rendre à tout ce peuple, qu'on ne pourra pas laisser mourir de faim, l'argent sacré de ses épargnes, et pour organiser, pour soutenir les armées qui défendront la patrie, la terre où dorment les aïeux.

Mais, s'il faut dépenser, sans tarder, des *milliards* pour les armées — où prendra-t-on les 4 milliards et demi pour les familles des soldats créanciers de la Caisse d'épargne ?

Et, si on rembourse, comme il le faudra bien, bon gré mal gré, les 4 milliards et demi des caisses d'épargne, où prendra-t-on les *milliards* immédiatement nécessaires pour résister à l'invasion ?

****

Car le Trésor, ne vous y trompez pas, ne peut pas faire face aux deux dépenses à la fois. La Banque de France aurait beau joindre tous ses efforts, toutes ses ressources aux efforts et aux ressources de l'Etat, ils ne pourraient suffire à une telle tâche !

Les Allemands l'ont bien compris.

Les Italiens aussi.

Les Autrichiens aussi.

Toute la Triple Alliance. Il n'y a que nous qui ayons adopté ou conservé un mécanisme financier à la rigueur possible autrefois, mais en contradiction formelle avec les conditions nécessaires de la mobilisation générale et de la guerre moderne.

En Allemagne, en Italie, en Autriche, les Caisses d'épargne sont libres ; elles n'imposent aucune charge, ou presque aucune charge au Trésor, qui reste libre lui-même de tous ses mouvements, maître de toutes ses ressources, en cas de guerre, pour les besoins de la défense nationale.

Quel est donc le remède à notre si dangereuse situation ?

Il est bien simple, et il n'en est qu'un. Il faut profiter de la paix pour rembourser, sinon en totalité au moins en grande partie, les déposants des Caisses d'épargne et pour modifier profondément, dans un sens libéral et fécond, la loi de 1895, — ainsi qu'on l'a d'ailleurs si souvent réclamé, le rapporteur, M. Aynard, en tête, pendant la discussion.

Actuellement, les livrets de plus de 1,000 francs représentent à eux seuls 3 milliards environ, parmi les 4,500 millions de dépôt.

Ces 3 milliards ont été employés à acheter des rentes 3 0/0, qui furent achetées presque toutes à des époques où la rente 3 0/0 ne valait que 70 fr., 75 fr., 80 fr., 85 fr., 90 fr., etc. — tandis qu'aujourd'hui elle vaut 102 à 103 francs.

En fait, les paquets de rentes ainsi achetées valent aujourd'hui, *au pair*, 3,500 millions, inscrits au nom de la Caisse des dépôts, et sur lesquels elle doit 3 milliards aux Caisses d'épargne (toujours pour lesseuls livrets de plus de 1,000 francs).

Ces mêmes rentes, d'une valeur nominale, au pair, de 3,500 millions, en rente 3 0/0, correspondent donc à un intérêt total annuel de 105 millions, que le Trésor encaisse chaque année d'une main pour la Caisse des dépôts, après les avoir pris de l'autre main dans la poche des contribuables.

Or, aujourd'hui, le Tonkin, les Compagnies de chemins de fer — l'Orléans, le Midi — empruntent en 2 1/2, à 90 francs, sans difficulté.

L'Etat n'a qu'à les imiter.

Qu'il émette, successivement, en deux ou trois fois, un emprunt de rente 2 1/2 0/0, à 90 francs je suppose, de façon à recevoir *effectivement* les 3 milliards dont il a besoin pour rembourser les livrets de plus de 1,000 francs, trouvera l'argent tant qu'il voudra.

Et quel sera le résultat de l'opération ?

1° L'emprunt nouveau, dans les conditions ci-dessus, sera inscrit au Grand Livre pour une dette *nominale* de 3 milliards 333 millions (puisque, pour chaque somme de 99 francs reçue, on inscrit un titre de 100 francs) ; mais il permettra d'*annuler* sur le même Grand Livre une dette nominale de 3,500 millions. Donc, 167 millions de gagnés pour l'Etat en *diminution* de sa dette.

2° L'emprunt nouveau exigera, pour le service annuel des intérêts, une somme totale de 83,325,000 francs ; — mais permettra de supprimer les 105 millions que coûtent actuellement les 3,500 millions de rente 3 0/0 qui seront annulés.

Donc, 22 millions *de moins* à demander chaque année aux contribuables pour les arrérages de la Dette.

En même temps que l'Etat rembourserait ainsi, tranquillement, les 3 milliards des gros livrets, une loi nouvelle devrait décréter les deux mesures suivantes :

Liberté pour les Caisses d'épargne privées d'employer directement (comme en Allemagne, en Italie, en Autriche, etc...), sous certaines conditions de surveillance et de contrôle, les fonds déposés. (C'est alors qu'on organiserait aisément le crédit agricole!)

Limitation à 500 francs du *maximum* des livrets de la caisse d'épargne postale.

Grâce à ces mesures, on conjurerait tout danger. On rendrait au Trésor sa liberté et ses ressources pour les jours de l'effort suprême. On ferait rentrer dans l'activité productrice des capitaux formés, qui dorment aujourd'hui, improductifs et onéreux, dans les coffres du Trésor, aux dépens des contribuables et des travailleurs les moins fortunés. On reviendrait enfin au bon sens, à la justice, aux règles les plus élémentaires de la science économique et financière.

Voilà beaucoup plus de motifs qu'il n'en faut — pour qu'on ne fasse rien.

Et c'est pourquoi il faut s'adresser à vous, lecteurs électeurs, pour que vous sachiez vouloir, le moment venu.

Jules Roche.

Le Figaro du 26 juin 1897 (43me année - 3e série - n°177)

La Banque et la Guerre

On a beaucoup discuté à la Chambre le rôle de la Banque de France pendant la guerre de 1870 et celui qu'elle devrait jouer pendant la guerre future — (puisse l'avenir le rester toujours!)

On a complètement oublié le caractère essentiel de la Banque et les conséquences nécessaires qui en découlent : il faut préciser, car les idées les plus fausses et les plus dangereuses ont été répandues sur ce sujet si important pour notre pays.

La Banque de France est un établissement particulier, d'ordre privé, comme toute société industrielle ou commerciale quelconque ; c'est une *banque d'escompte libre*, indépendante, qui s'est fondée le 24 pluviôse an VIII (13 février 1800), et à laquelle l'Etat a *ensuite* concédé, le 24 germinal an XI (14 avril 1803), le « privilège exclusif d'émettre des billets de banque », sans que son caractère privé en fût en rien altéré, non plus que par les lois et décrets de 1806 et de 1808.

Tel est le fait — fait capital, dominant — qu'il est essentiel de ne jamais perdre de vue, surtout lorsqu'on examine les éventualités de la guerre.

Pourquoi ?

Parce que suivant que la Banque restera institution privée — ou prendra, par une disposition quelconque, le caractère d'un établissement d'Etat, — elle sera, en cas d'invasion, respectée ou confisquée.

Vous voyez que la question vaut la

peine d'être mise au clair.

****

Les Allemands et les Suisses l'ont parfaitement compris : les premiers, en 1889, lorsqu'ils ont discuté leur loi sur la Banque d'Allemagne ; les seconds, cette année même, lorsqu'ils ont rejeté par le *referendum* le projet de Banque d'État voté par l'Assemblée fédérale, moins bien inspirée en cette circonstance que le peuple lui-même.

A cette occasion, le Conseil fédéral fit examiner par des jurisconsultes éminents, le conseiller national Forrer et le professeur Hilty, quelle est, en cas de guerre, la situation juridique d'une banque, selon son caractère privé ou public.

La guerre, en effet, subit elle-même, dans notre siècle, l'influence grandissante — malgré ses variations — de la civilisation et du droit. Elle n'est plus, comme aux temps ou aux lieux lointains, le déchaînement sans limites de la fureur et de la force. Les gouvernements civilisés se glorifient de soumettre à des règles supérieures et permanentes de justice le fléau sanglant toujours si détesté des mères, et la Guerre fournit un chapitre au Code du Droit des gens.

Sans doute, ce code nouveau — qui n'est toutefois que le développement des principes confiés jadis aux Féciaux — n'est point encore formellement promulgué parmi les peuples et ne règne pas sur eux souverainement (ce jour-là verra la mort de la guerre elle-même) ; mais enfin il existe, il comprend des règles devenues sacrées, auxquelles pas un soldat victorieux, pas un gouvernement européen n'oserait manquer.

La guerre, pour être restée l'emploi de la force, n'est plus cet emploi sans frein et contre tous. Elle n'est plus la lutte bestiale entre tous les individus, mais seulement la lutte « entre les forces armées des nations ennemies ». Ce sont les États — et non les particuliers ressortissants — qui sont parties belligérantes, et l'honneur d'avoir fixé les principes essentiels du droit des gens contemporain, universellement reconnu, revient à notre Portalis qui dit si bien, en 1800, dans son discours d'ouverture du Tribunal des prises :

« C'est le rapport des choses et non des personnes qui constitue la guerre ; elle est une relation d'État à État et non d'individu à individu. »

De là : le respect des propriétés privées établi, la suppression légale de la maraude et du pillage ; les principes affirmés par l'*Instruction* du président Lincoln aux armées des États-Unis ; par la conférence de Bruxelles, en 1874 ; par le *Manuel des lois de la guerre sur terre*, de l'Institut de droit international, en 1880 ; principes que le roi Guillaume lui-même consacra nettement, au début de la guerre de 1870, dans sa proclamation du 12 août :

« Je fais la guerre, dit-il, aux soldats français, mais non aux citoyens français. Ceux-ci continueront à vivre librement et à jouir de leurs biens, à moins que, par des entreprises hostiles contre les troupes allemandes, ils ne me privent eux-mêmes du droit de leur accorder ma protection. »

La conséquence, c'est que l'encaisse de la Banque de France doit être absolument respectée, comme toute autre propriété individuelle, en cas de guerre ; tandis que, tout au contraire, elle deviendrait *de droit* « le butin de guerre de l'envahisseur », si elle pouvait être considérée comme la dépendance, ou la propriété de l'État.

En effet, l'armée envahissante a le *droit* reconnu de s'emparer du numéraire, des fonds et valeurs exigibles appartenant en propre à l'État, des dépôts d'armes, moyens de transport, magasins et approvisionnements, et en général de toute propriété mobilière de l'État de nature à servir aux opérations de guerre. Le matériel des chemins de fer appartenant à des sociétés privées, étant essentiellement de nature à servir aux opérations de guerre, peut être également saisi, mais à condition d'être restitué, avec indemnité à régler, lors de la paix.

Tels sont aujourd'hui les principes indiscutés du droit international, et qui ont notablement influé sur la décision du peuple suisse, au bon sens duquel ils ont paru présenter une « valeur prépondérante ».

Les Allemands n'avaient pas été moins

frappés de cette considération, lors des débats du Reichstag sur la Banque d'Allemagne, en décembre 1889.

Un député ayant proposé le système de la banque d'Etat, le rapporteur de la Commission, M. Büsing, et le ministre d'Etat lui-même, M. de Bœtticher, combattirent énergiquement cette proposition en invoquant, comme un des motifs les plus puissants, la différence de sécurité entre une banque privée, comme la Banque de France, et une banque d'Etat, en temps de guerre.

Si la Banque de France — dit le rapporteur du Reichstag, — dont tout le monde connaît le rôle brillant pendant et après la guerre de 1870, a sauvé le pays, ce fut, comme le disait M. Thiers, *parce qu'elle n'était pas banque d'Etat*. Ce mot est de nature à faire réfléchir les novateurs...

En 1870, la succursale de la Banque de France établie à Strasbourg fut mise sous séquestre par l'autorité militaire allemande; mais, sur une réclamation prouvant que la Banque était un établissement privé, le séquestre fut levé. Il aurait été maintenu, et l'Allemagne se serait emparée des valeurs de la succursale, si elle avait appartenu à l'Etat.

..... Une autre raison très grave — dit plus loin M. Büsing — de s'opposer au rachat de la Banque, c'est la nécessité de *sauvegarder l'indépendance de la Banque*.

En cas de guerre, l'Etat aurait la plus violente tentation de s'emparer de son *encaisse métallique et d'établir le cours forcé des billets, ce qui constituerait un très grand danger.* (Nous l'avons bien vu, en France, avec les assignats !...) Aujourd'hui, la Commission centrale *a tout pouvoir pour résister à l'Etat;* en cas de rachat elle ne le pourra plus.

Vous voyez avec quel soin les Allemands ont marqué le caractère privé de leur Banque — précisément en vue du cas de guerre — et combien ils sont loin de chercher à l'assujettir à l'Etat ou à s'emparer de son encaisse et de sa « planche aux billets », pour parler comme à la Chambre française.

* * *

Mais il y a mieux.

Certes, de telles déclarations, de tels discours, de tels votes, à Berlin et en Suisse, sont des faits considérables et

décisifs.

D'autres événements, plus déterminants encore, se sont accomplis chez nous-mêmes, pendant la guerre de 1870, et ont consacré invinciblement le caractère inviolable de la Banque de France, telle qu'elle est.

Le dimanche 4 septembre 1870, l'armée prussienne entrait à Reims. Aussitôt, un officier de l'intendance, suivi de soldats, se rendait à le succursale de la Banque et demandait à ouvrir les coffres pour s'emparer de l'encaisse, la considérant comme propriété de l'Etat.

Protestations énergiques du directeur, M. Wittmann, qui explique la situation, les droits, le caractère de la Banque de France.

— J'ai des ordres, répond l'officier. J'en référerai à mes chefs; mais je dois obéir.

Et les ordres sont exécutés. Les fonds sont saisis et emportés à l'Hôtel de ville, où ils sont placés sous la garde de troupes prussiennes. Cependant, le directeur de la succursale commence immédiatement ses démarches. Il voit les chefs, les généraux; il montre, explique, commente les statuts. Le mardi 6 septembre, les fonds saisis lui sont restitués; et, le lendemain, l'*Ordre* suivant lui est notifié :

« Aux termes de ses statuts, dont j'ai
» pris connaissance, la succursale de la
» Banque de France établie à Reims est
» une institution privée, qui a pour but
» unique de venir en aide au commerce
» et à l'industrie.
» En conséquence, les fonds qui se
» trouvent dans cet établissement *ne*
» *peuvent être exposés à aucune saisie*
» *ou à aucun arrêt*, tant qu'ils ne sont
» pas destinés à soutenir l'armée fran-
» çaise.

» Quartier général,
» Reims, le 7 septembre 1870.

» *Le Commandeur de la 3ᵉ armée,*

» FRÉDÉRIC-GUILLAUME,
» Prince royal de Prusse. »

Voilà le document, jusqu'à présent inédit, qui a fixé définitivement, grâce à l'autorité souveraine de son auteur, qui l'écrivit tout entier de sa main, les droits de la Banque de France, comme de tout autre établissement privé, même devant l'invasion d'un ennemi victorieux.

Voilà le fait qui a sanctionné historiquement la doctrine.

L'incident de Strasbourg, rappelé au Reichstag par M. Büsing, ne fut qu'une conséquence de cette proclamation solennelle du prince qui devait mourir, dix-huit ans plus tard, sur le trône impérial germanique relevé par nos défaites, et qui écrivit ainsi, il faut bien le reconnaître, une page de l'histoire du droit des gens.

Mais cette conséquence fut particulièrement significative.

En effet, le 27 septembre, le jour de l'entrée à Strasbourg des soldats du général de Werder, le gouverneur général allemand, M. de Kühlewetter, ordonnait qu'on s'emparât de toutes les valeurs mobilières appartenant à l'Etat français et, nominativement, de la caisse de la Banque de France.

Le lendemain mercredi, 28 septembre, un capitaine allemand et sa compagnie, suivis d'un intendant, arrivent à la succursale et demandent les clefs de la caisse. M. Ott, le caissier, répond ne pas les avoir. On le menace de l'épée ; il est contraint de céder et de montrer le caveau dans lequel avait été enfouie et murée l'encaisse. On perce le mur et on trouve 10 millions, dont environ 6 millions enfermés dans des sacoches portant des écriteaux avec la mention : « *A la disposition du Trésorier général.* » Le tout est mis sous séquestre.

Quelque jours après, le directeur de la Banque de Prusse arrive de Berlin, vérifie les livres et constate, dans les écritures, à l'actif du compte du Trésorier général, les mêmes indications que ci-dessus.

Cependant, la Banque de France réclame. Un jeune inspecteur, M. Robert, est envoyé pour soutenir sa réclamation. Il arrive le 26 octobre et il est mis en rapport avec M. de Sybel (l'historien) chargé spécialement de discuter cette affaire.

Et alors s'engage la controverse suivante :

— Le gouvernement prussien, dit M. de Sybel, veut respecter les établissements privés, et particulièrement la Banque de France, conformément à la déclaration du prince royal de Prusse. *Il ne se reconnaît aucun droit sur tout ce qui est réellement la propriété de la Banque de France.* Mais il ne saurait en être de même des sommes appartenant au Trésor et qui s'élèvent, tant à Paris que dans les succursales, à 204 millions. *C'est là une prise de bonne guerre.*

— Pas du tout, réplique M. Robert. Les fonds dont vous parlez n'appartiennent pas au Trésor. Il en est créancier envers la Banque, soit. Mais, *en fait de meubles, possession vaut titre.* Les monnaies d'or et d'argent, les billets qui se trouvent à la Banque sont *à elle.* Peu importe qu'elle en doive tout ou partie, à qui que ce soit : le tout n'en est pas moins sa pleine et exclusive propriété ! La Banque *n'est pas*, en effet, *le caissier* de l'Etat ; elle n'est que son banquier, et l'Etat n'a avec elle que les rapports d'un titulaire de compte courant, comme tout autre particulier.

Vous voyez d'ici la discussion. Le droit civil, le droit commercial, le droit écrit et coutumier, le droit romain, tout y passa ! Les deux jouteurs étaient de rare taille. Le combat ne finit qu'à Francfort, par le triomphe complet de M. Robert dont la science, l'habileté, la persévérance méritaient une récompense publique — qu'il n'a pas suffisamment reçue, à mon avis, — non point pour avoir sauvé les six millions, mais pour avoir, lui aussi, ajouté un chapitre en action au grand livre du droit des gens.

Ce simple employé — qui est aujourd'hui, je crois, directeur de la succursale de Lyon — a fait plus que bien des diplomates — et même que bien des « concerts » — pour la cause du « droit » parmi le genre humain.

Grâce à lui, le 11 décembre 1871, une convention additionnelle au traité de Francfort reconnaissait, dans son paragraphe 9, le droit de la Banque à liquider seule et par ses agents ses succursales d'Alsace-Lorraine, et, les 12 et 13 janvier 1872, l'Allemagne restituait à la Banque de France les 6.361.000 francs séquestrés à Strasbourg, dans les fameuses sacoches du caveau muré.

Je recommande ces faits à la méditation des « novateurs » et aux réflexions des députés et des sénateurs, lorsqu'ils auront à délibérer sur des amendements de nature à altérer la personnalité indépendante de la Banque de France.

Jules Roche.

L'Éclair du 28 juin 1897 (dixième année — n° 3135)

L'ACTUALITÉ

UNE PRINCESSE ESPAGNOLE DE SANG ROYAL QUI FINIT A L'HOTEL

La tante d'Alphonse XIII, roi d'Espagne. — Une vie agitée. — Echouée à Paris. — Les rois en exil. — Dettes criardes. — Pendant l'exposition. — La visite des hidalgos. — Triste fin. — Les funérailles forcées

Appartenir à la famille régnante d'Espagne, descendre en ligne directe du roi Charles IV, être tante de Sa Majesté le roi Alphonse XIII, belle-sœur de Sa Majesté la reine Isabelle, sœur du roi François d'Assise… et finir lamentablement dans un hôtel meublé, laissant une note à payer et des dettes criardes chez le marchand de vins du coin.

L'infante Isabelle-Ferdinande-Françoise-Joséphine, il y a cinquante ans, était des plus adulées parmi les princesses de la cour d'Espagne. D'une haute intelligence, l'esprit large et ouvert, fort instruite, parlant plusieurs langues, elle semblait destinée à quelque trône… Par quelle succession d'aventures tomba-t-elle si bas, qu'abandonnée de tous, elle expira, débitrice insolvable, gardée par charité dans un garni, entre les bras du patron qui lui ferma les yeux !

Le point de départ de cette décadence fut son mariage avec un certain Polonais, Ignace, comte Gurowski, qu'elle épousa à Dover le 20 juin 1841 ; cette union, qui mécontenta les siens, amena sa rupture avec la famille royale.

Le comte mourut, en 1867, laissant sans ressources l'infante Isabelle qui vint se fixer à Paris. Elle vécut d'abord chichement de la petite pension que le gouvernement espagnol lui servait. En 1889, elle s'installait dans l'hôtel Victoria, cité d'Antin, où elle est morte il y a quelques jours. Son grand nom qu'elle ne dissimulait pas lui avait ouvert un large crédit. Elle honorait le livre des inscriptions, mais si courte d'argent, à une époque où les hôtels rendaient au centuple, le propriétaire d'alors, manquant de chambres, donna son congé à la princesse espagnole. Elle s'en alla contrite. L'Exposition passée, les vacances étant plus abondantes, elle réintégra l'hôtel qu'elle n'a plus quitté. Elle y devait mourir. La pitoyable fin !

Comment vivait la princesse

Dans l'hôtel elle faisait peu étalage de sa noble condition : on savait qui elle était et c'était sa seule vanité. Si, au début, elle avait montré quelque fierté de sa naissance, la morgue de Sa Grandesse était bien tombée avec l'âge et les infirmités. Dans les dernières années surtout, énorme, impotente, à demi paralysée, elle ne sortait plus.

Depuis trois ans peut-être elle n'avait mis le pied dans la rue. Elle se confinait dans sa chambre, des journées entières absorbée devant son feu, rêvassant, dormant, ou buvant... buvant surtout. L'hôtelier qui l'hébergeait ne lui fournissait pas son vin, l'infante l'envoyait prendre dans une bodega voisine qui lui envoyait porto, malaga et autres boissons d'origine rappelant à son goût un pays où sa place avait été si brillante. La note du fournisseur est impayée.

Elle ne vivait pas, elle végétait. Inoccupée, elle ne lisait même pas. Elle parlait peu et jamais ne faisait d'allusions au passé. Tout au plus se trahissait-elle en quelques élans d'amertume vite contenus. Elle était surtout hostile à la religion. Un jour, par exemple, qu'on s'étonnait de ne pas voir une Espagnole de son sang pratiquer : « Oh ! non, répondait-elle, rien que l'idée de voir un prêtre... les prêtres espagnols surtout... » Et, avec un accent que laissaient percer d'anciennes rancunes, elle ajoutait : « Ces prêtres espagnols... tous des cafards. »

Longtemps, une petite cour avait gravité autour d'elle. Des hidalgos, au teint olivâtre, à la boutonnière fleurie d'ordres singuliers, la venaient visiter. « C'était le duc de ceci, et le comte de cela, nous dit le patron. Ils s'installaient chez elle, ils buvaient, mangeaient... parasites d'une pauvre vieille. Mais ces fiers personnages n'avaient de fier que la mine. C'est cela, monsieur, qui a fait monter ma note...

» Dire que j'ai hébergé tous ces gens-là, car en fin de compte c'est moi qui ai payé quand ils se gobergeaient aux frais de la... la princesse. On dit qu'elle était charitable. Eh oui ! ces rastas... ça mendiait. Elle leur donnait des subsides, et eux ne l'humilient pas de vivre à ses dépens... Avant de donner de l'argent à ce joli monde, elle aurait dû penser à ses fournisseurs... »

La fin

L'infante vieillissait, la maladie croissait avec l'âge. La médiocrité de ses ressources éloignait les grands seigneurs, la solitude se fit complète dans la pauvre chambre d'hôtel. La vieille femme resta seule, s'enfonça dans sa tristesse. Rien ne l'arrachait plus à sa torpeur et à son mutisme que ses besoins naturels. Elle sonnait pour ses repas, exigeante au reste, ou lorsque l'effroi de la mort lui venait. À n'importe quelle heure, même au milieu de la nuit, elle mandait quelqu'un près d'elle. « Tâtez-moi le pouls, implorait-elle, je sens que je vais mourir, mon cœur ne bat plus. » Et cela dura des mois.

Un matin elle fit une chute, se heurta la tête à l'angle d'un meuble, se fit une assez grave blessure. Elle s'alita. Aussitôt le patron de l'hôtel prévint la belle-sœur de la grabataire, la reine Isabelle ; puis son frère, le roi François d'Assise. L'ex-successeur de Charles-Quint, envoya son médecin visiter l'infirme : « Le roi avisera, nous prendrons des mesures », dit cet homme qui se retira et ne revint plus.

« Quand je vis que la fin approchait, nous raconte l'hôtelier, je téléphonai à l'hôtel de la reine Isabelle ; on me répondit que la reine n'était pas encore levée, qu'on l'avertirait à son réveil. Je téléphonai au château du roi François, à Épinay ; le secrétaire du roi me remercia de l'avoir prévenu. Mais le roi ne vint pas. La vieille infante agonisait. Elle avait toute sa connaissance, et elle mourut dans l'abandon. Elle secouait la tête : « Quelle triste fin !... quelle triste fin !... » répétait-elle.

» Je lui ai fermé les yeux ; j'ai donné l'ordre de l'ensevelir... La famille a d'abord fait la sourde oreille quand il s'est agi de procéder à l'enterrement ; puis, devant le scandale inévitable, elle fit faire de somptueuses funérailles qui ont coûté plus de dix mille francs...

» Mais ces funérailles, monsieur, c'est moi qui les paye ; car lorsque j'ai réclamé mon dû — une note de treize mille francs — le roi François d'Assise, la reine Isabelle et toute la cour d'Espagne m'ont répondu par une fin de non-recevoir... J'en suis pour mes avances, car la malheureuse n'avait rien que quelques pitoyables hardes dont à l'encan je ne retirerai pas le loyer d'une quinzaine. »

Et voilà comment finit, insolvable, gardée par pitié dans une chambre garnie, sans une figure amie à son chevet, l'infante Isabelle-Fernande-

Françoise-Joséphine, sœur de Don-François d'Assise, belle-sœur d'Isabelle la Catholique, tante de
Sa Majesté Alphonse XIII, roi d'Espagne.

La Côte de la Bourse & de la Banque du 1er juillet 1897

LES BANQUES COLONIALES

Le rapport annuel de la commission de surveillance des Banques coloniales françaises sur les résultats de l'exercice 1896 a été publié par le *Journal
Officiel* du 20 mai dernier. Il ne laisse pas que de
nous faire apparaître la situation générale de ces
établissements sous un jour moins favorable encore
que l'année précédente. La Banque de l'Indo-
Chine seule fait exception et peut distribuer un dividende supérieur à celui de l'année dernière et à
ceux des trois années précédentes.

Voici comment se comportent comparativement
ces dividendes pour l'exercice 1896 et les trois années antérieures :

Banques	1895-96		1894-95		1893-94		1892-93	
Martinique...	10	»	30	»	65	»	60	»
Guadeloupe..	»	»	60	»	105	»	100	»
Réunion......	»	»	»	»	»	»	»	»
Guyane	100	20	195	»	96	20	193	90
Sénégal	»	»	60	»	65	»	47	50
Indo-Chine...	25	»	20	»	20	»	20	»

I. — Banque de la Martinique

Le mouvement général des opérations d'escompte, des prêts et avances est encore en décrois-
sance sur l'exercice 1894-95. Leur montant total,
au lieu de 30.305.217 43 n'est que de 24.780.603
francs, se décomposant ainsi :

Effets sur place..................	20.108.355 »
Prêts sur actions.................	342.991 »
Prêts sur récoltes................	3.984.672 »
Prêts sur matières or et argent...	304.585 »
Prêts sur marchandises..........	40.000 »
	24.780.603 »

Le mouvement général des opérations de change
s'est élevé à 11.020.528 fr., représentés par :

Emissions....	4.947.681 »
Remises........................	6.072.847 »
	11.020.528 »

Soit un excédent de 1.125.166 fr. des remises sur

les émissions.

L'exercice précédent s'était également clôturé par un excédent des remises sur les émissions atteignant 1.487.004 fr.

Les bénéfices de l'exercice ont été de 893.455 fr. ramenés, déduction faite des charges et dépenses diverses, à 475.286 fr. qui ont été affectés à la réserve.

Le mouvement général des affaires de la Banque de la Martinique pendant l'exercice 1895/96 représente pour les escomptes, prêts et

avances.. 24.780.603
pour les opérations de change............ 11.020.528

Soit un total de........ 35.801.121

La diminution sur l'exercice précédent, contrairement à ce qui s'était passé l'année dernière, porte entièrement sur les opérations d'escomptes et d'avances, tandis que les opérations du change ont sensiblement augmenté.

La Banque a fait passer aux valeurs en souffrance des effets douteux pour 1.028.883 fr. dont le cinquième a été maintenu à l'actif. Par suite, les fonds de réserve sont inférieurs au minimum fixé par le règlement. Cependant, en raison des efforts faits par la Banque pour épurer son portefeuille qui contient, néanmoins encore, pour une somme importante de valeurs de réalisation difficile, la distribution d'un dividende de 4 0/0 par action, soit 10 fr., a été autorisé pour le premier trimestre 1896.

II. — Banque de la Guadeloupe

Le mouvement général des opérations d'escompte et de prêts se décompose ainsi :

Effets sur place........ .... 6.615.869 »
Prêts sur actions.................... 81.725 »
Prêts sur récoltes .... 9.540.185 »
Prêts sur titres de rentes.......... 36.930 »
Prêts sur matières d'or et d'argent. 93.390 »
Prêts sur marchandises............. 616.200 »
Les opérations de change se décomposent ainsi :
Emissions...................... 13.862.893 »
Remises........................ 10.525.137 »

Excédent des émissions sur les
remises........................... 3.337.756 »

Pour l'exercice précédent, l'excédent avait été de 6.447.947 francs.

Les bénéfices de l'exercice ont été de 1.298.144 fr. et déduction faite des charges et dépenses de 896.922 francs de bénéfices nets.

Le mouvement général des affaires de la Banque de la Guadeloupe est en diminution de 3.097.660 fr. sur l'exercice précédent. Contrairement aux statuts, il a encore été fait des prêts sur récoltes excédant le tiers de leur valeur. En outre, le portefeuille contenait, vers la fin de l'exercice pour plus de 1.200.000 francs d'effets de circulation, renouvelés sans cesse et d'un recouvrement très douteux. Dans ces conditions, interdiction a été faite à la Banque de distribuer un dividende.

La dette au Comptoir d'Escompte, qui s'élevait à 6.447.947 francs au 30 juin 1895 a pu être ramené à 3.337.756 francs à la même date de 1896, ce qui prouve une amélioration du bilan.

III. — Banque de la Réunion

Absolument comme il est arrivé l'année dernière, la Banque avait commencé à reconstituer son fonds de réserve, mais celui-ci a été de nouveau absorbé par les pertes subies.

Au 30 juin 1896, les 8.000 actions de cette Banque se répartissaient ainsi : 2.095 en Europe et 5.905 dans la colonie.

Le mouvement général des opérations de prêts et d'escompte se décompose comme suit :

Effets sur place.................... Fr.	11.186.129
Prêts sur actions.....................	1.929
Prêts sur récoltes.....................	1.409.665
Prêts sur marchandises...............	5.500.302
Prêts sur matières d'or et d'argent.....	232.547
Prêts sur titres......................	1.325

Les opérations de change sont montées à 5 millions 296.234 fr., dont :

Remises .... Fr.	3.350.690
Emissions.............................	1.945.544
Excédent des remises sur les émissions	1.405.146

L'exercice précédent s'était clos par un excédent de même nature de 869.686 fr.

Comparativement à l'exercice précédent, le mouvement général des affaires de la Banque de la Réunion est en augmentation de 2.711.432 fr. sur l'année antérieure. Cette augmentation porte aussi bien sur les opérations de prêts et escomptes que sur celles de change.

Les recettes de l'exercice ont atteint 297.263 fr. Cette somme a été employée intégralement à l'apurement du portefeuille.

La Banque de la Réunion, en raison des pertes subies au cours des exercices précédents se trouve dans une situation critique. La circulation des billets est toujours irrégulière. En effet, le montant total des billets en cours et des récépissés à ordre payables à vue dépassait au 30 juin 1896 le triple de l'encaisse métallique.

IV. — Banque de la Guyane

Le mouvement général des opérations d'escompte et de prêts s'est élevé à 4.057.090 fr. en diminution de 1.361.236 fr. sur l'exercice précédent.

Il se décompose ainsi :

Effets sur place .... Fr.		3.312.516
Prêts sur titres de rentes, actions et marchandises		715.447
Prête sur matières d'or et d'argent....		29.127
		4.057.090

Les opérations de change se divisent en 5.728.288 francs d'émission et 6.209.561 francs de remises. Au dernier bilan, l'excédent en faveur des mandats sur les remises était de 163.687. Les envois d'or natif se sont élevés pour l'exercice à 5.048.298 fr. en diminution 1.767.305 fr. sur ceux de l'année précédente.

Les recettes pour l'ensemble de l'exercice ont été de 252.294 francs ramenées à 143.105 francs après déduction des charges, dépenses et pertes. Cette dernière somme a permis de répartir 100 fr. 20 par action, soit 20 04 0/0 du capital nominal ou 18 96 0/0 de moins que l'année précédente.

Le mouvement général des affaires de la Banque de la Guyane est en diminution de 8.340.098 francs sur l'exercice antérieur due en grande partie à une diminution dans les opérations d'exploitation des placers du Carswêne. La Banque n'ayant pas eu besoin de se faire réexpédier du numéraire a pu réduire de 470.898 fr. à 93.140 fr. sa dette au Comptoir d'Escompte.

V. — Banque du Sénégal

Le mouvement général des opérations de prêt et d'escompte s'est élevé à 5.493.236 fr. en diminution de 106.504 fr. sur l'exercice précédent.

Il se décompose ainsi :

Effets sur place.................Fr.		5.093.006
Prêts sur actions...................		248.865
— sur marchandises...........		28.500
— sur matières d'or et argent...		122.865
		5.493.236

Les opérations de change se chiffrent par :

Remises.................. .....Fr.		3.000.100
Emissions.........................		1.997.920
Formant un total de..........		4.998.020

pour les opérations de change dans lesquelles les remises présentent un excédent de 1.002.180 francs sur les émissions.

Les mouvements du numéraire ont été de 8 millions 210.260 fr. à l'entrée et de 7.950.672 fr. à la sortie

laissant un solde de 714.265 fr. au 30 juin 1896. A
la même date, les billets en circulation représen-
taient un montant de 1.051.935 fr.

La Banque du Sénégal n'a eu que 15.000 fr. d'effets en souffrance pour l'exercice, mais le portefeuille contient pour une somme élevée d'effets sans
cause légale constamment renouvellés et d'un recouvrement douteux. La situation de l'établissement est en outre devenue précaire par suite de la
mise en liquidation d'une maison de commerce
débitrice de la Banque pour près de 300.000 fr. En
conséquence, la Banque a été invitée à passer aux
valeurs en souffrance pour 400.000 fr. d'effets et
par suite à faire disparaître du bilan, sinon la
totalité des réserves, du moins une grande partie.

Les bénéfices, déduction faite des charges et dépenses n'ont été que de 90.390 fr. Toute distribution de dividende est suspendue jusqu'a nouvel
ordre.

VI. — Banque de l'Indo-Chine

La Banque de l'Indo-Chine par opposition à ce
que nous venons de constater pour la plupart des
autres banques coloniales est dans une situation
satisfaisante.

Son capital est de 12 millions représentés par
24.000 actions de 500 fr. nominatives, libérées de
125 fr. au 31 décembre 1895, la réserve statutaire
et le fonds de prévoyance formaient un total de
947.353 fr.

Nous tirons du rapport du Conseil d'administration les renseignements suivants sur les résultats
de l'exercice clôturé au 31 décembre 1896 présentée
à l'assemblée du 19 mai 1897.

Les bénéfices du premier semestre ont été de
381.880 fr., réduits à 348.276 fr. par la déduction
d'une somme de 28.855 fr. représentant les valeurs
tombées en souffrance à Pondichéry, Saïgon et
Nouméa et de 5.250 fr. portés au fonds de secours,
élevant ce dernier à 120.800 fr. Les produits du
second semestre 1896 ont atteint 430.530 fr., comprenant la plus-value réalisée sur les deux parts
de 25.000 fr. chacune de la Société des docks
d'Haïphong que la Banque possédait. Il a été
affecté 100.000 fr. à la réserve immobilière, laquelle
s'élève ainsi à 400.000 fr. en regard d'un compte
immeubles de 948.485 fr.

Les bénéfices totaux de l'exercice ont permis de
répartir 25 fr. à chacune des 24.000 actions représentant le capital (soit 3 fr. de plus que pour
l'année précédente) et de reporter 5.398 fr. à
nouveau.

Voici un tableau résumant le mouvement général
des opérations des quatre succursales de la Banque
de l'Indo-Chine pendant l'exercice 1896 :

	Escompte	Prêts
aïgon............Fr.	48.574.803	28.085.475
Saïphong............	13.721.282	8.467.240
Pondichéry............	1.730.869	2.460.263
Nouméa............	6.240.219	1.588.788
Totaux............Fr.	65.267.153	40.536.716
Totaux généraux...Fr..	105.803.869	

Les · opérations de change se décomposent ainsi :

	Emissions	Remises
Saïgon............Fr.	40.763.448	54.007.800
Haïphong............	8.411.643	10.939.195
Pondichéry............	6.265.863	5.486.504
Nouméa............	7.375.855	7.345.308
	62.816.769	76.327.806
	140.144.575	

Les opérations de remises se décomposent ainsi qu'il suit :

	Sur l'Europe	Sur diverses places
Saïgon............	25.860.748	26.717.061
Haïphong............	6.870.014	4.068.111
Pondichéry............	2.835.030	2.601.585
Nouméa............	5.806.214	1.589.084
Totaux............Fr.	41.402.025	34.925.781
Total général.......Fr.	76.327.806	

Enfin, les émissions se partagent comme ci-dessous :

	Sur l'Europe	Sur diverses places
Saïgon,............Fr.	25.535.002	15.228.356
Haïphong............	4.274.299	4.087.344
Pondichéry............	2.989.313	3.277.507
Nouméa............	3.549.500	3.835.255
Totaux............Fr.	36.447.207	26.369.562
Total général.......Fr.	62.816.769	

Le Figaro du 14 9bre 1897 (43me année — 3me série — n° 257)

UNE LETTRE DE M. JAURÈS

M. Jaurès nous adresse la lettre suivante à propos de l'article si spirituel et si terriblement documenté que notre collaborateur Paul Bosq lui consacrait, il y a trois jours.

L'éloquent député du Tarn n'a pas besoin de faire appel à notre bonne foi pour obtenir l'insertion de sa réponse : le document est trop curieux pour ne pas s'imposer par l'intérêt de la thèse qu'il contient :

Villefranche d'Albigeois, 11 septembre.

Monsieur le Rédacteur en chef,

J'attends de votre bonne foi l'insertion intégrale d'une réponse trop longue peut-être.

M. Paul Bosq me combat dans votre journal par un procédé très simple. Dans des articles où j'expose deux thèses contradictoires pour déduire ensuite ma conclusion personnelle, il détache l'exposé d'une des deux thèses, et il le donne

comme mon opinion propre. Cette méthode, vous en conviendrez, est à la portée de tous..

Oui, je disais en 1888 qu'une seconde
Chambre pouvait être utile pour représenter l'esprit de contrôle et de suite,
mais je constatais l'esprit de résistance
du Sénat, et je demandais, quoi? La constitution d'une *Chambre du travail* élue
par grande catégorie de production, au
suffrage universel des travailleurs et
ébauchant ainsi, dans l'organisation politique, l'organisation sociale. M. Bosq
supprime tranquillement cela.

Oui, je reconnaissais, en 1888, les facultés gouvernementales et organiques
de l'opportunisme en sa première période, mais je constatais qu'il avait perdu
peu à peu le sens de la démocratie: et je
demandais que la même vigueur gouvernementale fût appliquée à une politique
toute nouvelle, aux réformes sociales les
plus hardies. Cette conclusion, M. Bosq
la supprime.

Et si j'ai constaté en 1888 que trop aisément les députés ouvriers risquaient
de « s'embourgeoiser » au Parlement
faute d'une doctrine explicite, c'est précisément parce que j'étais, dès lors, un
socialiste de doctrine, et que dès 1886,
j'avais adhéré de tout mon esprit au col-
lectivisme.

M. Paul Bosq dit que j'ai voté à cette
époque contre l'impôt sur le revenu. Il
commet une erreur matérielle : j'ai toujours voté pour. Une fois, une erreur de
l'*Officiel* m'ayant rangé parmi les opposants ou les abstentionnistes, j'ai rec-
tifié à la tribune, dès la séance du lendemain. De là, sans doute, la méprise de
M. Paul Bosq, hâtif en son réquisitoire.

Mais, permettez-moi de m'élever un
instant au-dessus de ces médiocres chi-
canes. Il y a eu dans ma pensée un changement profond : mais ce n'est pas celui
que signale M. Bosq.

Ce n'est ni ma doctrine ni mon inspi-
ration générale qui ont varié. De très
bonne heure, dès mon entrée au Palais-
Bourbon, en 1885, l'étude des philoso-
phies et des systèmes socialistes, le sentiment presque immédiat de la vanité et
de la médiocrité de la besogne parlemen-

taire si elle n'a pas pour objet e
refonte sociale, et aussi le dégo
l'ignoble vie humaine d'aujourd'h
besoin de la perfection humaine e
ciale pour consoler l'humanité
grands rêves disparus et lui en ou
de plus beaux, tout m'avait d'emb
élevé au socialisme. A un de mes p
miers discours, la *Revue socialiste* éc
vait : « Venez, monsieur, vous êtes
nôtres. » Et je pourrais, si la chose
valait la peine, publier une série c
tinue d'articles, de 1886 à 1897, et tous
discours, de ma première législatu
celle-ci : les plus malveillants n'en po
raient contester la suite et l'unité.

Mais je commettais une erreur grave.
Je croyais que la majorité républicain
au milieu de laquelle je siégeais et ay
laquelle j'avais été élu, pouvait, par
même chemin de pensée, aller de la
publique au socialisme. Il me semb
que, par une évolution intérieure et
gique, toute la République gouv
mentale devait tendre vers l'idée d'
lité sociale, vers l'organisation fra
nelle du travail et de la propriété.

Cette illusion a duré, toujours d
sante de 1885 à 1888. Mais, chaque jo
la vanité des intrigues politiciennes,
scandales qui éclataient sous nos
nous révélaient le pouvoir caché e
verain de la finance, le mouvemen
recul dont le ministère Rouvier fut
marque, tout m'apprenait qu'i. étai
constitué dans la République une olig
chie bourgeoise.

Demander plus longtemps à cette ol
garchie de renoncer d'elle-même à
fructueuse exploitation, eût été vraim
trop candide. Et je vis bien qu'il s'
sait, au fond, d'une lutte entre la c
qui détenait tout, et la classe dépoui
de tout. Je vis bien qu'il n'y avait de
lut pour la République et d'avenir
le socialisme que dans la force du p
tariat.

Et je rejoignis les militants social
de la première heure, les Vaillant,
Guesde, les Deville, les Fabérot, l
Baudin. Par une autre route, à tra
les ornières de la réaction, et les flaqu
de boue de la République gouvern
tale, je suis parvenu au parti de

ou tout d'abord leur éducation et leur
instinct révolutionnaires les avaient
portés. Ils n'ont pas douté de moi, et
j'ose augurer qu'ils ont eu raison.

Veuillez agréer, monsieur le Rédacteur
en chef, l'assurance de ma considération
la plus distinguée.

JEAN. JAURÈS.

Le matin du 4 octobre 1897 (14ᵐᵉ année n° 4967)

DOCUMENT JUDICIAIRE

ACTE D'ACCUSATION « IN EXTENSO » DE L'AFFAIRE ARTON

LES TROIS CARNETS

Société du canal de Panama — Les débuts — Echec de l'émission — Vote à enlever — Arton offre ses services — Le corrupteur, sa vie et ses œuvres — Mme Renez entre en scène — Les listes compromettantes — Charges de culpabilité.

Société du Canal interocéanique de
constituée le 4 mars 1881, se trou-
1885, aux prises avec les plus gran-
difficultés pécuniaires et dans la né-
té de faire un nouvel appel au crédit

Une émission d'obligations à 333 fr.,
intérêt de 6 0/0, n'ayant pas réussi
les avantages ainsi offerts aux sou-
teurs, la Société sollicita, le 27 mai
l'autorisation du gouvernement d'e-
des valeurs à lots ; elle lui fut
ée. Après avoir organisé un vaste
tionnement et obtenu, le 17 juin 1886,
é t d'un projet de loi, retiré par
du 10 juillet suivant, en vue
re autorisée à contracter un emprunt
millions au moyen d'obligations à
elle essuya encore un refus quand, au
is de novembre 1887, elle demanda de
u au gouvernement l'autorisation
tire, dans les mêmes conditions, pour
millions d'obligations.

situation devenant de plus en plus

critique, convaincue d'ailleurs qu'elle devait renoncer à s'adresser au gouvernement, la Société résolut de recourir à l'initiative parlementaire et de ne reculer devant aucun moyen, même la corruption,
pour essayer de triompher de l'hostilité
déjà rencontrée au sein du Parlement.

Le 2 mars 1888, un projet de loi autorisant la Compagnie de Panama à émettre des
valeurs à lots était déposé par M. le député
Michel. Renvoyé à la commission d'initiative
parlementaire et pris en considération le
24 mars, il amenait, le 27 mars, la nomination d'une commission, dont M. Le Guay
était président, M. Sarlet, secrétaire, et
dont, après divers incidents, M. Henry Maret devint le rapporteur.

Conformément aux conclusions du rapport, la loi était votée par la Chambre des
députés le 28 avril, par le Sénat, le 4 juin,
et promulguée au *Journal officiel* le 9
juin.

L'émission, annoncée pour le 28 juin,

comprenait 2 millions d'obligations à lots, qui, à 300 francs, devaient représenter 7[00] millions de francs, 849,249 titres seulement furent souscrits. Une seconde émission, tentée le 12 décembre 1889, n'eut pas plus de succès. La Société dut s'arrêter ; deux jours après, trois administrateurs provisoires étaient nommés, à sa requête, par le tribunal civil de la Seine. Ce fut le signal des révélations qui, à divers titres, devaient appeler l'attention de la justice.

Des poursuites antérieures ont déjà fait connaître comment la corruption avait été directement organisée par les membres du conseil de direction de la Société de Panama et le baron de Reinach, et il suffit de rappeler que, le 21 mars 1893, Charles de Lesseps était, pour ce fait, condamné à un an de prison par la cour d'assises de la Seine.

A LA RECHERCHE D'UNE POSITION

L'affaire actuelle a trait plus spécialement à la corruption pratiquée pour le compte de la Compagnie par Émile Aron, dit Arton, et il convient tout d'abord d'indiquer comment cet accusé est entré en relations avec les représentants de la Compagnie de Panama et plusieurs membres du Parlement.

Originaire de Strasbourg, Arton se rendit au Brésil, vers 1860, et y passa de longues années dans différentes maisons de commerce. Sa femme et ses enfants étant rentrés en France en 1878, il fit, peu de temps après, la connaissance d'une artiste française, connue sous le nom de Mme Renez, qui le suivit en France quand il y revint, en 1881. A son retour, Arton possédait, dit-il, un capital de 350,000 francs, avec lequel il voulut installer une usine de torréfaction de café, à Levallois-Perret, mais son entreprise échoua, et, à la fin de 1885, il était presque complètement ruiné.

Vers la même époque, Mme Renez avait retrouvé deux amies, parentes de M. Naquet, sénateur de Vaucluse, qui, du reste, avait jadis connu sa famille. Grâce à elles, Arton et sa maîtresse furent introduits dans l'intimité de M. Naquet, où, vis-à-vis des étrangers, on faisait passer Arton pour l'oncle de Mme Renez. Il y rencontra notamment M. Saint-Martin, alors député de Vaucluse, compatriote et commensal assidu du sénateur Naquet.

Après l'insuccès de l'entreprise qu'il avait tentée à Levallois-Perret, Arton se trouvait sans ressources et sans position : Naquet lui en offrit une. Il était membre de la Société de la Dynamite, dont Barbe et Le Guay étaient administrateurs ; il fit entrer Arton dans cette société. Après un stage assez

court, l'accusé devenait l'agent général de la Société de la Dynamite dans l'isthme de Panama. Cette situation l'obligea à se rendre dans l'Amérique centrale, où il fit un premier voyage en avril 1885. Pour s'assurer la clientèle des entrepreneurs du canal, il explora toute l'étendue des travaux et il put ainsi se rendre compte de la situation de l'entreprise.

ON S'ENTEND

Au mois de février 1887, Arton retournait en Amérique, quand, sur le même paquebot, il rencontra Charles de Lesseps, qui s'y rendait également. Une lettre de recommandation remise par Naquet à son protégé pour les membres de la Compagnie de Panama facilita leur entrée en relations, et Charles de Lesseps, encore sous le coup des échecs que ses projets avaient rencontrés au Parlement en 1886, se plaignit notamment de l'hostilité de Barbe et Le Guay, intéressés pourtant à la continuation du canal pour assurer la vente de la dynamite. Arton offrit son concours et proposa, le cas échéant, d'intervenir auprès de ses commettants.

En effet, dans le courant d'août 1887, Charles de Lesseps le manda chez lui et le reçut en présence du baron de Reinach. Après qu'Arton eut affirmé son intention d'aider la société à faire aboutir une nouvelle émission de valeurs, de Reinach intervint et lui donna rendez-vous pour le lendemain, afin de « s'entendre sur les détails ». Cette entrevue eut lieu dans les bureaux de la banque Kohn-Reinach, rue de la Bourse, et, au dire de l'accusé, le banquier ne négligea aucun moyen pour s'assurer son concours, qu'il semblait d'ailleurs très disposé à accorder.

Dès qu'il était revenu d'Amérique après son voyage de février 1887, Arton avait déjà fait connaître à Barbe ses entretiens avec Charles de Lesseps ; il s'empressa de l communiquer les propositions qui venaient de lui être faites par le baron de Reinac et Barbe lui promit son action personnell et celle de son groupe. L'accusé déclar également que, consulté à son tour, Naquet approuva pleinement l'entreprise, en offrant d'agir par lui-même et de faire agir par son ami Saint-Martin à la Chambre des députés.

Ainsi assuré de ces différents concours, lié également avec M. Henry Maret, qu'il avait fréquemment rencontré chez le frère de Mme Renez, Arton se crut en état de remplir la mission coupable dont on voulait le charger et il revint auprès de Reinach pour arrêter ses conditions définitives. S'il faut l'en croire, il exigea qu'on agît « avec méthode et prudence »; toutes les questions se rattachant à l'émission devaient être résolues suivant son avis; le baron de Reinach et les amis de la Compagnie s'engageraient à apporter tous les concours et toutes les influences dont ils pourraient disposer. Enfin, il imposait comme condition *sine qua non* « qu'il n'aurait, dans » aucun cas, à rendre compte des concours » de toute nature qu'il jugerait utile de ré- » munérer ».

Le baron de Reinach accepta et lui proposa de lui ouvrir un crédit de deux millions en lui promettant que la compagnie lui attribuerait une participation syndicataire dans l'émission et en ajoutant qu'il pouvait déjà considérer comme lui appartenant une commission de 10 0/0 sur le crédit ouvert.

En exécution de ces conventions, Arton reconnaît que, pendant le cours de l'année 1888, il a reçu, tant du baron de Reinach que de la Compagnie de Panama, une somme totale de 2,121,625 francs.

LES PETITS CAHIERS

Avant d'examiner comment et dans quelle mesure il l'a employée pour corrompre des membres du Parlement, ce qui est le seul point important dans l'affaire actuelle, il ne sera pas inutile de rappeler qu'Arton, arrêté à Londres, le 16 novembre 1895, et extradé, à la suite de détournements considérables commis au préjudice de la Société de la Dynamite, avait d'abord refusé toute explication sur les faits de corruption. Lorqu'il a demandé à être jugé de ce chef et quand il s'est décidé à parler, en mars 1897, il a prétendu qu'on trouverait la preuve initiale de ses accusations dans ses carnets de l'année 1888, où il avait pris l'habitude de consigner les renseignements relatifs aux négociations dont il avait été chargé. Deux carnets sont joints à la procédure, l'un est un simple calepin qui avait été oublié à Paris par l'accusé quand il est parti, le 21 juin 1892, menacé de poursuites par la Société de la Dynamite; il a été saisi par la justice dès le surlendemain de cette fuite. Le second est un agenda pour l'année 1888, auquel manquent plusieurs feuillets. Arton l'avait emporté en Angleterre et déposé chez un sieur Salberg, banquier à Londres. Après son arrestation, ses enfants le confièrent à un ami, qui, le 18 mars 1897, sur la demande de l'accusé, le remit au juge d'instruction.

L'information s'est longuement préoccupée de savoir si ces carnets étaient sincères. Sans vouloir entrer dans leur étude détaillée, il est permis de penser que ces car-nets ont été tenus réellement par Arton pendant l'année 1888. On y trouve, en effet, des renseignements, des dépenses personnelles, des adresses et d'autres mentions plutôt compromettantes et gênantes pour lui. Mais les listes de parlementaires et de journalistes qui y figurent avec indications de noms et de sommes n'offrent pas une certitude absolue, surtout sur l'agenda de Londres, où elles sont portées en forme de récapitulation et sans date. Arton lui-même a, d'ailleurs, déclaré que, sauf en ce qui concerne la liste de l'agenda de Londres, ces mentions ne constituaient, en général, que de simples prévisions, totales ou individuelles, et n'impliquaient pas des versements effectués.

Un autre document, dit « liste Deschamps », a été également joint à la procédure. Une semaine avant sa fuite précipitée, Arton avait remis au sieur Deschamps, coulissier, une liasse de papiers, et notamment des factures, sans grande importance. Il n'avait pas remarqué que, parmi ces papiers, se trouvait le brouillon, écrit de sa main, d'une liste comprenant une trentaine de parlementaires, journalistes et fournisseurs, comme il avait l'habitude d'en dresser fréquemment au moment de ses négociations afférentes à l'émission de Panama. Cette liste, saisie le 16 décembre 1892 chez le sieur Deschamps, ne mentionnait également que des prévisions.

Ces trois documents, qui ne constituent d'ailleurs que des indications écrites d'Arton, auxquelles on ne doit pas ajouter plus de foi qu'à ses déclarations orales, fournissent des indices qui ne devaient être acceptés qu'après un contrôle sérieux. Lorsqu'ils n'ont pas été suffisamment confirmés par d'autres éléments de preuve, la justice n'a pas pu en tenir compte. Elle n'a donc retenu que les faits établis par les charges qui vont être exposées, en examinant séparément le rôle de chacun des parlementaires renvoyés devant la cour d'assises par l'arrêt de la chambre des mises en accusation.

M. NAQUET
Confidences et lettres — Ce concours fut-il désintéressé?

L'exposé général qui précède a déjà indiqué dans quelles circonstances Arton avait fait la connaissance de Naquet, alors sénateur de Vaucluse, et les relations très suivies qui s'établirent entre eux depuis 1881. L'information a démontré que cette intimité était devenue des plus étroites: ainsi, en septembre 1887, Naquet et sa belle-sœur emmenaient Mme Renez faire, avec eux, un voyage d'agrément en Suisse et en Italie ; elle a établi, de plus, que le sénateur de Vaucluse confiait à Arton tous ses projets, ses espérances politiques, le consultait sur toutes ses affaires financières et utilisait ses connaissances pour les opérations de Bourse, très nombreuses, dans lesquelles il était lancé, notamment pour ses spéculations sur les actions de la Société centrale de Dynamite, du Transvaal et de la Compagnie d'armement.

On comprend, dès lors, qu'Arton, lorsqu'il fut l'objet des sollicitations du baron de Reinach, ait eu tout d'abord l'idée de s'adresser à Naquet et de lui demander l'appui de son influence. Celui-ci l'accorda avec empressement ; diverses lettres, jointes au dossier, en font foi. Le 3 octobre 1887, il écrit à Arton : « ...Quant au *travail » parlementaire*, vous avez maintenant, à » Paris, Saint-Martin. Servez-vous-en. »

Le 5 octobre, il lui écrit encore : « Avez- » vous vu Saint-Martin ? L'utilisez- » vous ? » Dans une autre lettre, qui ne porte pas de date, mais qu'Arton déclare avoir reçue quelques jours avant le vote de la loi par le Sénat, Naquet s'exprime ainsi : « ...Il y avait évidemment une fu- » reur violente de nos adversaires, mais » ça ne veut rien dire... Nous aurions été » battus à plates coutures, et la commis- » sion a bien fait de céder ; mais, encore » une fois, cela ne préjuge absolument » rien, et je crois toujours au succès fi- » nal. »

Ce concours indéniable de Naquet a-t-il été désintéressé ? Arton prétend que non et déclare qu'il lui a semblé « tout naturel » d'intéresser M. Naquet à la réussite de l'af- » faire en lui promettant une participation » de 100,000 francs dans les bénéfices ». En agissant ainsi, Arton soutient d'ailleurs qu'il n'a pas corrompu Naquet, qui lui accordait son concours « et par amitié et parce » qu'il pensait servir une cause juste ». Ce système sert trop visiblement les intérêts d'Arton lui-même pour qu'il soit besoin de le discuter longuement : s'il n'y a pas eu de corrompus, il n'aura pas pu être un corrupteur. Mais de quelque nom qu'il qualifie les remises de sommes qu'il a effectuées, que ce soient « des participations dans les bé- » néfices » ou « des attributions de parts » syndicataires », il n'en reste pas moins acquis par l'information qu'elles ont eu toujours pour objet de rémunérer les services que les parlementaires, en cette qualité, lui rendaient au sein du Parlement, achetant le vote des uns, les confidences, les conseils et l'influence des autres ; cherchant à affermir et consolider les sympathies ou à neutraliser les hostilités rencontrait. Tous ces agissements ont été retenus avec raison comme constituant à la charge d'Arton et de ses complices le crime de corruption qui leur est reproché.

CENT CINQUANTE MILLE

En ce qui concerne Naquet, Arton prétend, comme il vient d'être dit, lui avoir promis une somme de 100,000 francs et déclare lui avoir versée intégralement le 17 ou 18 juillet 1888 ; il avait, en effet, touché de la Compagnie de Panama un chèque de 4,180,000 fr., sur lequel il avait converti une somme suffisante pour faire face à ses engagements. Or, le lendemain, 19 juillet, Naquet versait à la banque Rothschild, sous son nom et sous celui de sa parente Mlle Rosty, une somme de 50,000 francs. Dès le début de l'information, Arton avait également fait connaître qu'indépendamment de cette remise de 100,000 francs, Naquet avait reçu en mars 1888 une autre somme de 50,000 francs qui lui avait été payée directement par la Compagnie de Panama. Le carnet de Paris mentionne, en effet, au folio 2 : « Naquet 50 » ; puis, folio 8, en face des initiales A. N., le chiffre 100 ; au folio 7, on retrouve encore, au-dessous d'un total de prévisions globales, la mention : « Con A. N. 100. » Enfin, dans la liste récapitulative de l'agenda de Lon Naquet figure pour 150,000 francs. Ces diverses mentions des carnets sont déjà affirmées pour la remise de juillet 1888 le versement effectué à la même date par Naquet à la banque Rothschild. Elles sont également pour la remise de mars par une série de circonstances que la procédure a révélées. Le 22 juillet 1897, le juge d'instruction a saisi, au siège de la liquidation de la Société de Panama, un bon de 100,000 francs créé à la date du mars 1888, revêtu de la signature Marius Fontane et portant pour acquit la signature « Mercié ». Arton a reconnu, et la simple comparaison des écritures démontre qu'il est l'auteur de l'acquit et de la signature imaginaire Mercié, mais il déclare qu'il n'a pas touché les fonds et qu'il a apposé sa signature « pour régulariser les » écritures », et « masquer une sortie de » fonds ». Sur ce point, ses déclarations paraissent corroborées par MM. Cottu et Fontane.

Dans une lettre datée de Saint-Pétersbourg le 17 août 1897, le premier écrit : « Je crois me souvenir qu'il a été donné » par la Compagnie une somme de cent » mille francs pour le parti boulangiste.

« représenté par M. Naquet, et cela à titre
« de subvention pour ce parti et non pour
« les besoins personnels de M. Naquet.
« Cette époque du mois de mars 1888 doit
« coïncider avec un appel fait par la
« presse de ce parti au public... » De son
côté, M. Marius Fontane, après avoir eu
connaissance de la lettre de M. Cottu, a déclaré qu'il n'avait aucune objection à y
faire et terminé sa déposition dans ces
termes : « ...Dès lors, il est très vraisem-
« blable que la Compagnie ait versé, le 21
« mars, 100,000 francs à M. Naquet, si c'est
« lui qui en a fait la demande, à charge
« par lui de faire parvenir cette somme à
« la caisse boulangiste... » Les souvenirs de
MM. Cottu et Fontane ne les trompaient
pas : un fait matériel vient en démontrer
l'exactitude. Le bon de 100,000 francs est
en date du 21 mars 1888 ; le même jour,
Naquet et Mlle Rosty, qui est toujours as-
sociée à ses opérations financières, versent
au crédit de leur compte chez Rothschild
chacun une somme de 25,000 francs, soit au
total 50,000 francs, sans que l'origine de ces
fonds puisse être attribuée, d'après l'examen de leur compte, à une vente de valeurs ou à une autre opération de Bourse
les créditant de cette somme. Puis, quelques jours après, ces cinquante mille
francs sont employés par Naquet à un
achat fait le 7 avril d'Emprunt brésilien jusqu'à concurrence de 24,254 francs, et par
Mlle Rosty à un achat de cette même valeur
pour un chiffre de 18,848 francs, puis à un
versement ou crédit de son compte à la
Banque transatlantique de 9,893 francs
pour couvrir le prix d'actions de cette banque acquises par Mlle Rosty.

Mlle ROSTY

De ces divers éléments, il résulte : 1° Que,
le 21 mars 1888, Naquet a reçu de la Compagnie de Panama et versé au crédit
de son compte une somme de 50,000 francs,
qu'il a employée pour ses besoins perso.-
nels, sous son nom et celui de Mlle Rosty ;
2° que, le 19 juillet, il a encore versé
dans les mêmes conditions une somme de
50,000 francs sur les 100,000 qu'il aurait
reçus d'Arton, directement. L'emploi fait
à son profit par Naquet des 50,000 francs
de mars 1888, destinés à la caisse boulangiste, explique pourquoi, en juillet 1888,
il n'a conservé pour lui que 50,000 francs. Le
surplus paraît avoir reçu la destination qui
avait été affectée au versement de mars 1888.
Naquet a dû se libérer vis-à-vis de la caisse
boulangiste du prélèvement momentané
qu'il avait opéré en comptant sur la remise
des fonds promise par Arton. Il convient

d'ajouter que, d'après le rapport de l'expert, la remise de juillet 1888 a été, comme
la première, employée par Naquet et Mlle
Rosty, dans leur intérêt personnel, en versement sur des actions du Transvaal et en
achat d'obligations unifiées d'Egypte. Naquet n'a pas pu être interrogé sur les
charges relevées contre lui. Quelques jours
avant la demande en autorisation de poursuites, il a quitté la France et n'a pas re-
paru, voulant, dit-il, éviter l'emprisonnement, que « sa santé, délabrée depuis de
longues années, ne lui permet pas d'affron-
ter ». Mais, de Londres, où il s'est réfugié,
il a adressé au magistrat instructeur un
long mémoire dans lequel il proteste avec
beaucoup d'énergie contre les allégations
de son coaccusé. Il soutient que son adhé-
sion notoire au parti boulangiste, en avril
1888, lui enlevait tout crédit auprès du Parlement au moment du vote de la loi, sans
remarquer que sa correspondance établit
son action incessante et son intervention
depuis la fin de 1887.

EXPLICATIONS

Quant aux versements effectués au crédit de son compte, l'accusé déclare qu'il
avait déposé à la banque Rothschild, en
mars 1888 et *six mois plus tard*, des fonds
provenant de la caisse du boulangisme et
dont l'emploi devait demeurer secret ; qu'il
a eu l'imprudence de faire connaître ces
dépôts à Arton et que celui-ci, pour donner
crédit à son accusation, a abusé de cette
confidence et fait coïncider les dates de ses
prétendues remises avec celles des dépôts.
Cette explication est contredite par les
données de l'information. Arton a toujours
précisé l'existence de deux versements :
celui de mars 1888, fait directement par la
Compagnie, dont l'existence est absolument
établie aujourd'hui, bien que le mémoire
de Naquet ne s'explique pas sur ce point, et
pour lequel il y a une concordance absolue
entre la création du bon du 21 mars et la
remise de Naquet chez Rothschild, et le
versement de juillet 1888, qui se place précisément à la date où Arton recevait des
fonds du baron de Reinach sur le chèque
de 1,130,000 francs et dont la réalité est encore attestée par la nouvelle remise faite
chez Rothschild par Naquet le 19 juillet. Si
l'on joint à ces circonstances le fait de
l'emploi, par Naquet et Mlle Rosty, de ces
deux remises pour leur profit personnel et
pour le paiement de valeurs entrées dans
leur patrimoine, on y trouvera encore la
confirmation des déclarations d'Arton et
des mentions portées sur ses carnets. Naquet, il est vrai, semble alléguer qu'il ne

s'est pas définitivement approprié ces sommes ; mais cette allégation, qu'il se dispense de justifier sous prétexte qu'il est obligé de garder le secret sur cet emploi, ne peut prévaloir contre la preuve contraire, résultant de la procédure. La participation de l'accusé à l'œuvre de corruption entreprise par Arton est donc clairement établie, et il est non moins certain qu'il en a reçu le prix, trafiquant ainsi de son influence et de son mandat parlementaire.

M. SAINT-MARTIN
Le comité consultatif — Emprunt de petites sommes — Dans la gêne — Boulanger.

L'intimité absolue qui existait alors entre Naquet, sénateur, et Saint-Martin, député de Vaucluse, explique que le concours du premier ait entraîné celui du second. Et, en effet, le 3 octobre 1887, Naquet écrivait à Arton : « ... Quant au travail parlementaire, vous avez maintenant, à Paris, » Saint-Martin ; servez-vous-en. Il peut » pour cela vous donner des indications » précieuses et vous aider beaucoup mieux » que moi-même, car il connaît admira- » blement la Chambre... S'il a, comme nous » tous, des défauts, il a du moins la qualité » de juger avec une très grande sûreté les » hommes et les choses. » Arton déclare que Saint-Martin lui a prêté le concours le plus actif, qu'il a fait partie du « comité consultatif » auquel il soumettait ses combinaisons et que, pour rémunérer ses services, il lui a versé, de mars à juillet 1888, divers acomptes s'élevant à 15,000 francs, puis, après le 17 juillet, une somme de 35,000 francs, soit au total 50,000 francs. Le nom de Saint-Martin figure sur les carnets de Paris et de Londres et sur la liste Deschamps.

Saint-Martin convient qu'il a emprunté quelques petites sommes à Arton et qu'il l'a même aidé dans sa campagne en faveur du Panama, mais il proteste contre toute pensée de corruption et nie avoir reçu la somme de 50,000 francs. Or il était dans une situation pécuniaire absolument précaire. Depuis 1880, son indemnité de député était frappée de très nombreuses oppositions. En 1887, il avait été fait 4,810 francs et, en 1888, pour 10,684 francs d'oppositions nouvelles. En 1889, il n'est plus fait qu'une seule opposition de 180 francs, et, en 1888 et 1889, on voit Saint-Martin devenir acquéreur de valeurs pour une somme importante. Arton explique, en effet, que le solde de 35,000 francs par lui

versé à la fin de juillet 1888 a été employé par Naquet et des membres de sa famille à acheter des titres pour Saint-Martin ; ces personnes s'étaient non seulement chargées de l'acquisition, mais encore elles gardaient les valeurs, les faisaient fructifier, les vendaient pour en acquérir de nouvelles, et surtout les mettaient à l'abri contre les propres prodigalités de Saint-Martin et les poursuites de ses créanciers. Il est inutile d'énumérer toutes les opérations ainsi effectuées par la famille Naquet, et il suffit d'indiquer, de juillet à décembre 1888, l'achat de huit cents actions du Transvaal, échangées, en 1889, contre 40 actions de la Société centrale de Dynamite, la possession de 50 actions de la Banque transatlantique, etc. Saint-Martin a reconnu lui-même que, vers mai ou juin 1888, il avait en portefeuille une trentaine de mille francs de titres. Mais, quand il s'est agi de justifier l'origine de cette prospérité, aussi rapide qu'inattendue, ses explications ont varié et ont été très confuses. Bien qu'il ait déclaré au juge d'instruction qu'il avait « une » excellente mémoire », il se perd dans ses souvenirs, il demande à faire des recherches qui n'aboutissent pas; bref, après des tergiversations, il a prétendu que, par l'intermédiaire de Naquet, il avait reçu du général Boulanger des titres ou des sommes dont il ne peut préciser l'importance et qui, dit-il, « avaient pour but, dans la pensée du » général, qui me demandait de quitter » mon département où j'avais une belle si- » tuation politique, de me donner une com- » pensation sur ce point, ainsi que sur » toutes les éventualités que pouvait me » réserver ma politique, l'exil par exemple, » ainsi même que toutes les dépenses que » j'allais faire dès ce moment ».

Sans rechercher si, en mai ou juin 1883, le général Boulanger pouvait envisager l'éventualité de l'exil de ses partisans, on peut constater qu'à cette époque ses ressources pécuniaires étaient loin d'être prospères, qu'il en était réduit à contracter des emprunts, soit par lui-même, soit par le comte Dillon, et que le moment eût été mal choisi pour faire à Saint-Martin des largesses inexpliquées. Et on ne pourra pas considérer ces constatations comme sérieusement infirmées par le seul témoignage de Naquet, qui, dans une lettre écrite au juge d'instruction, a confirmé les dires de son coaccusé. Il résulte, au contraire, d'une déposition de M. Clovis Hugues que Saint-Martin était, dès 1892, au courant de certains agissements d'Arton, qui ne pouvaient être connus de lui que s'il lui avait servi d'intermédiaire. Saint-Martin termina l'en

...lien avec son collègue en lui contant
« sa vie douloureuse, ses charges de fa-
» mille », et finit, en le quittant par lui dire
sur un ton absolument navré : « On vient
» de me trouver encore un petit nid de
» chèques. »

M. HENRY MARET
Au sein de la commission — Le rapport favorable.

Henry Maret, député du Cher, rédacteur
en chef du journal *le Radical*, était, en
1887, très hostile à l'entreprise du canal de
Panama. Le 30 mars 1887, il écrivait dans
son journal : « M. de Lesseps est en train
» de *ne pas réussir* à percer un autre
» isthme, ce qui lui coûte encore beau-
» coup d'argent et la ruination des gogos,
» laquelle ne tardera pas à se changer en
» fureur, *quand Panama aura englouti
» leurs dernières économies.* » En 1888,
du dépôt du projet de loi, non seulement Henry Maret se faisait nommer mem-
de la commission et était favorable à la
position, mais encore il en devenait le
porteur dans des circonstances qui doi-
t être précisées. Le 3 avril, les commis-
se trouvant seulement au nombre de
s'étaient divisés sur le choix d'un rap-
ur ; après trois tours de scrutin, M.
Martin (favorable) avait obtenu 5 voix
Roudeleux (défavorable) le même
bre ; ce dernier avait été désigné par
du bénéfice de l'âge. Le 19 avril,
nd M. Rondeleux allait donner con-
sance de son rapport à la commission,
Sans-Leroy, qui avait voté pour lui, dé-
ra qu'il avait changé d'avis ; le 21, une
velle réunion eut lieu, les conclusions de
Rondeleux furent repoussées, et Henry
ret accepta d'être nommé rapporteur à
place. Or, à ce moment, les bruits les
fâcheux circulaient jusque dans le
de la commission où l'on parlait de la
corruption organisée par les agents de la
Société de Panama. Ces rumeurs significa-
tives n'arrêtèrent pas plus Henry Maret que
ses opinions antérieures, et elles ne l'em-
pêchèrent même pas, pour rédiger son
rapport, de demander à Arton « un brouillon » qui n'était autre chose qu'un travail
préparé à l'avance par la Société de Panama. Aussi, deux jours après, le 23 avril,
Henry Maret déposait son rapport favorable
au projet de loi.

Pour expliquer le revirement du député
du Cher, Arton déclare qu'il avait fait, chez
le frère de Mme Renez, la connaissance
d'Henry Maret ; il eut avec lui des relations
fréquentes et Henry Maret reconnaît qu'il a
été dîner plusieurs fois chez Mme Renez

et qu'elle est venue dîner chez lui avec
Arton. Profitant de cette intimité, Arton demanda à Henry Maret son concours, qui lui
fut accordé, et il ajoute : « Je lui dis, à la
» fin, d'une façon très délicate, que je l'as-
» socierais à mes bénéfices dans une me-
» sure avantageuse. M. Maret ne me ré-
» pondit rien. » Malgré ce silence, quelques
jours après le vote du projet de loi, Arton,
conduisant dans sa voiture M. Maret du
palais Bourbon à son domicile, lui remit
une somme de cinquante mille francs en
billets de banque, qu'il accepta sans observation. Un peu plus tard, dans le courant
de juillet, Arton se rendit aux bureaux du
Radical, dans la soirée, et donna à Henry
Maret une nouvelle somme de quarante
mille francs, que celui-ci reçut également
sans protestation.

Henry Maret conteste énergiquement ces
allégations de son coaccusé. Mais elles
sont corroborées par diverses circonstances. Tout d'abord, par les mentions portées
tout à la fois sur le carnet de Paris, sur l'a-
genda de Londres, sur la liste Deschamps
et sur une note dictée, en 1890, par le baron de Reinach à son employé Stephan. En
second lieu, par le témoignage de Mme Renez : elle se souvient que le paiement a eu
lieu en deux fois et elle précise les détails
de la première remise. Elle se rappelle
très bien qu'Arton était préoccupé de savoir
comment il pourrait proposer et remettre
des fonds à Henry Maret : « Celui-ci, dit-
» elle, avait une telle réputation d'inté-
» grité qu'il semblait téméraire de lui
» faire des propositions de ce genre ; aussi
» Arton m'avait même demandé, ce que
» j'avais d'ailleurs refusé, si je ne voudrais
» pas servir d'intermédiaire. Lorsque la
» remise de fonds a été faite et acceptée,
» M. Arton s'est empressé de m'en faire
» part et de me dire combien ses craintes
» avaient été chimériques. »

PRÉSOMPTIONS

D'un autre côté, Arton, qui se défend
d'avoir voulu « acheter le vote de M. Ma-
» ret » et qui prétend l'avoir seulement as-
socié « à des bénéfices parfaitement légiti-
» mes », déclare qu'après l'échec de l'émission de juin 1888, il a réduit de 100,000
francs à 90,000 francs la somme qu'il comptait remettre et qu'il a remise à l'accusé.
Or, à cette époque, dans l'entourage de
Mme Renez, on racontait qu'un jour Arton
avait dit qu' « il avait *gratté* une certaine
» somme à M. Maret ». Ce propos, rap-
porté par un témoin, en confirmant la réduction faite par Arton, semble établir, en
même temps, la réalité du versement.

Cette réalité est enfin démontrée par

l'examen de la situation pécuniaire de l'accusé. Il était, depuis longtemps, rédacteur en chef du *Radical*, et, en 1888, il touchait, à ce titre, un traitement de 2,000 francs par mois. Les livres du journal établissent que, jusqu'en 1889, Henry Maret avait touché réellement l'intégralité de son traitement. Mais, à partir de juillet 1890, les prélèvements par lui faits à la caisse du *Radical* n'absorbent plus la totalité de ses appointements : au 31 décembre 1890, il reste créancier d'une somme de 4,000 francs, qui, au 31 décembre 1892, s'élève jusqu'à 10,000 francs, pour redescendre ensuite, puis remonter à 15,258 francs au 31 décembre 1896. Or, pendant l'année 1889, Henry Maret avait dû faire face aux frais de son élection, qui se sont élevés à 24,700 fr. 10 ; malgré cette dépense importante, sans qu'il puisse justifier de ressources exceptionnelles, ces frais sont acquittés, son compte est nivelé, et, à la fin de l'année 1890, il laisse encore dans la caisse du journal une somme de 4,000 francs.

Si l'on rapproche ces diverses constatations du changement subit survenu dans l'attitude d'Henry Maret vis-à-vis de la Compagnie de Panama et de cette circonstance, reconnue par lui, qu'il s'est adressé à Arton pour obtenir les éléments du rapport qu'il a déposé à la Chambre des députés, ses dénégations ne sauraient être admises, et il ne peut pas davantage se justifier en prétendant, contre toute évidence, qu'il ignorait qu'Arton fût l'émissaire de la Société de Panama, alors que ce fait était de notoriété publique au Parlement et que, vivant avec lui dans des rapports suivis d'intimité, il devait le connaître mieux que tout autre et le savait si bien qu'il lui demandait le travail devant servir de base à son rapport.

M. ANTIDE BOYER

Participation syndicataire — Les deux Boyer — Un témoignage.

Le nom d'Antide Boyer, député des Bouches-du-Rhône, se trouve sur le carnet de Paris, sur l'agenda de Londres et sur la liste Deschamps, avec indication du chiffre 10 (dix mille francs).

Arton déclare effectivement lui avoir versé une somme de 10,000 francs : d'abord une somme de 3,000 francs payée chez Boyer, à son domicile, rue Truffaut, le 10 avril 1888 ou quelques jours après ; puis une somme de 7,000 francs, dans des circonstances et à une date qu'il ne peut préciser, mais pas après le deuxième trimestre de 1888.

Mme Renez confirme la première partie de cette déclaration ; elle se souvient qu'Arton lui a dit à l'époque de la discussion de la loi sur le Panama qu'il avait remis 3,000 francs à Boyer, « non pas, ajoute-t-elle, que » je connusse Antide Boyer... mais simple- » ment parce qu'il s'agissait d'un député » socialiste, qui, par ses déclarations, sem- » blait devoir repousser énergiquement des » offres d'argent ».

D'après Arton, cette remise de fonds n'avait rien à voir avec le vote d'Antide Boyer, qui était favorable au projet de loi ; c'était seulement l'attribution d'une participation syndicataire. Pourtant, on peut constater que le député des Bouches-du-Rhône avait voté, le 2 mars 1888, contre la prise en considération d'un projet de loi et que, le 28 avril suivant, il a émis un vote favorable à la loi.

Antide Boyer oppose un démenti formel aux déclarations de son coaccusé. Il prétend avoir vu Arton pour la première fois le 28 avril 1888, le jour même où la loi était votée, et il le connaissait si peu, à cette date, qu'il a dû demander à un journaliste parlementaire le nom de son interlocuteur. Il ne l'a revu ensuite qu'en mars 1889, ayant été mis en rapport avec lui par Barbe, à qui il venait faire part du projet d'un de ses amis de fonder à Martigues une fabrique de dynamite, qu'il désirait rattacher à la Société générale de la Dynamite. A partir de ce moment seulement, l'accusé reconnaît avoir eu des relations suivies avec Arton, qu'il aurait prié de lui escompter un billet de 3,000 francs, sur lequel deux acomptes auraient été payés.

Les explications d'Antide Boyer ont été contredites par l'information. Tout d'abord, il paraît établi qu'Arton a fait la connaissance de ce député dès le commencement d'avril 1888. On trouve, en effet, sur l'agenda de Londres des indications de rendez-vous, aux dates des 18, 19, 23 avril, au nom de Boyer et au milieu des noms d'autres personnes : Barbe, Reinach, Maret, etc., avec lesquelles il devait réellement avoir des entrevues à cette époque.

Pour infirmer la portée de ces mentions, Boyer a émis la supposition, qui lui avait été suggérée par un de ses collègues, qu'elles pourraient se rapporter non pas à lui, mais à son homonyme, M. Anthelme Boyer, alors agent de change à Paris. L'information a démontré qu'Arton n'avait eu des relations avec M. Anthelme Boyer que de juin à novembre 1890 et que, d'ailleurs, il ne se rendait pas dans les bureaux de l'agent, ses ordres étant transmis par le sieur Juilien, remisier.

RAPPORTS FRÉQUENTS

Enfin, l'accusé a invoqué le témoignage de deux journalistes parlementaires afin de prouver qu'il leur avait demandé le nom d'Arton le 28 avril 1888. L'un d'eux, M. Chabrier, a d'abord confirmé ses allégations, mais il a été moins affirmatif quand le second, M. de Constantin, a déclaré être sûr que ce fait n'avait pas eu lieu le 28 avril, mais certainement à une date antérieure, à la fin de février ou au commencement de mars. M. de Constantin, à qui Boyer s'était adressé en premier lieu, ne connaissait pas lui-même Arton; il a demandé son nom à M. Chabrier, qui le lui a donné et qui, se retournant vers Antide Boyer, a ajouté : « C'est celui qui est chargé d'acquérir les » consciences parlementaires. »

Bien que ce renseignement ne fût pas de nature à encourager des relations avec Arton, Antide Boyer convient qu'il a eu des rapports fréquents avec lui à partir de mars 1889, rapports devenus si amicaux qu'il lui a demandé, quelque temps après, de lui prêter 3,000 francs sur billet. Il prétend avoir versé quelques acomptes sur ce billet et il ne peut indiquer ni la date du billet ni celle du paiement des acomptes, [car] il ne chiffre même pas le montant. Mme Boyer et sa fille ont également certifié la réalité de cet emprunt, d'ailleurs avec quelques divergences entre elles et entre leurs déclarations et celle de l'accusé.

Malgré toutes les recherches qui ont été faites dans les papiers d'Arton, ce billet de 3,000 francs non remboursé intégralement, n'a pas été retrouvé. Arton dit, du reste, qu'il n'en a conservé aucun souvenir. On a découvert, au contraire, un billet de 300 francs, à échéance du 5 août 1889, souscrit par Boyer à l'ordre du sieur Barthélemy et plusieurs lettres ou dépêches de Boyer à Arton le suppliant de régler ce billet, qui avait été protesté le 6 août.

Si les relations des deux accusés ne remontaient qu'au mois de mars 1889, on comprendrait mal que Boyer se fût adressé deux fois de suite, pour 300 francs puis pour 3,000 francs à Arton, qui n'était pas banquier, et dans les termes pressants révélés par la correspondance. L'existence du billet de 3,000 francs est donc, à tous égards, plus que douteuse et si l'on remarque que le chiffre de 3,000 francs, indiqué par Boyer, est le même que celui du premier versement allégué par Arton, on en conclura que Boyer a voulu créer une confusion pour essayer, sans y parvenir, de détruire les charges qui démontrent sa culpabilité.

M. PLANTEAU
Trente mille francs — L'imprimerie d'Asnières.

Le nom de Planteau, qui était alors député de la Haute-Vienne, se trouve, avec diverses indications de sommes, sur le carnet de Paris, l'agenda de Londres et la liste Deschamps.

Arton déclare lui avoir versé, en juillet 1888, une somme de 30,000 francs, et de cette déclaration, il convient de rapprocher immédiatement que Planteau, qui avait voté le 24 mars 1888, contre la prise en considération du projet de loi Michel, a émis, le 28 avril, un vote favorable à la loi. Arton ajoute qu'il avait fait la connaissance de Planteau pendant le premier trimestre de 1888 et que, celui-ci lui ayant parlé de la nécessité où il était de se procurer des fonds pour l'acquisition d'une imprimerie à Asnières, il lui avait promis une part syndicataire, fixée, sur les instances de Planteau, à 30,000 francs.

Ce dernier nie avoir reçu aucune somme d'Arton; il reconnaît seulement avoir eu quelques relations avec lui, au cours desquelles il avait sollicité l'emprunt, qui n'a pas été réalisé, d'une somme de 50,000 francs... Mais il affirme que jamais il n'avait été question de trafiquer de son vote. Le contraire résulte de la déposition de l'ancien directeur de son imprimerie, le sieur Lepice, à qui l'accusé avait fait connaître qu'on lui avait « offert des fonds » pour le disposer en faveur de la loi », en se défendant, d'ailleurs, de les avoir acceptés. Le même témoin a ajouté, ce qui n'est pas contesté et ce qui est établi par des pièces jointes au dossier, que Planteau cherchait à obtenir pour son imprimerie la clientèle de la Société de Panama par l'intermédiaire d'Arton.

D'un autre côté, il est constant que, par acte du 4 août 1888, Planteau a réalisé pour son compte l'acquisition d'une imprimerie, dont il s'occupait déjà depuis un certain temps de négocier l'achat par d'autres personnes. L'immeuble lui fut cédé moyennant 55,000 francs, et le fonds d'imprimerie, moyennant 60,000 francs, payables en cinq ans. Or, en 1888 et 1889, Planteau a versé, pour frais d'actes, acomptes, intérêts, etc., des sommes formant un total de 53,041 fr. 80. Elles lui provenaient, dit-il, de la vente de son cabinet de traducteur-juré, consentie par lui à une demoiselle Vercellone, le 1er mai 1887, jusqu'à concurrence de 20,000 francs et, pour le surplus, des économies réalisées par lui antérieurement. En admettant que Planteau ait conservé dans son intégralité, de mai à août 1887, le prix de vente de son cabinet, on peut douter qu'il ait eu réellement des économies s'élevant à 33,000 francs. Il reconnaît qu'il n'avait pas placé cet argent en valeurs et qu'il ne l'avait pas même déposé chez un banquier, le gardant ainsi improductif dans sa caisse. De plus, si son cabinet lui donnait certains produits, ils étaient grevés de charges assez lourdes.

Et, enfin, ne doit-on pas être frappé de la coïncidence qui existe entre le chiffre de ces prétendues économies et celui de la somme qu'Arton prétend avoir versée?

En outre, on a trouvé dans les papiers d'Arton une lettre-circulaire de Martin (de Nyons) sous une enveloppe portant le timbre de la poste et l'adresse de Planteau. Celui-ci prétend ne pas l'avoir reçue ni remise à Arton. Cette dénégation est inadmissible. Mais on comprend l'embarras que peut éprouver Planteau à indiquer pourquoi il aurait fait parvenir à Arton cette lettre qui avait pour but de dénoncer la corruption parlementaire, tandis que l'envoi qu'il en a réellement effectué s'explique par le désir de prévenir un complice contre l'éventualité d'un danger commun.

M. LAISANT
Il avait cru comprendre — Le cocher — Ni chèque, ni numéraire.

Conformément aux mentions des carnets de Paris et de Londres, Arton prétend avoir remis une somme de 30,000 francs à Laisant, ancien député de la Seine. Celui-ci, dit-il, ne lui avait rien demandé formellement, mais Arton avait cru comprendre qu'il serait agréable à Laisant en lui attribuant une participation syndicataire, et dans une seconde visite qu'il lui fit à son domicile, 162, avenue Victor-Hugo, après le vote de la loi, il lui remua les 30,000 francs qui furent reçus sans protestation.

Malgré les dénégations de Laisant, la déclaration d'Arton est confirmée par le revirement d'attitude de l'ancien député qui, après avoir voté, le 24 mars, contre la prise en considération, a voté la loi le 28 avril 1888. Laisant cherche à l'expliquer en alléguant que le texte définitif contenait la stipulation de la non-garantie de l'État; mais il reconnaît lui-même que si elle n'existait pas dans le texte primitif, elle était indiquée dans l'exposé des motifs. Il prétend également qu'il a seulement rencontré Arton dans les couloirs de la Chambre et ne l'a jamais reçu chez lui. Or le cocher d'Arton déclare avoir conduit deux fois son maître avenue Victor-Hugo, à un numéro qu'il ne peut préciser, mais qui devait être très voisin du n° 162.

Enfin, Mme Renez a entendu dire à Arton qu'il avait remis 30,000 francs à Laisant, sans connaître aucun autre détail sur cette affaire.

On peut également noter que le nom de Laisant figure sur le talon d'un chèque de 15,200 francs, touché par Souligoux, et sur une liste écrite de la main de ce dernier. Souligoux, qui paraît avoir été l'agent d'Arton, est actuellement en fuite ; mais il aurait déclaré, en présence de témoins, qui en ont déposé en 1895, au cours de l'information suivie contre lui, qu'il n'avait jamais remis ni chèques ni numéraire à Laisant.

M. RIGAUT
Quelques versements — Dénégations énergiques.

Le nom de Rigaut, ancien député de l'Aisne, se trouve deux fois sur l'agenda de Londres et une fois au carnet de Paris, toujours suivi du chiffre 12, et Arton a expliqué qu'ayant connu Rigaut à la Chambre, avant le vote de la loi, il a cru utile de l'intéresser dans l'émission et lui a remis 12,000 francs, chez lui, avenue de Villiers. Malgré les dénégations formelles de Rigaut, les allégations de son coaccusé trouvent une confirmation dans l'examen du compte de l'ancien député à la Société générale de crédit industriel et commercial.

En 1887: on le voit effectuer des versements peu importants : 1,400 francs, 250 francs, 250 francs.

En 1888, il verse, le 5 juin, 8,000 francs; le 2 août, 7,000 francs ; le 18 décembre, 5,000 francs; le 29 décembre, 6,000 francs. Plusieurs de ces versements ont été, il est vrai, justifiés, notamment celui du 5 juin, qui provient d'une transaction à la suite d'un pacte de famille, et celui du 29 décembre, qui correspond à la réception de pareille somme, montant d'un traitement annuel alloué à Rigaut par la Compagnie centrale des chemins de fer et tramways. Mais, en ce qui concerne spécialement le versement de 7,000 francs du 2 août, il a déclaré que cette somme provenait de ses économies, versées à la Banque au moment de partir en vacances, et explique que ce chiffre n'avait rien d'exagéré, ses revenus annuels s'élevant à plus de 80,000 francs. On peut cependant remarquer que le chiffre minime des versements de 1887, dont deux ne sont que de 250 francs, que Rigaut n'avait pas l'habitude de conser ver longtemps ses éco...omies sans les déposer à sa maison de banque.

Pour accentuer ses dénégations, Rigaut prétend qu'il n'a jamais vu Arton et ne lui a jamais parlé et il invoque le témoignage de M. Carbonneau, huissier au palais Bourbon, à qui il déclare avoir demandé, en 1892, quand il était question de l'affaire de la Dynamite, « qui c'était qu'Arton, dont le nom et le rôle lui étaient inconnus ».

Interrogé par le juge d'instruction, l'huissier Carbonneau a dit qu'il lui était impossible de se rappeler s'il avait eu avec Rigaut la conversation relatée par celui-ci. D'ailleurs il est inadmissible que Rigaut soit resté tellement étranger à ce qui se passait autour de lui au Parlement qu'il ait pu rester jusqu'en 1892 sans connaître même le nom d'Arton.

Mais une déclaration formelle vient contredire cette ignorance invraisemblable : le sieur Ranson, publiciste, a affirmé « avoir » vu maintes fois Rigaut avec Arton dans » les couloirs de la Chambre », et, confronté avec Rigaut, il a maintenu énergiquement son allégation.

On peut également rapprocher des déclarations d'Arton ce fait que le nom de Rigaut existe sur une liste écrite de la main de Souligoux avec indication d'une somme de 15,000 francs et sur le talon d'un chèque de 6,000 francs touché par le même individu le 25 juillet 1883. Rigaut, qui reconnaît avoir eu quelques relations avec Souligoux, objecte que celui-ci, dans une procédure antérieure, a déclaré ne lui avoir rien versé et n'être pas l'auteur de l'inscription de son nom sur le talon du chèque. Mais on peut remarquer que Souligoux, qui niait alors s'être rendu coupable de corruption, a pris la fuite et s'est réfugié en Angleterre dès qu'il a su Arton disposé à faire des révélations.

On peut donc se demander comment Arton et Souligoux auraient pu sans se concerter inscrire le nom de Rigaut sur leurs notes et leurs carnets si le premier ne lui avait jamais parlé et si le second n'avait eu avec lui que des relations accidentelles.

Ces constatations, fortifiées par la déclaration du sieur Ranson, ne permettent pas de s'arrêter aux explications de l'accusé, dont l'inexactitude a déjà été démontrée.

M. GAILLARD
Le signe particulier — Déjeuner à la Maison d'Or.

Arton raconte qu'il a été mis en relations avec Gaillard, alors député de Vaucluse, par ses collègues Saint-Martin et Michel. « Au » point de vue pécuniaire, dit-il, il n'était » pas dans une situation florissante, et j'ai » saisi avec plaisir l'occasion de lui être » agréable en lui accordant une part syndi- » cataire de 12,000 francs, que je ne lui ai » pas versée en une fois, mais en plusieurs » acomptes, après le vote de la loi. »

Les carnets de Paris et de Londres et la liste Deschamps mentionnent le nom de Gaillard avec différentes indications de sommes. L'une de ces mentions appelle spécialement l'attention : elle figure au folio 16 du carnet de Paris avec un signe particulier qui constate, d'après Arton, le versement effectué de 6,000 francs. Or au même folio figurent, avec la même indication, les noms de deux journalistes parlementaires, et, en ce qui les concerne, la sincérité des mentions a été démontrée par l'information. Gaillard répond qu'il était favorable au projet de loi et qu'il n'a pas touché les 12,000 francs allégués par Arton. Il reconnaît toutefois qu'il a eu quelques relations avec Arton et que notamment il a été un jour déjeuner avec lui et un tiers à la Maison-d'Or. Or, sur l'agenda de Londres, à la date du 5 mars 1888, se trouve : « Midi, Maison-d'Or. — Gaillard. » Il ne peut pas plus contester qu'Arton a acheté, moyennant 1,000 francs, deux tableaux peints par Mme Gaillard et les a payés même avant leur livraison : la lettre d'accusé de réception des 1,000 francs est jointe au dossier.

Ces divers éléments, ainsi que le témoignage de Mme Renez, confirment donc la déclaration d'Arton et établissent qu'il a rémunéré le député de Vaucluse de ses dispositions favorables comme il rémunérait le changement d'attitude de ceux qui, à l'origine, lui étaient hostiles.

M. RICHARD
Après décès — Les deux récits — Quai de Billy.

Richard, ancien député de la Drôme, était compris dans l'ordre de renvoi de M. le juge d'instruction. Son décès, survenu dans la nuit du 30 au 31 août 1897, a éteint en ce qui le concerne l'action publique ; mais la chambre des mises en accusation ayant retenu contre Arton le fait de l'avoir corrompu, il reste nécessaire de faire connaître les charges qui pèsent contre lui.

De tous les prévenus, Richard, dont le nom figure au carnet de Paris, à l'agenda de Londres et sur la liste Deschamps, était le seul qui reconnût avoir reçu une certaine somme d'Arton, quinze ou vingt mille francs, a-t-il dit. Il lui était d'ailleurs difficile de le nier en présence des documents émanant de lui-même dont il sera ci-après parlé. Mais il a prétendu que cet argent n'était que la rémunération de services rendus à la Compagnie de Panama comme avocat et comme député et que la convention intervenue entre lui et Arton n'avait eu lieu qu'après le vote de la loi de juin 1888. Et il a expliqué son rôle de la façon suivante :

En 1886, le sieur Ferdinand Martin, banquier à Nyons, s'occupait de faire signer des pétitions en faveur du Panama; il demanda à Richard de l'aider dans sa tâche et celui-ci accepta, croyant, dit-il, qu'il y avait un intérêt national à favoriser l'entreprise et aussi parce que beaucoup de ses parents et amis étaient porteurs de titres. Richard devint le rapporteur de la commission qui eut à s'occuper des pétitions sur le Panama, et il fit à cette occasion la connaissance de Charles de Lesseps.

Sur ces entrefaites, M. Ferdinand Martin était venu s'installer à Paris, appelé par la compagnie pour s'occuper du placement des obligations. N'ayant pas réussi, il réclama à la Compagnie une forte indemnité : trois cent et quelques mille francs. Richard fut prié par Charles de Lesseps de régler le différend et obtint que M. Martin se contentât d'une somme d'une dizaine de mille francs. En 1888, après le vote de la loi, Richard se trouva dans une situation gênée; il rappela à Charles de Lesseps le service rendu et demanda les honoraires qu'on lui avait promis antérieurement. Charles de Lesseps lui proposa alors, n'ayant pas de fonds disponibles, de l'intéresser dans les syndicats, au moment de l'émission des obligations. Mais dans l'intervalle, Richard avait connu Arton qui lui avait été présenté par M. Michel, député de Vaucluse. Il lui raconta son arrangement avec Charles de Lesseps. Arton lui objecta que rien n'était moins sûr que cet arrangement et lui offrit de lui attribuer une participation syndicataire, proposition qu'il accepta et en exécution de laquelle il reçut d'Arton une somme qu'il évalue à quinze ou vingt mille francs.

HONORAIRES D'AVOCAT

Tout autre est le récit d'Arton, et bien qu'il soit dicté par la préoccupation constante d'éviter autant que possible de jouer le rôle de corrupteur, il est suffisant pour restituer aux faits leur véritable physionomie. Il raconte que Richard fut pour lui « d'un concours très utile », lui fournissant des renseignements sur les opinions de certains groupes : « Pendant la période active, dit-il, c'est-à-dire entre la nomination de la commission et le vote du projet » à la Chambre, j'allais le voir très fréquemment dans la matinée, afin d'être » au courant des nouvelles qu'il avait à me » communiquer. A un moment donné il me » raconta dans une conversation qu'en 1886 » il avait travaillé beaucoup pour la Compagnie sans en avoir retiré aucun profit. » Je lui répondis que, cette fois, il n'en serait pas ainsi. Il me répliqua qu'en effet » on lui avait fait des propositions d'un autre côté et qu'il ne savait pas comment » faire, qu'il préférait s'entendre avec » moi. »

Ces derniers mots semblent faire allusion à des offres qui, paraît-il, auraient été faites à Richard par un syndicat à la baisse pour obtenir de lui jadis un rapport défavorable à la Compagnie de Panama et qu'il n'accepta pas. Cette fois, il agréa celles d'Arton, qui lui promit de l'intéresser dans l'émission en lui attribuant une participation syndicataire de 20,000 francs.

Cette somme lui fut versée en billets de banque, chez lui, quai de Billy, dans la première quinzaine de juillet.

Si ce récit est vrai, il en résulte que Richard a reçu non pas le montant de ses honoraires d'avocat, mais le prix du concours prêté à Arton dans son œuvre de corruption.

Or la sincérité d'Arton semble démontrée par cette circonstance que ses négociations avec Richard ont précédé et non pas suivi le vote de la loi, comme celui-ci n'a pas cessé de le soutenir. En effet, le 8 mai 1888, Richard écrivait à Arton : « J'ai dû, » hier, devant la hausse et pour éviter une » plus forte dépense, arrêter mon compte » avec les deux personnes qui m'ont prêté » leur concours pour l'accomplissement de » l'œuvre commune. Ce compte se solde » par une somme de 4,800 francs, dont » 3,200 francs pour l'une, 1,600 francs pour » l'autre. Veuillez en prendre bonne note » et me mettre en mesure de tenir mes engagements vis-à-vis de mes deux amis. » Pour expliquer cette lettre, Richard a prétendu qu'en novembre et décembre 1888 il a fait en son nom des spéculations à la baisse sur les actions de Suez et de Panama pour le compte de deux personnes, MM. Ferdinand Martin et Charles Chabert, qui lui donnent un démenti, et il a ajouté, contre toute évidence, qu'il a dû par erreur dater sa lettre de *mai 1888* alors qu'il l'a écrite au commencement de 1889. Or, dans un télégramme qu'il a adressé à Arton le 5 juillet 1888, il faisait allusion au versement qui lui avait été fait de 4,800 francs : « Cher monsieur et ami, vous connaissant » si *ponctuel*, le silence que vous gardez » à mon endroit me préoccupe vivement,

» et si, je rapproche ce silence des bruits
» fâcheux qui circulent, ma préoccupation
» devient une véritable inquiétude. » Et il
demandait à Arton de tenir ses promesses
et de l'aider à remplir des engagements
qu'il avait pris « pour le commencement de
» ce mois ».

Les « bruits fâcheux » dont parlait Richard provenaient de l'insuccès de l'émission du 28 juin 1888.

Pour le rassurer, Arton, sans attendre le règlement qu'il fit avec le baron de Reinach le 17 juillet, alla aussitôt lui verser les 20,000 francs promis sans imputer sur cette somme les 4,800 francs payés en mai 1888.

Dans ces conditions, si Richard était favorable depuis 1880 à l'émission sollicitée par la Compagnie de Panama, il est constant que sa coopération à l'« œuvre » commune », en 1888, impliquait, outre son action personnelle et son influence, le vote de la loi et que le versement des 20,000 francs qu'il a reçus a été la rémunération des services rendus par lui à Arton en sa qualité de député. C'est donc avec raison que l'accusation d'avoir corrompu Richard a été maintenue contre Arton malgré le décès de cet ancien député, survenu postérieurement à la clôture de l'information.

Le Figaro du jeudi 7 8bre 1892 (43e année – 3e série – n° 280)

LE POURVOI
DES
PARLEMENTAIRES

On sait que les députés et anciens députés poursuivis par M. Le Poittevin, devant la Cour d'assises, le sont en vertu d'une extension de l'application de l'article 177 du Code pénal, qui dit :

Tout fonctionnaire public de l'ordre administratif ou judiciaire, tout agent préposé d'une administration qui aura agréé des offres ou promesses, ou reçu des dons ou présents pour faire un acte de sa fonction ou de son emploi, même juste, mais non sujet à salaire, sera puni, etc...

La présente disposition est applicable à tout fonctionnaire, agent ou préposé de la qualité ci-dessus exprimée, qui, par offres ou promesses agréées, dons ou présents reçus, se sera abstenu de faire un acte qui entrait dans l'ordre de ses devoirs.

Or, la question portée devant la Cour de cassation par certains des parlementaires poursuivis est, en droit, la suivante :
« Un député ou un sénateur doit-il être considéré comme un fonctionnaire public de l'ordre administratif ? »

Le point de fait développé devant la Cour suprême, et qui consiste à établir la parfaite inviolabilité des membres de l'une ou l'autre Chambre, est connu.

Voici maintenant, à peu près *in-extenso*, le point de droit soumis à la Cour :

L'article 177 du Code est un texte de droit pénal, rebelle à toute interprétation extensive. Les députés et les sénateurs ne peuvent tomber sous son application que s'ils doivent être considérés comme des fonctionnaires publics et comme des *fonctionnaires publics de l'ordre administratif*, car on ne saurait les qualifier de fonctionnaires publics de l'ordre judiciaire, ou d'agents ou préposés d'une administration publique.

Or, il importe de définir quelle est l'exacte définition du fonctionnaire : Le fonctionnaire est l'agent du gouvernement qui a un chef direct *dont il dépend*, pouvant être révoqué s'il ne remplit pas ses fonctions, puni disciplinairement s'il les remplit mal.

N'est-il pas évident que ceci ne saurait s'appliquer aux députés ou sénateurs ?

D'autre part, la loi de 1832 désigne on ne peut mieux les fonctionnaires, et le décret du 20 mars de la même année ne laisse aucun doute sur le point de savoir si le fonctionnaire est, oui ou non, un agent du gouvernement. Ce décret dit en effet :

Article 1er. — Le costume des *fonctionnaires administratifs* est fixé conformément au règlement annexé au présent décret.

Art. 2. — *Le port du costume est obligatoire pour les fonctionnaires de l'ordre administratif* dans les cérémonies publiques.

Or, les membres du Parlement n'ont pas de costume, ils ont seulement un insigne qu'ils sont libres d'arborer *quand il leur plaît*.

Du reste, les preuves abondent à l'appui de la thèse juridique soumise à la Cour.

La loi du 25 mars 1822 sur la presse opposait le fonctionnaire public au député ou au sénateur ; de même la loi du 30 novembre 1875.

La loi du 23 juin 1886, relative aux membres des familles ayant régné en France, stipule à *l'article 4* que : « Les membres des familles ayant régné en France ne pourront entrer dans les armées de terre ou de mer, ni exercer *aucune fonction publique*, ni *aucun mandat électif*. » Le législateur de 1886 établissait donc une distinction entre le fonctionnaire et le député, démontrant ainsi que le député n'est pas un fonctionnaire public.

Il y a mieux encore.

La loi du 19 avril 1886 sur l'espionage porte en son article 1er : « Tout fonctionnaire public, agent ou préposé du gouvernement qui aura livré, etc... » et au dernier paragraphe : « La révocation s'ensuivra de plein droit ! »

Or, le droit de révocation ne peut pas s'exercer à l'égard d'un député ou d'un sénateur.

A la suite du procès intenté à M. Wilson, qui fut acquitté par la Cour d'appel, la Chambre et le Sénat adoptent la loi du 4 juillet 1889, ainsi conçue :

Article unique. — L'article 177 du Code pénal est complété par l'adjonction du paragraphe suivant :

« Sera punie des mêmes peines, toute personne *investie d'un mandat électif* qui aura agréé des offres ou promesses, reçu des dons ou présents, pour faire obtenir ou tenter de faire obtenir des décorations, médailles, distinctions ou récompenses ; des places, fonctions ou emplois ; des faveurs quelconques accordées par l'autorité publique, des marchés, entreprises, ou autres bénéfices résultant des traités conclus également avec l'autorité publique, et aura ainsi abusé de l'influence réelle ou supposée que lui donne son mandat. »

Il est ainsi manifeste que, dans la pensée du législateur, les députés et les sénateurs n'étaient pas compris, avant le vote de ladite loi, dans les fonctionnaires publics de l'ordre administratif.

Dans leur projet de loi, MM. Lafon et Marmonnier sont très catégoriques. A la Chambre, M. Rodat, rapporteur, s'exprimait ainsi : « L'article 177 vise les fonctionnaires publics, et il suffit de le lire pour se convaincre que certaines de ces dispositions *ne peuvent s'appliquer aux personnes investies d'un mandat électif*. Nous avons donc jugé préférable d'ajouter un paragraphe spécial à l'article ... »

Au Sénat, M. Bozérian, auteur de la proposition de loi de 1887, est formel : « La rubrique du paragraphe contenant les articles 177 et suivants, est intitulée : *De la corruption des fonctionnaires publics*. Ce sont là des crimes et des délits spéciaux commis par une classe particulière de personnes qui, à raison de leur caractère, ont été déférées à la Cour d'assises et déclarées passibles de la peine infamante de la dégradation civique. La Commission a pensé que l'article 177 est parfaitement placé dans le Code, et dans le titre où il se trouve, puisqu'il vise la corruption de fonctionnaires. Mais les personnes que nous voulons atteindre et qui, jusqu'à présent, *ne pouvaient pas l'être, ne sont pas des fonctionnaires.* »

Le Code pénal lui-même suffit, du reste, à détruire toute équivoque sur le mal fondé des poursuites, en droit. Les articles 127 et 131 du Code pénal s'occupent de « l'empiètement des autorités administratives et judiciaires », et ils déclarent coupables de forfaiture les juges ou autres officiers de l'ordre judiciaire, ainsi que les « préfets, sous-préfets, maires et autres administrateurs », qui s'immiscent dans l'exercice du *pouvoir législatif*.

Si les députés sont des fonctionnaires de l'ordre administratif, ils pourraient ainsi être recherchés pour s'être immiscés dans l'exercice du pouvoir législatif, c'est-à-dire *pour avoir rempli leur mandat !*

Par ces différents motifs, les requérants prétendent qu'il y a lieu à cassation de l'arrêt prononcé par la Chambre des mises en accusation.

Rappelons, en terminant, que la Cour de cassation a déjà été saisie deux fois de la même question. Une première fois, en

1886, lors de l'affaire Michelin-Ratazzi, la Cour suprême décida que les membres du Parlement devaient être considérés comme des fonctionnaires, au sens de l'article 177 du Code pénal ; et la même Cour a confirmé cet avis en 1892, dans l'affaire Baïhaut.

Il serait néanmoins fort possible que la Cour revînt sur ses premiers arrêts. Et, ce faisant, elle se rallierait à l'opinion très nettement exprimée par les recueils juridiques qui font autorité, tels que le *Dallos* et le *Recueil encyclopédique de Labori*.

Jules Rateau.

The 'Jewish World' from the 28 January 1859 (vol. 49 - n° 18)

21. Ely place, Holborn, London E.C.

PROPOSED CONVERSIONS TO JUDAISM.

[FROM OUR OWN CORRESPONDENT.]

VIENNA, Jan. 23.

From Brunn, known to Jews generally since Baron de Hirsch's will was proved, there comes a curious piece of information. On Friday a deputation representing seventy Catholic Czechische families, peasants who live in Schreibendorf and Bukowitz, two villages in the neighbourhood of Schaldberg in north-west Moravia, waited on Dr. B. Placzek, the Landes Rabbin with a view to their conversion to Judaism. The Rabbi, bearing in mind that Judaism does not seek after proselytes, strongly dissuaded the proposed converts from the steps they meditated. The deputation remained firm in their intentions, but gave no reasons for their conduct. They declared themselves to be in complete agreement with all Jewish ideas, and desirous of performing all Jewish observances. Their decision was not hastily arrived at, as they had concluded to become Jews more than three months ago. The Rabbis' impression is that the proposed converts desire to found a new sect, and he requested the members of the deputation to confer again with their friends before he gave his final decision in the matter.

Conversions to Judaism are not so rare in Austria as might be thought. The cause is mostly marriage. In Vienna in 1896, ninety-two Christians, and in 1897, seventy-six Christians were converted to Judaism.

Still the conversion of two villages is a very rare event.

L'Aurore. Du 2 mai 1898 (3me année — n° 196)

La Chanson de l'Aurore

L'AMOUR MENTEUR

I

Tu mens mal, ô ma pauvre amie,
Quand tu me dis, d'un ton si froid,
Que je suis « ton âme » et « ta vie »;
Que toujours ton ardeur s'accroît.
Certes, je ne saurais prétendre
T'inspirer l'éternel amour,
Et c'est bien beau que ton cœur tendre
Ait battu pour moi plus d'un jour...

Pourtant, parle d'autre manière;
Tes airs fatigués, cesse-les;
Je ne dis point : « Sois bien sincère »,
Mais fais-moi croire que tu l'es !

II

Si tu veux, ô ma froide amie,
Me donner un divin moment,
Pose alors ta lèvre chérie
Sur ma lèvre bien doucement.
Mais durant ce baiser, ma chère,
Même si ton émoi t'a fui,
Fais-moi la charité dernière
De n'en pas montrer trop d'ennui...

Oh, par pitié, ma triste amante,
Tes dédains glacés, retiens-les;
Je ne dis point : « Sois bien aimante »,
Mais fais-moi croire que tu l'es !

III

Crois-tu donc, ô ma fausse amie,
Que mes regards soient si lassés
Qu'ils n'aient pas saisi l'infamie
De coups d'œil à d'autres lancés?
Ma jalousie est perspicace ;
Cache-toi de tout ton pouvoir
Et trompe-moi sans tant d'audace;
Je désire tant ne rien voir !

Je t'en prie, ô ma toute belle,
Tes autres amours, masque-les;
Je ne dis point : « Sois-moi fidèle »,
Mais fais-moi croire que tu l'es !

Jules FAUROT.

Le petit marseillais du 19 mai 1898 (31ᵉ année — n° 10,944)

QUESTIONS SCIENTIFIQUES

Le Télectroscope

C'est un instituteur allemand nommé Reis qui construisit le premier téléphone. Bien avant que G. Bell et T. Edison eussent rendu l'appareil assez pratique pour devenir d'un usage courant, comme il l'est aujourd'hui, Reis avait imaginé un instrument assez perfectionné pour faire entendre dans la salle de son école, au rez-de-chaussée, les morceaux de musique qu'il jouait sur le violon, dans des pièces éloignées de la maison.

Un autre instituteur allemand, ou plutôt autrichien, nommé Jan Szczepanik, vient de faire breveter un appareil qui serait encore plus extraordinaire que le téléphone. Ce que ce dernier fait pour l'oreille, l'autre le ferait pour l'œil. Au moyen de l'électricité transmise par un fil, le téléphone fait entendre les bruits les plus légers à des distances énormes. Par le même intermédiaire, la nouvelle invention que son auteur appelle le télectroscope, ferait voir à distance à travers tous les obstacles.

L'annonce de cette découverte a produit une vive sensation et, comme elle n'est pas encore réalisée, de vives discussions se sont élevées à ce sujet. Les uns tiennent la chose pour impossible. Les autres croient la combinaison assez ingénieuse pour aboutir au succès. Bref, les controverses vont leur train et nous avons, par conséquent, le devoir d'en dire ici quelques mots.

Quand on regarde un objet quelconque, l'œil est frappé par les rayons émis à la fois par tous les points visibles de cet objet. Le procédé employé dans le télectroscope consiste à séparer ces rayons et à les faire se succéder assez rapidement pour que, au point d'arrivée, ils frappent la rétine de façon à reconstituer l'objet lui-même. On sait, par l'expérience du cinématographe, que lorsque les images se suivent à un intervalle d'un vingtième de seconde, les yeux ne distinguent plus d'interruption, à cause de la persistance des impressions. Les rayons devront donc se suivre à un vingtième de seconde près.

Pour cela l'objet est placé devant un miroir si étroit, qu'il est réduit à une simple ligne. Si on fait osciller ce miroir au point de départ, tous les rayons émis par l'objet s'y réfléteront tour à tour.

Supposons maintenant que, par un rayon quelconque, on transforme les vibrations lumineuses en courant électrique. La chose n'est pas impossible, car la lumière et l'électricité sont deux formes différentes d'une même énergie. Le courant suivra un fil et aboutira, au point d'arrivée, au poste récepteur. Là, le courant subira une transformation inverse et sera projeté par un miroir semblable à celui du poste expéditeur et oscillant exactement de la même façon. Ce second miroir réfléchira donc une série de lignes lumineuses dont l'ensemble reproduira l'objet placé devant le premier, à l'autre bout de la ligne.

Chaque couleur correspond, en effet, à un certain nombre de vibrations ; chacune d'elles agira sur l'électricité d'une certaine façon et chacune d'elles sera reconstituée par les variations du courant électrique, de même que dans le téléphone les vibrations de la plaque reproduisent toutes les inflexions de la voix.

Mais quel moyen employer pour faire agir les différents rayons lumineux sur l'électricité ? Dans le téléphone on utilise cette propriété du charbon d'être plus ou moins conducteur selon qu'il est plus ou moins pressé. Existe-t-il une substance sensible de la même façon aux impressions lumineuses ?

Oui, il y a plusieurs de ces substances et la plus énergique est le sélénium. C'est un métal assez rare qui a donné lieu déjà à quelques applications purement scientifiques mais curieuses. On voit souvent, à la vitrine des opticiens, une espèce de petit moulin formé de quatre plaques et enfermé dans une ampoule de verre.

Les plaques sont du sélénium. Elles ont d'un côté l'éclat métallique et, de l'autre, elles sont recouvertes de noir de fumée. Elles absorbent la lumière du côté noirci, la repoussent du côté brillant, de sorte qu'au soleil le petit moulin se met à tourner de lui-même.

Les propriétés du sélénium ont encore été utilisées par M. Graham Bell pour la construction de son photophone. Elles peuvent se définir de la façon suivante : Si, dans un circuit électrique, on place une lame ou un fragment de sélénium, la résistance opposée par le sélénium au passage de l'électricité diminue quand il est éclairé et revient à sa valeur primitive quand l'éclairement cesse.

Si donc le premier miroir projette l'image de l'objet sur du sélénium intercalé dans le fil qui réunit les deux postes, le courant électrique subira une série d'accroissements et de diminutions d'intensité. Ces variations peuvent servir à produire au poste d'arrivée une série de vibrations correspondantes, au moyen d'un électro-aimant, et le second miroir qu'elles animeront exactement comme le premier devra reproduire l'objet placé au poste expéditeur.

Cette très sommaire explication, suffisante pour donner une idée du principe sur lequel s'appuie l'inventeur, aurait besoin d'être appuyée par des résultats d'expériences pour qu'aucun doute ne subsistât dans l'esprit. Il est certain que l'on reste méfiant devant l'énoncé d'une telle découverte, tant que les faits précis ne forcent pas la raison à s'incliner. Certes, on a vu réussir des choses que l'on jugeait folles auparavant ; mais la prudence reste toujours la règle de conduite la plus sage. Si l'on parvenait à voir à distance à l'aide d'un fil électrique, ce serait plus beau que le téléphone, plus beau que le télégraphe. On peut bien manifester un peu d'incrédulité à l'annonce d'un miracle.

Félix Laurent.

La Côte de la Bourse et la banque du 25 mai 1898

— 86ème année — n° 121 —

UNE ÉTUDE SUR LE STOCK-EXCHANGE
DE LONDRES

La *Société de législation comparée*, présidée par M. Ch. Lyon-Caen, membre de l'Institut, professeur à la Faculté de Droit et à l'Ecole libre des Sciences politiques, a consacré une partie de sa séance du 9 mars à l'audition d'une étude, à tous égards très remarquable, de M. Henri Mesnil, docteur en droit, avocat à Londres, sur le Stock-Exchange de Londres.

A notre grand regret, et quelle que soit l'étendue de l'analyse à laquelle nous allons procéder, nous ne pouvons donner ici tous les aperçus de l'auteur, faute de place. Mais nous renvoyons le lecteur désireux de compléter les notions qui vont suivre au Bulletin de la Société (1). Nous le lisons, la plume à la main, pour en faire profiter nos lecteurs. Nous l'annotons au passage, le complétons par quelques remarques indispensables au point de vue de l'optique spéciale de ceux qui nous lisent, gens à la fois de pratique et d'étude, et c'est en raison de ce travail personnel que nous prenons la liberté de signer cet article, mais en nous faisant un agréable devoir de déclarer que nous avons suivi pas à pas la méthode de M. Mesnil, qu'en plus d'un passage nous laissons parler, en lui empruntant son propre texte, et pour cause.

I

C'est à la fin du *XVII*ᵉ siècle qu'on place la création à Londres d'un marché de valeurs mobilières. La Dette nationale est alors de 20 millions de livres ; la Compagnie des Indes a émis un grand nombre d'actions et la Banque d'Angleterre a reçu, en 1694, sa première charte royale. Une foule de spéculateurs et courtiers, *jobbers* et *brokers*, fait son apparition au *Royal-Exchange* et ses agissements amènent le Parlement à faire une loi, en 1697, aux termes de laquelle, notamment, les intermédiaires seront

(1) Pichon, libraire, 25, rue Soufflot, Paris.

au nombre de 100, prêteront serment et ne pourront agir pour leur propre compte (1). — Quand arriva, en 1707, la date d'expiration de cette loi, il y avait longtemps qu'elle était lettre morte. Les spéculateurs avaient établi leur quartier général dans un cabaret, le café Jonathan, dans une rue voisine du Royal-Exchange et il fut impossible à la Corporation de la Cité de les rappeler au monument déserté.

Pendant tout le XVIII° siècle, l'influence de ce marché ira grandissant, et cependant il sera constamment vilipendé dans l'opinion publique et rendu responsable de la corruption de l'époque. C'est alors que la Compagnie des Indes, pour obtenir un vote favorable à ses projets, faisait distribuer 60.000 livres à 80 membres de la Chambre des communes (2). En 1733, un *act* est voté pour la répression «de la honteuse pratique de l'agiotage,» déclarant illégaux les marchés se résolvant par des différences, les marchés à prime ou à option, édictant des peines contre les parties, refusant une action en justice pour les créances nées de tels marchés et accordant une action en répétition des sommes versées (3). Cet *act* inapplicable, inappliqué, ou appliqué avec des tempéraments par la jurisprudence, fut abrogé en 1860, et, présentement, le statut 8 et 9 Victoria C. 109, 518; l'*act* de 1692, le *leeman's act* (30 Victoria C. 29), toutes lois admettant l'exception de jeu, mais peu appliquées dans la pratique, sont les seuls textes en vigueur sur les opérations de Bourse.

---

(1) La législation était en France, à *peu près* la même. Mais les agents de change étaient titulaires d'offices héréditaires. Ils étaient fixés à 40 en 1707, à 60 en 1714. Voir *Dictionnaire du Commerce* de MM. Yves Guyot et Raffalovich, au mot : agent de change, par M. Emmanuel Vidal.

(2) *Nil novi sub sole.* En 1802 éclata au Parlement français le scandale du Panama. En 1893 et en 1898 le Parlement en rend responsables les coulissiers de la place de Paris. Voir notamment les discours de M. de Lamarzelle, député, en 1893, lors de la discussion de l'impôt Tirard, et sénateur en 1898, lors de la discussion de l'amendement Fleury-Ravarin.

(3) Voir, dans la législation française, les arrêts du conseil des 24 septembre 1724, 7 août, 2 octobre 1885, 22 septembre 1786, l'article 13 de l'arrêté du 27 prairial an X.

La jurisprudence française fut amenée à composer avec ces lois, et les scandales auxquels donnait lieu l'exception de jeu en justice amenèrent, 1885, le législateur français à reconnaître légaux les marchés à terme. Voir Léon Say et J. Chailley, *Nouveau Dictionnaire d'économie politique* au mot : *Marchés à terme*, par M. Emmanuel Vidal.

Grâce à cette absence presque complète de réglementation, la Bourse de Londres s'est constituée librement, d'après des principes en rapport avec sa destination. La fonction a créé l'organe.

Le 14 juillet 1773, les brokers et les jobbers du café Jonathan tinrent un meeting et baptisèrent le cabaret du nom de Stock Exchange. En 1801, ils firent construire un immeuble, destiné à leurs opérations. Pour subvenir à cette dépense, un capital de 20.000 livres fut souscrit par parts de 50 livres. L'inauguration eut lieu en 1802. Le monument fut reconstruit sur de plus vastes plans en 1853. Les actions du Stock Exchange ont été dédoublées plusieurs fois et se négocient présentement aux environs de 180 livres sur le marché. Les propriétaires d'actions sont donc les propriétaires de l'immeuble; ils sont distincts des membres du Stock Exchange, brokers et jobbers, locataires de la Société en vertu d'une convention appelée *deed of settlement*.

Le premier règlement des membres du Stock Exchange imprimé qui ait été conservé, date de 1812; il a été plusieurs fois modifié et comprend aujourd'hui 181 articles réunis sous le titre de *Rules and Regulations for the conduit cf business on the Stock Exchange.*

II

Les membres du Stock-Exchange, ont placé à leur tête un comité de directeurs dénommé *Committee for general purposes* composé de 30 membres élus pour un an, le 20 mars de chaque année, rééligibles, et dont les délibérations, pour la validité doivent être prises au moins par sept membres et doivent, pour la plupart, avoir été votées deux fois. Le comité est investi des pouvoirs réglementaires (pour les rapports avec les propriétaires du Stock-Exchange), administratifs (tenue des bourses, liquidations, etc.), judiciaires (jugeant des contestations entre les membres ou même entre membres et tiers qui se sont soumis à son arbitrage), et enfin disciplinaires.

Membres et clerks. — Les membres sont 3.900 environ (4), admis pour une année, mais dont la nomination pour les années suivantes est, en fait, de pure forme. C'est le *committee* qui prononce sur l'admission. Le postulant doit être patronné par trois membres admis depuis quatre ans, qui prennent chacun l'engagement de cautionner le candidat pendant 4 ans, jusqu'à concurrence de 500 liv. Les étrangers ne sont admis qu'après sept années

---

(4) Le nombre indiqué est le nombre de fait. Les rules n'indiquent pas de limitation du nombre des membres du Stock-Exchange.

de résidence et après avoir obtenu la naturalisation depuis deux ans au moins. Le droit d'admission est de 525 liv. et la cotisation annuelle est de 31 liv. 10 sh. — Les *clerks* sont des commis qui sont les uns, autorisés — et ceux-là seuls engagent leurs patrons — les autres non autorisés. Seuls les membres et les *clerks*, autorisés ou non, peuvent entrer à la Bourse. Les clerks autorisés payent des droits d'entrée s'élevant au total de 52 liv. 10 sh. et des cotisations s'élevant au total à 50 liv. 8 sh. Les non autorisés paient 10 liv. 10 sh., de droit d'entrée et une cotisation de 12 liv. 12 sh.

Les membres du Stock Exchange ne peuvent solliciter la clientèle par des annonces et des réclames. Ils ne peuvent envoyer de circulaires qu'à leurs clients (1). Ils peuvent s'associer entre eux, mais sans former de Société à responsabilité limitée. Ces associations sont appelées *parternsships*. Aucun *parternsship* ne peut être formé entre un *broker* et un *jobber*. Les fonctions de *brokers* et *jobbers* seront expliquées plus loin.

Failures. — La *failure*, c'est le non accomplissement des engagements d'un *broker* ou d'un *jobber*, déclaré, de ce fait, *defaulter*. Le *default* peut être ou non suivi de la faillite de droit commun (*bankruptcy*). Les engagements du défaillant sont immédiatement arrêtés au cours du moment où le défaut a été proclamé. Les liquidateurs de sa position, *Official assignees*, font les répartitions, en privilégiant ceux qui ont livré des titres et sont impayés, et ceux qui ont versé des sommes sans avoir reçu les titres. C'est là une liquidation spéciale à la Bourse, car s'il arrivait que le *defaulter* était déclaré en faillite en vertu du droit commun, son *trustee in bankruptcy* pourrait réclamer aux créanciers colloqués ce qui pourrait revenir aux autres créanciers du dehors. Les defaulters peuvent être réadmis, à certaines conditions, après enquête, et justification qu'ils ont désintéressé les créanciers de leurs deniers personnels jusqu'à concurrence d'un tiers au moins de leurs créances. Encore sont-ils soumis à

---

(1) Les circulaires et annonces au public émanent donc de banquiers libres appelés *Advertising brokers*, ou bien *outside brokers*. Le Stock-Exchange ainsi, a sa coulisse, mais cette coulisse est aussi *légale* que le Stock-Exchange — si l'on peut s'exprimer ainsi — tout engagement pris envers un banquier en dehors du Stock-Exchange étant valable devant les tribunaux au même titre qu'un engagement envers un membre du Stock-Exchange. Chacun est libre de choisir son banquier ou son intermédiaire, et la règle de notre droit français qui, sous couleur de protéger le public, l'autorise à spéculer à la coulisse et à lui opposer son illégalité est inconnue en Angleterre.

un régime spécial, c'est-à-dire tenus de fournir de temps en temps un état de situation, et invités, le cas échéant, à éteindre partie ou tout de leurs dettes professionnelles antérieures.

III

Brokers et jobbers. — Marchés ferme ou à option. — C'est à peine si les *rules* font allusion aux deux catégories de membres du Stock Exchange, *brokers* et *jobbers*. L'article 43 défend le cumul des deux fonctions; partout ailleurs, il n'est jamais question que des *members*, expression qui désigne les deux catégories d'agents.

Le *broker* est seul en rapport avec le public. Il reçoit les ordres et le *jobber* lui fournira la contre-partie pour permettre au broker d'aviser de leur exécution (2). Dans la grande salle (*the house*) les

(2) Imaginons un bassin : Des personnes y vont, les unes puiser, les autres, déposer un liquide. Les jobbers dans leur ensemble forment le bassin. Les *brokers* vendeurs lui portent des titres, les brokers acheteurs lui en prennent.

A l'occasion de la division entre brokers et jobbers, des membres de la Bourse anglaise, il est utile de faire une remarque.

Les agents de change de Paris ne peuvent faire d'affaires pour leur propre compte (art. 85 du Code de commerce). Les coulissiers et établissements de crédit, libres à cet égard, peuvent se porter acheteurs ou vendeurs de leurs clients, avec leur consentement. On discute beaucoup, au sujet de cette faculté, et les partisans d'un marché financier monopolisé ne veulent pas admettre qu'elle est sans inconvénients si certaines mesures, quant au cours, sont prises. L'intermédiaire, disent-ils, étant contre-partie de son client, devient son adversaire.

Cependant la situation adverse ne peut avoir d'influence qu'au point de vue du prix à allouer au client mandant. Si donc toute satisfaction est donnée à ce dernier à l'égard du prix, et s'il consent à avoir affaire à un co-contractant, même en lui payant un courtage qui sera une sorte de prime d'assurance pour le banquier et non dès lors une rémunération d'entremise, quel intérêt y a-t-il à considérer un tel contrat comme illicite?

On dira peut-être que le banquier co-contractant a un intérêt adverse au sort *ultérieur* de l'opération. Par exemple, un spéculateur à la baisse, vendeur à découvert, a intérêt à la baisse et, dès lors, il sera fâcheux que les deux parties aient un intérêt contraire à celui de son client. En pénétrant très avant, dans ce qui est, en quelque sorte, l'âme des affaires, l'on s'aperçoit que cette considération sentimentale manque d'intérêt pratique.

Remarquons que si le mandataire n'est pas lui-même contrepartie, il y a toujours une contrepartie quelque part. Donc cet intérêt adverse existe toujours. Or (et c'est

jobbers sont en permanence pendant les heures réglementaires (de 11 h. à 3 h., le samedi jusqu'à 1 h.). Quand un broker a un ordre à exécuter, il va au groupe des jobbers formé pour le marché de la valeur et demande à l'un d'eux de faire un prix. Le jobber lui donne deux chiffres, le plus bas, celui auquel il prend, le plus haut, celui auquel il donne (c'est ce que l'on appelle le *turn of the market*) et, alors, le broker se déclare acheteur ou vendeur. Le jobber qui a fait un *turn of the market* est tenu de prendre ou de donner pour un minimum (1.000 livres de capital pour les fonds anglais; 100 actions pour les valeurs cotées au-dessous d'une livre; 50 actions pour les titres cotés au-dessus; à partir de 15 livres, 10 actions). Les marchés conclus sont collationnés contradictoirement le lendemain par les *clerks* (check the bargains). Les marchés ainsi conclus sont fermes ou à option.

On distingue trois catégories de marchés à option ou à prime :

1° Le *put*, qui donne le droit de se déclarer vendeur pendant un certain délai, moyennant le paiement d'une somme ;

2° Le *call* qui est l'opération inverse. Moyennant le paiement d'une prime, le payeur de la prime a le droit de se porter acheteur pendant un certain délai ;

Ici que notre observation se rattache à l'étude de la Bourse de Londres) à Londres, tout client d'un broker a pour contrepartie un *spéculateur*, un *jobber*, un homme dont c'est le métier d'être contrepartie pour son compte. Le client d'un broker court-il un danger de ce fait ? Il serait malaisé de le dire, d'autant plus que, après tout, l'intérêt adverse et la satisfaction de cet intérêt font deux. Il ne suffit pas de vouloir la hausse ou la baisse, pour que l'une ou l'autre arrive. Et puis les volontés adverses, les intérêts contraires, c'est l'essence même de tout marché financier ou commercial.

En Allemagne, la question est tranchée absolument dans le sens de la faculté pour le mandataire de se porter co-contractant. C'est ce qu'on appelle opérer par intervention personnelle. (Loi du 22 juin 1896, Art. 71). Voir au surplus sur cette question le remarquable ouvrage de M. André E. Sayons, docteur en droit : *Étude sur les Bourses allemandes.* Arthur Rousseau, éditeur, Paris.

(1) L'auteur a pris une moyenne. Un grand nombre de maisons anglaises nous indiquent le tarif ci-après qui diffère de peu de celui que donne M. Mesnil :

Pour les Fonds anglais et étrangers. 1/8 0/0.
Pour les valeurs au porteur.......... 1/4 0/0.
  Pour les autres valeurs :
Cotées jusqu'à 30 shillings........... 3 pence (0 fr. 355)
Cotées de 30 shillings à 5 £.......... 6 pence (0 fr. 63).
Cotées de 5 £ à 20 £ .... 1 shill. (1 fr. 26).
Cotées au-dessus de 20 £ .... 1 sh. 6 p. (1 fr. 80)

3º La double option (*put and call* ou straddle) qui est la combinaison de ces deux opérations. L'acquéreur de l'option se réserve, moyennant une somme fixée, le droit de se déclarer acheteur à tel cours ou vendeur à tel autre.

Commissions. — Il n'y a pas de disposition règlementaire qui fixe le montant des commissions, mais elles sont ordinairement calculées suivant les bases que voici (1) :

1º 1/8 0/0 pour les Consolidés et les valeurs cessibles par transfert sur les registres des banques.

2º 1/4 0/0 sur les valeurs au porteur;

3º Pour les actions des Compagnies cessibles par acte de transfert, d'après la valeur des actions :

Actions de moi : d'une livre. 3 pence par action
— 1 livre à 5 livres... 6 —
— 5 livres à 7 liv. 1/2. 9 —
— 7 liv. 1/2 à 10 livres 1 shilling.

Au-dessus de 10 livres, 6 pence en plus par 5 livres.

4º Pour les autres valeurs, 1/2 0/0 sur le prix du marché.

Liquidations. — Tout marché est réputé conclu pour la liquidation courante. Les consolidés ont une liquidation par mois; les autres valeurs en ont deux. Le *committee* désigne l'époque des liquidations. Ce comité ne fait exécuter aucun contrat pour un terme plus éloigné que la deuxième liquidation au-delà de la liquidation courante.

(*A suivre.*)

EMMANUEL VIDAL.

---

ibid. 25 mai 1898 — 26ᵐᵉ année — nº 122 —

UNE ÉTUDE SUR LE STOCK-EXCHANGE
DE LONDRES

(*Suite*). (Voir la *Cote* du 25 mai 1898).

IV

Les opérations d'une liquidation durent trois jours :

1º Le premier jour (*carrying over day* ou *contango day*) est le jour des reports (1). Tous les reports se font dans le cours de midi (2). Le prix du report s'appelle *contango*, celui du déport

---

(1) C'est aussi le jour de la réponse des primes.

(2) C'est le cours de pivot, comme chez nous, le cours de compensation, servant non seulement aux compensations, mais aussi aux reports.

backwardation.

2° Le second jour (*ticket day* ou *name day*) est consacré aux compensations et à la communication des noms, en vue des transferts des titres nominatifs.

La compensation ou *clearing* est le procédé par lequel des contractants sont amenés à liquider leurs opérations au moyen d'une écriture représentant l'accomplissement de leurs obligations par substitution d'autres personnes engagées. Exemple : Un vendeur de titres à une autre personne qui les a elle-même revendus et ainsi de suite, est amené à remettre les titres au dernier acheteur, et les acheteurs et vendeurs intermédiaires sont libérés de l'opération matérielle les uns du débours, et les autres des livraisons successives.

Tous les membres du Stock Exchange ne font pas, nécessairement, partie du clearing house de la Bourse (3).

La communication des noms s'opère comme suit : Le broker de l'acheteur qui lève les titres achetés, inscrit le nom de son client sur un *ticket* annoté qui comprend, en outre, le nombre de titres achetés et tous les renseignements nécessaires pour opérer un transfert. Il remet le ticket à son vendeur qui, lui-même, s'il a un vendeur qui doit lui faire cette livraison, le remettra à cet autre vendeur. C'est ainsi, en continuant cette circulation ascendante, que l'on arrivera au vendeur primitif, celui qui livre. Le vendeur livreur, rédigera le *deed of transfer*, et la feuille de transfert qui sera présentée ultérieurement à l'acheteur sera déposée, après apposition des signatures, au siège de la Société à qui incombera le soin de procéder au transfert effectif.

Il advient fréquemment que les tickets se subdivisent en route. Un vendeur de 100 titres, par exemple, se trouve même en face de deux vendeurs de 50. De cette subdivision il pourra résulter un accroissement des droits de Timbre qui sera supporté par celui qui fait la division.

Lorsqu'un broker vendeur n'a pas reçu de ticket à 2 h. 30 au jour dit *ticket day*, il peut faire vendre d'office par un fonctionnaire du *concitell* à ce désigné, avec risques et périls du retardataire, les valeurs pour lesquelles aucun nom ne lui a été fourni. C'est le *selling out*. (4)

---

(3) Absolument comme au marché de Paris, il existe plusieurs coulisses, rentes, valeurs, hors feuille, etc.

(4) Le cas est à peu près identique à celui des ventes sur filières pratiquées dans nos Bourses du Commerce.

Les frais de transfert compris dans les bordereaux des brokers, sous la rubrique : stamp and fee (timbre et taxe), comprennent deux taxes distinctes :

3° Le troisième jour (*settling day*) est consacré aux règlements.

La livraison des titres nominatifs ne peut être effectuée dans des délais fixes (1). Le règlement du Stock-Exchange édicte certaines règles spéciales concernant l'exécution des marchés sur les titres au porteur.

« Quand un acheteur n'a pas été livré dix jours après l'émission de son ticket, il peut racheter d'office le onzième jour à une heure (*to buy in*), aux risques et périls du vendeur, à moins que celui ne prouve que le retard est imputable à un autre membre. Avis de l'achat d'office est affiché une heure avant qu'il y soit procédé (art. 105).

« Le vendeur immédiat n'est déchargé de toute responsabilité que si l'acheteur laisse passer le treizième jour sans procéder à l'achat d'office.

« Pour les valeurs au porteur, le rachat d'office peut avoir lieu dès deux heures et demie, le jour fixé pour la délivrance, ou le lendemain du *settling*

1° Une taxe perçue par la Compagnie (*fee*) pour le travail matériel nécessité par l'inscription sur les registres de la Compagnie du nom du nouvel actionnaire et la radiation de l'ancien. Ce droit, supporté par l'acheteur, est fixe et s'élève à 2 sh. 6 d. (3 fr. 15) par transfert. (Certaines Compagnies, peu nombreuses d'ailleurs, prélèvent même cette taxe par transfert et par chaque 100 actions, c'est-à-dire que pour un transfert de 105 actions, par exemple, on doit payer double taxe);

2° Un droit de timbre (*stamp*) exigé par l'État — analogue, par conséquent, au droit de timbre français — proportionnel au montant de la négociation et progressif dans la proportion ci-dessous :

| | | Droits perçus | | | |
Pour un achat de		£	sh.	d.	Francs
£ 0 à £	5	0	0	6	= 0 62 1/2
5	10	0	1	0	= 1 25
10	15	0	1	6	= 1 90
15	20	0	2	0	= 2 50
20	25	0	2	6	= 3 15
25	50	0	5	0	= 6 30
50	75	0	7	6	= 9 45
75	100	0	10	0	= 12 60
100	125	0	12	6	= 15 75
125	150	0	15	0	= 18 90
150	175	0	17	6	= 22 05
175	200	1	0	0	= 25 20
200	225	1	2	6	= 28 35
225	250	1	5	0	= 31 50
250	275	1	7	6	= 34 65
275	300	1	10	0	= 37 80

Au-dessus de £ 300, 5 sh., soit fr. 6 25 en plus par chaque £ 50 ou fraction indivisible de £ 50 (1.250 fr.).

(1) Il en est ainsi d'ailleurs, chez nous, malgré les règlements, car les transferts sont effectués par les Compagnies.

day, quand aucune date n'ayant été fixée par la convention, elles sont supposées livrables ce jour-là (art. 118). »

V

Les articles 130 à 140 des « Rules » établissent les conditions pour l'admission à la négociation et à la Cote officielle. Le Comité prononce l'admission à la négociation, indépendant de l'admission à la Cote. Il prononce également l'admission à la Cote après une enquête sur la régularité de l'émission.

« S'il s'agit d'un emprunt d'Etat ou de Ville, on devra justifier qu'il a été contracté par les autorités compétentes et dans les formes voulues par la loi. A cet effet, les émetteurs en Angleterre devront produire des expéditions des actes administratifs ou législatifs autorisant l'émission. Si les valeurs sont au porteur, on devra en présenter un spécimen portant imprimé le montant de l'émission et les conditions. Les numéros des titres émis seront fournis (art. 134). Les valeurs au porteur dont les coupons sont payables à l'étranger, sont cotées sur la justification fournie du nombre de titre émis et la preuve de la cote dans le pays d'émission.

« Quand une nouvelle Compagnie demande « l'official quotation », il lui faut produire les pièces suivantes : son prospectus ou l'acte du Parlement en vertu duquel elle a été constituée, les articles d'association (les statuts), la liste des souscripteurs de ses actions, le livre des « allotments » et une attestation du président et du secrétaire que les allotments on été faits sans condition, et que les versements opérés sont libres de toute charge; enfin un certificat du banquier constatant le montant des versements.

« Le prospectus doit avoir été publié et être en concordance avec l'acte du parlement et les articles d'association. Il faut qu'il annonce une émission d'au moins la moitié du capital nominal, et qu'il prévoie le versement d'un dixième au moins sur chaque action. Mention y doit être faite des conventions intervenues aux termes desquelles des actions libérées entièrement ou en partie seraient réservées aux vendeurs ou concessionnaires (apporteurs), »

« Deux tiers au moins des titres émis doivent avoir été souscrits sans condition. Les actions réservées aux apporteurs ne sont pas comprises dans le calcul de ces deux tiers.

« Enfin on exige que les articles d'association interdisent aux directeurs l'achat des titres de leur compagnie.

« S'il s'agit d'une émission d'obligations (débenture ou débentures stock), il est nécessaire que le prospectus indique clairement les conditions de remboursement.

« La loi anglaise sur les compagnies exige que les conventions en vertu desquelles des actions libérées sont attribuées en représentation d'apports (aux *vendars*) soient déposées au greffe des Sociétés pour être annexées au dossier de la compagnie qui y est mis à la disposition du public. Les émetteurs devront fournir au comité la justification de l'accomplissement de cette formalité (art. 136,

« Les compagnies étrangères, dont le capital a été en partie émis en Angleterre, ne sont admises à la cote officielle qu'après avoir été cotées dans leur pays d'origine (art. 137). »

Toute compagnie qui émet ou décide d'émettre de nouveaux titres moins de douze mois après l'admission à négociation est, à moins de considérations particulières, rayée de la cote officielle (art. 139).

Quand un marché a été conclu dans la salle sur une valeur admise à la cote, il est inscrit sur un tableau, et tous les cours faits jusqu'à 3 heures sont publiés à 4 heures par l'éditeur de l'*Official list* (2). Tout membre du Stock-Exchange a le droit de provoquer une rectification au tableau en s'adressant au président, au vice-président ou à deux membres du comité (1).

---

(2) Une colonne spéciale de l'*Official list* porte néanmoins sous la rubrique *closing prices* les cours faits en dehors de la salle, après la fermeture des portes. Encore ces cours ne correspondent-ils pas toujours à des opérations ; ils sont alors des indications pour la Bourse du lendemain. L'opposition des *members* aux *closing prices* peut empêcher toute indication fantaisiste.

(1) Fractions de livres sterling converties en monnaie française et employées pour les cours de la Bourse de Londres :

1/4 £ =	6 fr.	25
1/2 =	12	50
3/4 =	18	75
1/8 =	3	12 1/2
3/8 =	9	37 1/2
5/8 =	15	62 1/2
7/8 =	21	87 1/2
1/16 =	1	56 1/4
3/16 =	4	68 3/4
5/16 =	7	81 1/4
7/16 =	10	93 3/4
9/16 =	14	06 1/4
11/16 =	17	18 3/4
13/16 =	20	31 1/4
15/16 =	23	43 3/4

1/32 £ =	0 fr.	78
3/32 =	2	34
5/32 =	3	90
7/32 =	5	46
9/32 =	7	03
11/32 =	8	59
13/32 =	10	15
15/32 =	11	71
17/32 =	13	28
19/32 =	14	84
21/32 =	16	40
23/32 =	17	96
25/32 =	19	53
27/32 =	21	00
29/32 =	22	65
31/32 =	24	21

« Les marchés passés à des prix spéciaux, en raison de leur importance exceptionnelle, sont mentionnés en note au bas de la page.

« Tous les contrats sur les fonds anglais et indiens (English Stocks) sont cotés ex-dividende après la déclaration du dividende à distribuer. Les titres cessibles par deed of transfer, sauf les valeurs minières, sont cotés ex-dividende depuis le premier jour de la liquidation, pendant laquelle le coupon vient à échéance, et même depuis le premier jour de la liquidation qui suit la déclaration de dividende, quand, d'après les statuts des compagnies, le dividende est payable à l'actionnaire porté à cette époque sur le registre.

« Quand les compagnies refusent d'enregistrer les transferts au moment du règlement du dividende la cote ex-dividende ne commence qu'à la liquidation qui suit la fermeture du registre.

« Pour les valeurs minières, la cote ex-dividende a lieu à la liquidation qui suit le paiement du coupon.

« Les valeurs au porteur sont inscrites ex-dividende le jour même où le coupon est détaché.

« Les chemins de fer étrangers sont cotés, autant que possible, conformément aux usages de Bourse de leurs pays. »

VI

Nous croyons devoir faire suivre cet exposé d'un index bibliographique :

Consultez :

Francis. — *La Bourse de Londres*, traduction Lefebvre-Duruflé, 1854. Renouard éditeur.

Georges Boudon. — *La Bourse Anglaise*. Pedone éditeur.

Louis Perié. — La Bourse de Londres, journal *Le Droit financier* (année 1894).

Destruels. — *Traité pratique de législation anglaise sur les Sociétés anonymes*. Chevalier-Marcsq éditeur.

Giraudet et Méliot. — *Manuel pratique des Sociétés anglaises par action*. Giraudet éditeur.

Annuaire français des mines d'or. G. Lamy, éditeur.

Ottomar Haupt. — *Arbitrages et parités*. Truchy éditeur.

Gérard Giraud. — *Le Marché monétaire anglais*. Lecène et Oudin éditeurs.

VII

Terminons la présente étude par quelques courtes notions nécessaires aux capitalistes et arbitragistes français.

A. L'heure de Londres retarde de 10 minutes sur celle de Paris.

B. Le *Stock Exchange* est fermé le 1er janvier, le Vendredi-Saint, le lundi de Pâques, le 1er mai (ou le 2, en cas de dimanche), le lundi de la Pentecôte, le premier lundi du mois d'août, le 1er novembre (ou le 2, en cas de dimanche), le 25 décembre, le 26 (ou le 27 décembre, en cas de dimanche).

C. Dans l'usage, la livre sterling, indiquée par le signe £, est estimée 25 fr. 20; le shilling (1/20 de livre sterling), vaut 1 fr. 26; le penny ou denier (1/12 de shilling), vaut 0 fr. 105.

Après avis des ordres exécutés en Bourse de Londres, par les soins des banques françaises, les sommes énoncées en monnaie anglaise sont décomptées provisoirement au change ci-dessus; mais, au moment du règlement, il est tenu compte du cours du change sur Londres au jour de ce règlement.

EMMANUEL VIDAL.

Le Temps du 28 mai 1898 (38me année — n° 13501.)

Lord Kelvin et la fin du monde

« Cultivons notre jardin ! » disait Candide. Il avait raison : et M. Gladstone, au contraire, avait tort, quand il employait ses loisirs à abattre des arbres, dans la forêt de Hawarden. Car d'une conférence faite récemment dans un congrès scientifique par lord Kelvin, le plus fameux des savants anglais d'à présent, il résulte que la culture des jardins est le meilleur moyen que les hommes aient à leur disposition pour prolonger d'un siècle ou deux l'existence de l'espèce humaine, tandis que, au contraire, tout arbre abattu risque de faire finir le monde quelques jours plus tôt. Mais, de toute façon, lord Kelvin tient désormais cette fin du monde pour assez prochaine. Encore quatre siècles, peut-être un peu plus, peut-être un peu moins, et la vie s'éteindra à la surface du globe. Notre vieille histoire, « toujours en marche », pourra enfin s'arrêter. Pour la première fois, peut-être, depuis l'éternité, la paix et le repos régneront sur la terre. Et cette prochaine extinction de notre espèce n'aura point pour cause, comme on pouvait croire, les péchés des hommes, ni leur dégénérescence sous l'effet d'une civilisation excessive. Elle viendra simplement, suivant lord Kelvin, de ce que, dans quatre siècles, toute la quantité d'oxygène disponible aura été épuisée. L'humanité mourra étouffée, voilà tout : encore que la civilisation ne soit pas sans avoir sa part de responsabilité dans cette imminente catastrophe, puisque lord Kelvin estime que la vie aurait pu se prolonger un ou deux siècles de plus si nous avions eu le bon esprit de continuer à habiter les forêts primitives au lieu de les abattre pour construire des villes.

Telles sont les conclusions de sa conférence. Elles m'ont paru assez intéressantes pour valoir la peine d'être signalées. Quatre siècles, sans doute c'est beaucoup de temps ; mais, en somme, on peut dire aussi que ce n'est pas trop. Bien des personnes ont peut-être déjà fait des projets pour l'avenir de leur famille, ou de leur patrie, dans quatre cents ans : qu'elles sachent donc que cet avenir se trouvera fatalement interrompu, et, s'il y a lieu, qu'elles changent, en conséquence, leurs dispositions testamentaires ! Dans quatre cents ans, il n'y aura plus sur la terre ni hommes ni bêtes. Et ce n'est point Mathieu Lœnsberg qui nous le prédit, ni même l'archange Gabriel : c'est le plus grave, le plus autorisé, le plus savant des savants, un homme qui, à force de science, a mérité d'échanger son nom familial de Thomson contre le nom plus relevé de lord Kelvin ! Mais pour ce qui est des arguments scientifiques sur lesquels il a fondé cette importante prédiction, je ne crois pas pouvoir mieux faire que de les transcrire littéralement, tels que je les trouve résumés par M. John Munro, dans la dernière livraison du *Cassel's Magazine*. Le moins experts de nos lecteurs sera encore, sûrement, plus à même que moi d'en apprécier la valeur. Voici :

Lorsque la terre a commencé à se refroidir, elle était entourée d'une atmosphère d'azote et d'acide carbonique. Il ne s'y trouvait, sans doute, aucun élément libre d'oxygène, puisqu'on n'en a point découvert dans les cavités des roches primitives, du granit, par exemple. Tout ou presque tout l'oxygène de l'atmosphère d'à présent a été produit par la végétation, qui, sous l'action du soleil, a le pouvoir de dégager l'oxygène de l'eau et de l'acide carbonique. Peut-être la première quantité d'oxygène a-t-elle été fournie à l'atmosphère par des plantes telles que les *conferves*, qui fleurissent par les plus intenses chaleurs. Toujours est-il que l'oxygène est ainsi passé dans l'atmosphère et que, au cours des siècles, les plantes et les arbres ont continué à préparer de l'air pour la respiration des espèces animales. Et, ce faisant, la végétation a aussi emmagasiné du carbone sous la forme de bois et de feuillage.

Etant donné qu'il n'y avait point d'oxygène dans l'atmosphère primitive, la quantité d'oxygène de notre atmosphère est donc tout juste suffisante pour la combustion de toute la végétation vivante et de ses restes morts, à la surface de la terre. On sait en effet que la proportion d'oxygène de l'air est accrue par l'accroissement de la végétation, et diminuée par la combustion de la matière végétale. A combien se monte donc notre provision d'oxygène ?

Tout mètre carré contient en moyenne dix tonnes d'air, c'est-à-dire environ deux tonnes d'oxygène. Et comme la surface de la terre est de 510 millions de millions de mètres carrés, il en résulte que la quantité totale d'oxygène à notre disposition est de 1,020 millions de millions de tonnes.

Et puisque cette quantité doit être suffisante pour la combustion de tout le combustible dérivé de la végétation, — comme, d'autre part, une tonne de combustible demande, pour brûler, environ trois tonnes d'oxygène, — il n'y a donc pas sur le globe entier plus de 340 millions de millions de tonnes de combustible. Encore toute cette quantité n'est-elle pas à notre disposition ; car sans doute une forte part s'en trouve sous la mer, ou dans les profondeurs de la terre.

La population présente du globe étant de 1,500 millions d'hommes, chacun de nous ne dispose que d'environ 200,000 tonnes de combustible, ce qui est en somme, fort peu, quand on songe par exemple à ce que dépense, en charbon, un industriel ou un armateur. Or, lord Kelvin, fondant ses calculs sur l'accroissement de la population et le développement des industries qui exigent une forte dépense de combustible, est arrivé à cette conclusion formelle : que notre provision de charbon ne saurait durer plus de cinq cents ans.

Mais ce n'est point là, à proprement parler, une découverte nouvelle : et ce n'est pas sur ce fait que lord Kelvin a surtout attiré l'attention de ses auditeurs, dans la séance du récent congrès scientifique de Toronto, où il a exposé ses idées sur l'avenir du globe terrestre. Il a découvert que, la combustion de charbon ne pouvant se faire sans absorber de l'oxygène, ce n'est point dans cinq siècles, mais dans quatre seulement que la vie deviendrait impossible à la surface de la terre, tout l'oxygène de l'air ayant été absorbé et remplacé par de l'acide carbonique.

Tel est l'avenir que nous promet l'éminent géologue. Cent ans avant d'avoir épuisé sa provision de charbon, notre espèce périra asphyxiée, comme périssent déjà, dans nos villes, tant de malheureux accourus de leurs villages pour assister aux dernières conquêtes de la civilisation ! De même que nous étouffons déjà à Paris, nos arrière-petits enfants étoufferont dans le monde entier. Et les remèdes que propose lord Kelvin, pour retarder la catastrophe, lui-même ne semble pas les croire bien efficaces, ni surtout s'attendre beaucoup à les voir employés. Le seul remède sérieux serait, pour lui, de « cultiver d'énormes quantités de végétation, pour accroître la provision d'oxygène disponible. Il conjure les colonisateurs, dans l'intérêt même de l'avenir de leur race, de s'abstenir autant que possible de défricher les forêts. Et pour ce qui est de nous, les sédentaires, il nous engage à nous occuper tous désormais de la culture d'arbres fruitiers et de plantes fourragères, de façon à prolonger de quelques années la vie de nos descendants, au lieu de hâter, comme nous faisons, la fin de l'espèce humaine, sous prétexte de travailler à la civiliser !

T. DE WYZEWA.

Encore les Juifs

Mes observations sur les efforts de certains juifs pour obtenir l'indulgence des antisémites en prenant violemment parti contre Zola m'ont valu plusieurs lettres anonymes. Quelques-uns s'étonnent que j'aie parlé des juifs avec cette liberté, et trouvent que le moment n'est pas bien choisi pour faire la critique d'Israël. Les juifs ont leurs défauts, comme les chrétiens de toutes races. J'estime qu'il n'y a pas d'occasion mieux choisie pour appeler leurs réflexions sur eux-mêmes que la défaillance de quelques-uns devant la réprobation en bloc de leur race, qui est toute la doctrine antisémite.

Qu'ai-je dit, après tout? J'ai remarqué, pour montrer la faible psychologie de la tourbe vénale qui nous accuse d'être vendus aux juifs, que tous les défenseurs d'opprimés trouvent généralement contre eux, avec les oppresseurs, ceux-là mêmes qu'ils prétendent affranchir. Cela est vieux comme le monde. J'en ai mentionné des exemples. J'en aurais pu citer bien d'autres.

Toujours en plein triomphe des forts, il se détache des vainqueurs quelques esprits généreux pour se mettre au service de la classe vaincue. Toujours on les accuse d'avoir trahi, de s'être vendus. C'est plus facile que de répondre, et la haine, faisant appel à la bêtise humaine, n'a pas besoin de varier ses moyens. Toujours donc, tandis que se déchaîne contre eux la haine des hommes qui prospèrent de l'injustice, on voit des asservis lutter contre leur propre délivrance. Ce n'est pas du judaïsme, c'est de l'humanité. Culture de lâcheté est souvent plus féconde, en âmes, que culture de courage.

Dans le cas présent, j'ai distingué, comme il était nécessaire, entre la masse petite et les grands juifs qui, tout en demeurant fidèles à la tradition sentible de leur histoire, se trouvent par la puissance de l'argent au pre[...]

[...] maîtres du monde. Ceux-là, ainsi que je l'ai dit, ne veulent pas risquer leur enjeu, et, s'ils étaient capables de l'effort d'altruisme que cela suppose, ils auraient manqué de la puissance d'égoïsme nécessaire à la conquête de l'or. Ils souffrent, je suppose, et se font tout petits parce qu'ils sont trop grands. Je les plains.

Je plains aussi les misérables qui, à l'autre pôle social, dépendant des chrétiens, n'osent pas se défendre. Mais si je suis heureux des concours à ciel ouvert, comment éprouverais-je un autre sentiment que de répugnance pour les malheureux qui, se posant en chefs du peuple, commencent par déserter la cause de leurs frères?

J'ai cité le cas de M. Klotz, juif avéré, s'engageant à ne jamais consentir à la revision du procès de Dreyfus, même si l'illégalité de la procédure, même si l'innocence du condamné lui était démontrée. M. Alfred Naquet, sans plaider pour M. Klotz, m'écrit qu'il revendique pour les juifs dans l'affaire Zola la même liberté d'appréciation que je reconnais moi-même aux chrétiens. Je reconnaîtrai volontiers aux juifs toutes les libertés du monde, mais M. Naquet ne saurait me refuser la liberté d'apprécier, à mon tour, l'usage qu'ils en pourront faire. Or, quand il se fonde en France un parti antisémite dont le but avoué est de refuser aux juifs l'exercice du droit commun, quand l'entrée de ce parti dans notre vie publique s'inaugure par les émeutes d'Alger et de quelques grandes villes de France, quand nous voyons refuser la commune justice à un condamné par la seule raison qu'il est juif; quand tous les pouvoirs publics s'accordent honteusement à tenir pour valable une condamnation qu'ils savent illégale, et cela à cause de la religion où le hasard l'a fait naître; quand les prétendus défenseurs de l'armée peuvent impunément couvrir de leur protection avouée un officier français (ancien zouave du pape) qui veut brûler Paris à la tête des uhlans, quand dans l'affolement de la lâcheté publique le plus grand mort des politiciens qui devraient parler est de se taire, est-ce trop exiger que de demander des juifs qu'ils n'insultent pas ceux qui les défendent ? Après M. Klotz, voici, maintenant, un homme qui fut mon collègue et pour qui j'avais des sentiments d'amitié, M. Fernand Crémieux. Au second tour de scrutin, ce candidat a fait placarder dans l'arrondissement d'Uzès l'affiche suivante :

Electeurs,

Pour couper court à toutes les calomnies et à tous les mensonges, je déclare sur l'honneur (*ces derniers mots sont en lettres capitales*) que, patriote avant tout, j'ai flétri, dès la première heure, la campagne odieuse dirigée contre l'armée de la République, et que, comme je l'ai toujours dit, je prends l'engagement formel de voter contre la révision du procès Dreyfus.

FERNAND CRÉMIEUX,
député sortant.

C'est un juif qui parle, piétinant, pour être élu, sur le cadavre de son coreligionnaire. C'est un avocat, un législateur, un homme qui sait, à n'en pas douter, que les garanties de la loi n'ont pas été observées vis-à-vis de Dreyfus, bouc émissaire des haines cléricales, et qui, sachant cela, se dégrade, pour capter de bas suffrages, jusqu'à prendre l'engagement — quelques preuves qu'on puisse lui fournir — de refuser la justice, de refuser la loi à son frère de race et de croyances.

Un haut-le-cœur du suffrage universel nous a par chance débarrassés de ce prétendu partisan de la devise républicaine. Laissons-le aux remords qui lui viendront peut-être de l'inutilité de son ignominie.

G. Clemenceau.

Le Syndicat capitaliste
dans l'Industrie du fil retors aux États-Unis

La formation des trusts ou syndicats capitalistes est imposée, sous le système de production actuel, par l'évolution économique, pour échapper aux dangers, qui proviennent de l'anarchie qui domine dans le domaine de l'industrie sous l'action de la concurrence. C'est pourquoi les trusts sont plus nombreux et plus développés dans les pays où le système [illegible] capitaliste a pris son essor. Il

[...] car plusieurs [illegible] concurrence étrangère, y est plus [illegible] n'est pas compliquée [...]

C'est surtout dans les industries qui [peu]vent être facilement centralisées et qui sont appelées à pourvoir aux besoins de la consommation [géné]rale, qu'on trouve les syndicats capitalistes : production du pétrole, les sucres, les [illegible] brasseries, l'industrie textile, en fournissent [des] exemples frappants. Si dans les chemins [de fer,] dans la navigation les trusts ne se sont [formés] que par exception, on le doit à la loi qui [...]

[...] et par conséquent, la constitution des syndicats [...] à perte. La situation [...] possèdent privilégiés [...] les grandes compagnies leur permet, dans certaines limites, [...] à publie à leur gré et prélèvent leurs in[...].

Parmi les trusts, qui ont été constitués dans ces derniers temps aux États-Unis, où presque toutes les industries les plus importantes se trouvent entre les mains des syndicats capitalistes, celui de la fabrication du fil retors, mérite d'attirer l'attention. C'est sous le nom de Compagnie américaine du fil retors, que le nouveau trust s'est formé dans l'État de New-Jersey, au capital de soixante millions de francs, divisé pour la moitié en petites actions de 25 francs, pour permettre aux employés et ouvriers du syndicat de s'intéresser directement à l'entreprise. Par suite de cette disposition exceptionnelle, le trust comme le [...].

[...] production de fil retors se trouve ainsi presque complètement monopolisée par trois grands syndicats dont deux anglais, la Cook Company et l'English Sewing Company, et le nouveau trust américain.

Pour qu'on puisse se faire une idée de la puissance des syndicats anglais, largement intéressés dans le trust américain, il suffit de rappeler que la souscription aux actions offertes au public a couvert au-delà de soixante fois le montant du capital.

On a cherché bien souvent aussi tant en Amérique qu'en Europe à frapper au moyen de la loi la formation des Trusts; mais sans résultats, car l'évolution économique les rend nécessaires, et d'ailleurs, en changeant de nom, ainsi qu'il arrive toujours, les syndicats échappent facilement à l'action de la loi. Le trust des pétroles, l'organisation, peut-être, la plus redoutable qui existe, son capital dépassant un milliard et demi, fournit un exemple frappant de l'impuissance de la loi à briser ou seulement à restreindre l'action des trusts.

Les syndicats capitalistes, malgré les souffrances que la conservation du capital doit infliger aux prolétaires, ne peuvent être regardés par les socialistes que d'un œil bienveillant, car en substituant l'ordre à l'anarchie qui règne dans le domaine de l'industrie, on en atténue les crises qui s'y produisent trop souvent, et en donnant à la production des proportions plus vastes, on prépare forcément les conditions de la transformation sociale, devenue désormais inévitable.

L.

Fin du t. VI qui n'est en réalité qu'un demi-volume
le t VII — commençant par la page 219 et le
continuant

pages